독학사 3단계
영어영문학과

영어통사론

시대에듀

INTRO
머리말

학위를 얻는 데 시간과 장소는 더 이상 제약이 되지 않습니다. 대입 전형을 거치지 않아도 '학점은행제'를 통해 학사학위를 취득할 수 있기 때문입니다. 그중 독학학위제도는 고등학교 졸업자이거나 이와 동등 이상의 학력을 가지고 있는 사람들에게 효율적인 학점 인정 및 학사학위 취득의 기회를 줍니다.

학습을 통한 개인의 자아실현 도구이자 자신의 실력을 인정받을 수 있는 스펙인 독학사는 짧은 기간 안에 학사학위를 취득할 수 있는 지름길로써 많은 수험생들의 선택을 받고 있습니다.

이 책은 독학사 시험을 준비하는 수험생들이 단기간에 효과적인 학습을 할 수 있도록 다음과 같이 구성하였습니다.

01 단원 개요
핵심이론을 학습하기에 앞서 각 단원에서 파악해야 할 중점과 학습목표를 정리하여 수록하였습니다.

02 핵심이론
시험에 출제될 수 있는 내용을 '핵심이론'으로 수록하였으며, 이론 안의 '더 알아두기' 등을 통해 내용 이해에 부족함이 없도록 하였습니다. (2025년 시험부터 적용되는 개정 평가영역 반영)

03 실전예상문제
해당 출제 영역에 맞는 핵심포인트를 분석하여 구성한 '실전예상문제'를 수록하였습니다.

04 최종모의고사
최신 출제 유형을 반영한 '최종모의고사(2회분)'를 통해 자신의 실력을 점검해 볼 수 있도록 하였습니다.

통사론은 언어학의 한 분야로서 문장의 구조를 연구하는 학문입니다. 문장을 이루는 구성요소인 단어들이 어떻게 해서 구와 문장으로 형성되는지를 연구합니다. 통사론 연구의 관심사에는 문장 내에서 단어들이 어떤 순서를 지니는지, 단어들의 문법적 관계는 어떠한지, 문장을 이루는 구성소들이 어떤 계층적 구조를 지니고 있는지 등이 포함됩니다. 통사론을 이해한다면 머릿속의 생각이 어떤 문장구조를 통해 상대방에게 전달되는지 심도 있게 파악하게 될 것입니다.

편저자 드림

BDES
Bachelor's Degree
Examination for
Self-Education

독학학위제 소개

독학학위제란?

「독학에 의한 학위취득에 관한 법률」에 의거하여 국가에서 시행하는 시험에 합격한 사람에게 학사학위를 수여하는 제도

- 고등학교 졸업 이상의 학력을 가진 사람이면 누구나 응시 가능
- 대학교를 다니지 않아도 스스로 공부해서 학위취득 가능
- 일과 학습의 병행이 가능하여 시간과 비용 최소화
- 언제, 어디서나 학습이 가능한 평생학습시대의 자아실현을 위한 제도
- 학위취득시험은 4개의 과정(교양, 전공기초, 전공심화, 학위취득 종합시험)으로 이루어져 있으며, 각 과정별 시험을 모두 거쳐 학위취득 종합시험에 합격하면 학사학위 취득

독학학위제 전공 분야 (11개 전공)

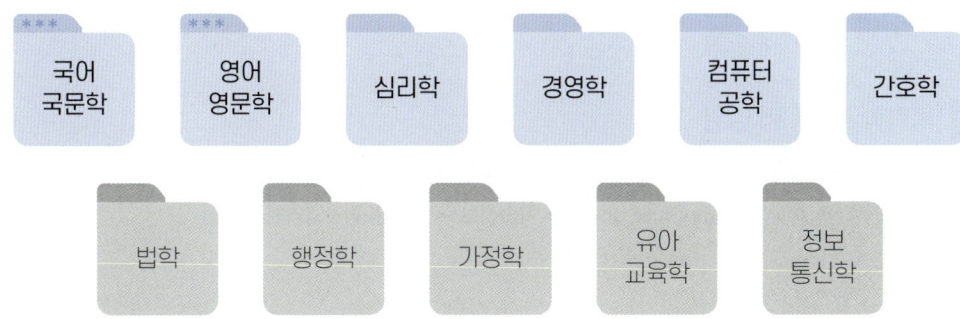

※ 유아교육학 및 정보통신학 전공 : 3, 4과정만 개설
   (정보통신학의 경우 3과정은 2025년까지, 4과정은 2026년까지만 응시 가능하며, 이후 폐지)
※ 간호학 전공 : 4과정만 개설
※ 중어중문학, 수학, 농학 전공 : 폐지 전공으로, 기존에 해당 전공 학적 보유자에 한하여 2025년까지 응시 가능

※ 시대에듀는 현재 4개 학과(심리학과, 경영학과, 컴퓨터공학과, 간호학과) 개설 완료
※ 2개 학과(국어국문학과, 영어영문학과) 개설 진행 중

INFORMATION
독학학위제 시험안내

과정별 응시자격

단계	과정	응시자격	과정(과목) 시험 면제 요건
1	교양	고등학교 졸업 이상 학력 소지자	• 대학(교)에서 각 학년 수료 및 일정 학점 취득 • 학점은행제 일정 학점 인정 • 국가기술자격법에 따른 자격 취득 • 교육부령에 따른 각종 시험 합격 • 면제지정기관 이수 등
2	전공기초		
3	전공심화		
4	학위취득	• 1~3과정 합격 및 면제 • 대학에서 동일 전공으로 3년 이상 수료 (3년제의 경우 졸업) 또는 105학점 이상 취득 • 학점은행제 동일 전공 105학점 이상 인정 (전공 28학점 포함) • 외국에서 15년 이상의 학교교육과정 수료	없음(반드시 응시)

응시방법 및 응시료

- 접수방법 : 온라인으로만 가능
- 제출서류 : 응시자격 증빙서류 등 자세한 내용은 홈페이지 참조
- 응시료 : 20,700원

독학학위제 시험 범위

- 시험 과목별 평가영역 범위에서 대학 전공자에게 요구되는 수준으로 출제
- 독학학위제 홈페이지(bdes.nile.or.kr) ➡ 학습정보 ➡ 과목별 평가영역에서 확인

문항 수 및 배점

과정	일반 과목			예외 과목		
	객관식	주관식	합계	객관식	주관식	합계
교양, 전공기초 (1~2과정)	40문항×2.5점 =100점	–	40문항 100점	25문항×4점 =100점	–	25문항 100점
전공심화, 학위취득 (3~4과정)	24문항×2.5점 =60점	4문항×10점 =40점	28문항 100점	15문항×4점 =60점	5문항×8점 =40점	20문항 100점

※ 2017년도부터 교양과정 인정시험 및 전공기초과정 인정시험은 객관식 문항으로만 출제

합격 기준

■ 1~3과정(교양, 전공기초, 전공심화) 시험

단계	과정	합격 기준	유의 사항
1	교양	매 과목 60점 이상 득점을 합격으로 하고, 과목 합격 인정(합격 여부만 결정)	5과목 합격
2	전공기초		6과목 이상 합격
3	전공심화		

■ 4과정(학위취득) 시험: 총점 합격제 또는 과목별 합격제 선택

구분	합격 기준	유의 사항
총점 합격제	• 총점(600점)의 60% 이상 득점(360점) • 과목 낙제 없음	• 6과목 모두 신규 응시 • 기존 합격 과목 불인정
과목별 합격제	매 과목 100점 만점으로 하여 전 과목(교양 2, 전공 4) 60점 이상 득점	• 기존 합격 과목 재응시 불가 • 1과목이라도 60점 미만 득점하면 불합격

시험 일정

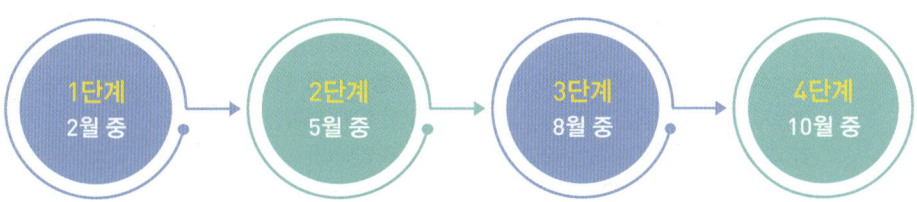

■ 영어영문학과 3단계 시험 과목 및 시간표

구분(교시별)	시간	시험 과목명
1교시	09:00~10:40(100분)	고급영문법, 미국문학개관
2교시	11:10~12:50(100분)	영어발달사, 고급영어
중식 12:50~13:40(50분)		
3교시	14:00~15:40(100분)	20세기 영미소설, 영어통사론
4교시	16:10~17:50(100분)	20세기 영미시, 영미희곡Ⅱ

※ 시험 일정 및 세부사항은 반드시 독학학위제 홈페이지(bdes.nile.or.kr)를 통해 확인하시기 바랍니다.
※ 시대에듀에서 개설되었거나 개설 예정인 과목은 빨간색으로 표시하였습니다.

STUDY PLAN

독학학위제 단계별 학습법

1단계 | 평가영역에 기반을 둔 이론 공부!

독학학위제에서 발표한 평가영역에 기반을 두어 효율적으로 이론을 공부해야 합니다. 각 장별로 정리된 '핵심이론'을 통해 핵심적인 개념을 파악합니다. 모든 내용을 다 암기하는 것이 아니라, 포괄적으로 이해한 후 핵심내용을 파악하여 이 부분을 확실히 알고 넘어가야 합니다.

2단계 | 시험 경향 및 문제 유형 파악!

독학사 시험 문제는 지금까지 출제된 유형에서 크게 벗어나지 않는 범위에서 비슷한 유형으로 줄곧 출제되고 있습니다. 본서에 수록된 이론을 충실히 학습한 후 '실전예상문제'를 풀어 보면서 문제의 유형과 출제의도를 파악하는 데 집중하도록 합니다. 교재에 수록된 문제는 시험 유형의 가장 핵심적인 부분이 반영된 문항들이므로 실제 시험에서 어떠한 유형이 출제되는지에 대한 감을 잡을 수 있을 것입니다.

3단계 | '실전예상문제'를 통한 효과적인 대비!

독학사 시험 문제는 비슷한 유형들이 반복되어 출제되므로, 다양한 문제를 풀어 보는 것이 필수적입니다. 각 단원의 끝에 수록된 '실전예상문제'를 통해 단원별 내용을 제대로 학습하였는지 꼼꼼하게 확인하고, 실력을 점검합니다. 이때 부족한 부분은 따로 체크해 두고, 복습할 때 중점적으로 공부하는 것도 좋은 학습 전략입니다.

4단계 | 복습을 통한 학습 마무리!

이론 공부를 하면서, 혹은 문제를 풀어 보면서 헷갈리고 이해하기 어려운 부분은 따로 체크해 두는 것이 좋습니다. 중요 개념은 반복학습을 통해 놓치지 않고 확실하게 익히고 넘어가야 합니다. 마무리 단계에서는 '최종모의고사'를 통해 실전연습을 할 수 있도록 합니다.

COMMENT

합격수기

> 저는 학사편입 제도를 이용하기 위해 2~4단계를 순차로 응시했고 한 번에 합격했습니다.
> 아슬아슬한 점수라서 부끄럽지만 독학사는 자료가 부족해서 부족하나마 후기를 쓰는 것이 도움이 될까 하여 제 합격전략을 정리하여 알려드립니다.

#1. 교재와 전공서적을 가까이에!

학사학위 취득은 본래 4년을 기본으로 합니다. 독학사는 이를 1년으로 단축하는 것을 목표로 하는 시험이라 실제 시험도 변별력을 높이는 몇 문제를 제외한다면 기본이 되는 중요한 이론 위주로 출제됩니다. 시대에듀의 독학사 시리즈 역시 이에 맞추어 중요한 내용이 일목요연하게 압축·정리되어 있습니다. 빠르게 훑어보기 좋지만 내가 목표로 한 전공에 대해 자세히 알고 싶다면 전공서적과 함께 공부하는 것이 좋습니다. 교재와 전공서적을 함께 보면서 교재에 전공서적 내용을 정리하여 단권화하면 시험이 임박했을 때 교재 한 권으로도 자신 있게 시험을 치를 수 있습니다.

#2. 시간확인은 필수!

쉬운 문제는 금방 넘어가지만 지문이 길거나 어렵고 헷갈리는 문제도 있고, OMR 카드에 마킹까지 해야 하니 실제로 주어진 시간은 더 짧습니다. 앞부분에 어려운 문제가 있다고 해서 시간을 많이 허비하면 쉽게 풀 수 있는 뒷부분 문제들을 놓칠 수 있습니다. 문제 푸는 속도가 느려지면 집중력도 떨어집니다. 그래서 어차피 배점은 같으니 아는 문제를 최대한 많이 맞히는 것을 목표로 했습니다.
① 어려운 문제는 빠르게 넘기면서 문제를 끝까지 다 풀고 ② 확실한 답부터 우선 마킹한 후 ③ 다시 시험지로 돌아가 건너뛴 문제들을 다시 풀었습니다. 확실히 시간을 재고 문제를 많이 풀어 봐야 실전에 도움이 되는 것 같습니다.

#3. 문제풀이의 반복!

여느 시험과 마찬가지로 문제는 많이 풀어 볼수록 좋습니다. 이론을 공부한 후 예상문제를 풀다 보니 부족한 부분이 어딘지 확인할 수 있었고, 공부한 이론이 시험에 어떤 식으로 출제될지 예상할 수 있었습니다. 그렇게 부족한 부분을 보충해 가며 문제 유형을 파악하면 이론을 복습할 때도 어떤 부분을 중점적으로 암기해야 할지 알 수 있습니다. 이론 공부가 어느 정도 마무리되었을 때 시계를 준비하고 모의고사를 풀었습니다. 실제 시험시간을 생각하면서 예행연습을 하니 시험 당일에는 덜 긴장할 수 있었습니다.

> 학위취득을 위해 오늘도 열심히 학습하시는 수험생 여러분에게도 합격의 영광이 있으시길 기원하면서 이만 줄입니다.

www.sdedu.co.kr

PREVIEW
이 책의 구성과 특징

| 단원 개요 |

제1편에서는 언어학의 대표적인 문법이라고 볼 수 있는 전통문[법]
를 주도했던 문법의 주류를 살펴보면서 시대의 흐름을 따라 어[떤]
성을 공부하게 된다.

| 출제 경향 및 수험 대책 |

제1편은 다른 부분에 비해 상대적으로 암기해야 할 양이 많다. [어]
떤 과학적·객관적 연구 방법이 주류를 이루게 되었는지, 그[리고]
을 지니고 있는지 잘 구분하여 이해하여야 한다.

01 단원 개요

핵심이론을 학습하기에 앞서 각 단원에서 파악해야 할 중점과 학습목표를 확인해 보세요.

제1장 | 전통문법(Traditional Grammar)

언어의 통시적 측면을 연구하는 방법과 내용은 매우 다양하지만, 언어 역사적으로 큰 의의를 둘 수 있는 영역은 크게 세 부류로 나눌 수 있다. 가장 오래된 것부터 전통문법, 구조주의 문법, 그리고 변형생성문법으로 구분된다. 그러나 경계가 명확한 것이 아니며, 정도의 차이는 있지만 서로 공존하는 경향을 지니고 있음을 명심하자.

전통문법은 BC 4세기경 그리스의 철학자 플라톤(Plato), 아리스토텔레스(Aristotle)와, 로마 및 인도에서 기원한 것으로서 20세기 초 덴마크의 예스퍼슨(O. Jespersen)의 과학적 전통문법까지의 긴 역사를 갖고 있으며, 유럽의 언어 연구 및 교수법에 중요한 역할을 하였다. 아리스토텔레스는 말을 구성하는 요소로서 주부, 술부, 접속사의 세 요소를 들었다. 그의 이론을 계승한 스토아학파(Stoicism)는 명사, 동사, 접속사에 관사를 첨가하여 4품사를 주장하였다. BC 1세기경 스락스(D. Thrax)는 "문법의 기술"(Art of Grammar)이라는 짧은 문법책을 썼는데, 이것이 그리스어에 관한 최초의 문법책으로 일컬어지고 있다. 그는 문법 기술의 단위로서 문장과 단어를 주시하였고, 그리스어의 낱말을 8품사(명사, 대명사, 동사, 관사, 부사, 분사, 전치사, 접속사)로 나누었으며, 특히 동사와 명사에 관한 속성을 논의하였다. 즉 명사에 대하여 성(gender), 수(number), 격(case)의 속성을 언급하며, 성을 남성·여성·중성으로 구분하였고, 수는 단수·복수·이중어(dual)로 구분하였으며, 격은 주격(nominative)·소유격(genitive)·여격(dative)·호격(vocative)·대격(accusative)으로 구분하였다. 그의 연구는 로마 시대의 바로(M. T. Varro)에게 전승되었고, 2천 년간 라틴어, 영어 등 여러 유럽 언어의 문법 틀을 이루었다.

Plato
428~348 B.C.

Aristotle
384~322 B.C.

Varro
116~27 B.C.

Johnson
1709~1784

Lowth
1710~1787

Murray
1745~1826

02 핵심이론

평가영역을 바탕으로 꼼꼼하게 정리된 '핵심이론'을 통해 꼭 알아야 하는 내용을 명확히 파악해 보세요.

Bachelor's Degree
Examination for
Self-Education

03 실전예상문제

'핵심이론'에서 공부한 내용을 바탕으로 '실전예상문제'를 풀어 보면서 문제를 해결하는 능력을 길러 보세요.

04 최종모의고사

'최종모의고사'를 실제 시험처럼 시간을 정해 놓고 풀어 보면서 최종점검을 해 보세요.

CONTENTS 목차

핵심이론 + 실전예상문제

제1편 통사론 연구의 변천
- 제1장 전통문법(Traditional Grammar) · · · · · · 003
- 제2장 구조주의 문법(Structural Grammar) · · · · · · 007
- 제3장 변형생성문법(Transformational Generative Grammar) · · · · · · 012
- 실전예상문제 · · · · · · 016

제2편 문장의 구조
- 제1장 개요 · · · · · · 025
- 제2장 구성성분(constituents) · · · · · · 028
- 제3장 구구조 규칙(phrase structure rules) · · · · · · 036
- 실전예상문제 · · · · · · 047

제3편 어휘부
- 제1장 하위범주화(subcategorization) · · · · · · 057
- 제2장 선택제약(selectional restriction) · · · · · · 059
- 제3장 의미역 관계(thematic roles) · · · · · · 061
- 제4장 비외현적 주어(non-overt PRO) · · · · · · 064
- 실전예상문제 · · · · · · 068

제4편 핵계층이론 (X-bar Theory)
- 제1장 중간투사(intermediate projection)의 존재 · · · · · · 079
- 제2장 보충어(complements)와 부가어(adjuncts) · · · · · · 083
- 제3장 범주 간의 유사성 · · · · · · 094
- 제4장 절의 구조 · · · · · · 096
- 실전예상문제 · · · · · · 102

제5편 변형(transformation)의 도입
- 제1장 구절구조 규칙의 한계성 · · · · · · 119
- 제2장 변형 규칙의 형식 · · · · · · 121
- 제3장 변형 규칙의 유형 · · · · · · 122
- 실전예상문제 · · · · · · 136

제6편 변형(A)	제1장 NP 이동 ·· 149
	제2장 조동사, be동사 이동 ·· 166
	제3장 Wh-이동 ·· 170
	제4장 α-이동(move-α) ·· 190
	실전예상문제 ·· 194

제7편 변형(B)	제1장 삭제 ·· 211
	제2장 삽입 ·· 215
	제3장 외치변형 ·· 220
	실전예상문제 ·· 222

제8편 이동 규칙의 제약	제1장 하위인접조건(subjacency condition) ······························· 233
	제2장 엄밀순환조건(strict cyclic condition) ····························· 244
	실전예상문제 ·· 247

제9편 이동 규칙 관련 기타 사항	제1장 이동 대상과 위치에 따른 이동 유형 ····························· 255
	제2장 공범주(empty categories)의 종류 및 구분 ····················· 263
	제3장 이동의 동기 ·· 266
	실전예상문제 ·· 275

제10편 대용적 표현	제1장 대용사(anaphors) ·· 283
	제2장 대명사(pronouns) ·· 287
	제3장 지시적 표현(R-expressions, referring expressions) ······· 288
	실전예상문제 ·· 289

최종모의고사

최종모의고사 제1회 ·· 301
최종모의고사 제2회 ·· 311
최종모의고사 제1회 정답 및 해설 ·· 321
최종모의고사 제2회 정답 및 해설 ·· 324

이성으로 비관해도 의지로써 낙관하라!

-안토니오 그람시-

제 1 편

통사론 연구의 변천

제1장	전통문법(Traditional Grammar)
제2장	구조주의 문법(Structural Grammar)
제3장	변형생성문법(Transformational Generative Grammar)
실전예상문제	

| 단원 개요 |

제1편에서는 언어학의 대표적인 문법이라고 볼 수 있는 전통문법, 구조주의 문법, 변형생성문법에 대하여 배운다. 각 시대를 주도했던 문법의 주류를 살펴보면서 시대의 흐름을 따라 어떤 변화를 겪었는지 대표적인 인물들과 문법의 세부적인 특성을 공부하게 된다.

| 출제 경향 및 수험 대책 |

제1편은 다른 부분에 비해 상대적으로 암기해야 할 양이 많다. 전통문법은 어떤 특징을 갖고 있는지, 구조주의 문법에서는 어떤 과학적·객관적 연구 방법이 주류를 이루게 되었는지, 그리고 변형생성문법은 이전의 문법들과 어떤 차이점과 특징을 지니고 있는지 잘 구분하여 이해하여야 한다.

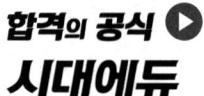
자격증·공무원·금융/보험·면허증·언어/외국어·검정고시/독학사·기업체/취업
이 시대의 모든 합격! 시대에듀에서 합격하세요!
www.youtube.com → 시대에듀 → 구독

제 1 장 전통문법(Traditional Grammar)

언어의 통사적 측면을 연구하는 방법과 내용은 매우 다양하지만, 언어 역사적으로 큰 의의를 둘 수 있는 영역은 크게 세 부류로 나눌 수 있다. 가장 오래된 것부터 전통문법, 구조주의 문법, 그리고 변형생성문법으로 구분된다. 그러나 경계가 명확한 것이 아니며, 정도의 차이는 있지만 서로 공존하는 경향을 지니고 있음을 명심하자.

전통문법은 BC 4세기경 그리스의 철학자 플라톤(Plato), 아리스토텔레스(Aristotle)와, 로마 및 인도에서 기원한 것으로서 20세기 초 덴마크의 예스퍼슨(O. Jespersen)의 과학적 전통문법까지의 긴 역사를 갖고 있으며, 유럽의 언어 연구 및 교수법에 중요한 역할을 하였다. 아리스토텔레스는 말을 구성하는 요소로서 주부, 술부, 접속사의 세 요소를 들었다. 그의 이론을 계승한 스토아학파(Stoicism)는 명사, 동사, 접속사에 관사를 첨가하여 4품사를 주장하였다. BC 1세기경 스락스(D. Thrax)는 "문법의 기술"(Art of Grammar)이라는 짧은 문법책을 썼는데, 이것이 그리스어에 관한 최초의 문법책으로 일컬어지고 있다. 그는 문법 기술의 단위로서 문장과 단어를 주시하였고, 그리스어의 낱말을 8품사(명사, 대명사, 동사, 관사, 부사, 분사, 전치사, 접속사)로 나누었으며, 특히 동사와 명사에 관한 속성을 논의하였다. 즉 명사에 대하여 성(gender), 수(number), 격(case)의 속성을 언급하며, 성을 남성·여성·중성으로 구분하였고, 수는 단수·복수·이중어(dual)로 구분하였으며, 격은 주격(nominative)·소유격(genitive)·여격(dative)·호격(vocative)·대격(accusative)으로 구분하였다. 그의 연구는 로마 시대의 바로(M. T. Varro)에게 전승되었고, 2천 년간 라틴어, 영어 등 여러 유럽 언어의 문법 틀을 이루었다.

Plato	Aristotle	Varro	Johnson	Lowth	Murray
428~348 B.C.	384~322 B.C.	116~27 B.C.	1709~1784	1710~1787	1745~1826

제1절 전통문법의 등장

영국에서의 영문법 연구는 16세기부터 19세기 말까지 활발하게 전개되었다. 주로 라틴어 문법의 영향 아래 라틴어 문법에서 설정된 용어를 좇아 영어를 분해하는 방법을 답습하였다. 이러한 문법 모형을 전통문법이라고 한다. 1755년 사무엘 존슨(S. Johnson)의 "영어사전"(A Dictionary of the English Language)이 발간되어 규범문법의 초석을 마련하였다. 현대의 사전에 비하면 어휘가 매우 부족하지만 관용구와 어휘의 용법을 비교적 잘 설명해 놓았다. 1762년 로우스(R. Lowth)는 "영문법소고"(A Short Introduction to English Grammar with Critical Notes)라는 책을 펴냈고, 1795년 머레이(L. Murray)는 "영어문법"(A Grammar of the English Language)이라는 책을 펴냈다. 이 책들은 본격적으로 영문법의 전통을 세운 책들이라고 볼 수 있지만, 이들의 영문법은 라틴문법을 그대로 모방하였으며, 두 언어의 체계가 다르다는 점을 심도 있게 고려하지는 못하였다는 한계가 있었다. 그러나 이 문법은 수 세대에 걸쳐 널리 사용되었고, 주된 목적이 교육을 위한 문법 규칙을 마련하는 데 있었기 때문에 이들을 규범문법(prescriptive grammar)이라고도 부른다. 규범적인 전통문법을 확립하게 한 학자들을 순서대로 나열하면 '스락스 → 바로 → 로우스 → 머레이'라고 볼 수 있다. 전통문법의 주요 내용을 살펴보면, 우선 문장의 의미를 근거로 하여 문장 분석을 하였고, 문장을 주부와 술부로 나누고 그 구조를 구(phrase), 절(clause), 문장(sentence)으로 나누었다. 또 어휘를 다음 표와 같은 8품사(명사, 대명사, 동사, 형용사, 부사, 전치사, 접속사, 감탄사)로 분류하고, 문장의 형식을 5형식으로 나누었다. 하지만 전통문법은 문제점도 많은데, 먼저 품사의 분류 기준에 일관성이 없다는 점과 5형식 문형 분류에 문제점이 많다는 점을 들 수 있다. 그리고 무엇보다 언어 사용을 있는 그대로 보는 것이 아닌 옳고 그름의 가치판단이 주가 된 규범문법이라는 점을 들 수 있다.

품사	내용
명사	사람, 사물, 장소의 이름
대명사	명사를 대신하는 말
동사	행위나 상태를 나타내는 말
형용사	명사를 수식하는 말
부사	동사, 형용사, 부사를 수식하는 말
전치사	자신의 목적어와 문장 내 다른 말과의 관계를 나타내는 말
접속사	단어, 구, 절을 연결하는 말
감탄사	감정, 느낌을 표현하는 말

제2절 과학적 전통문법(혹은 문헌문법)의 등장

1898년에 스위트(H. Sweet)가 "새로운 영문법"(A New English Grammar)을 출간하면서 기존의 규범문법에서 탈피하여 다양하고 많은 예를 과학적으로 분석하는 **과학적 전통문법**이 등장하게 되었다. 그에 이어 예스퍼슨(O. Jespersen), 푸츠머(H. Poutsma), 커르미(G. O. Curme) 등 주로 유럽 영어 학자들에 의해 이루어진 과학적 전통문법을 **문헌문법**이라 부르기도 한다. 스위트는 품사와 같은 문법범주를 설정할 때 형태·의미·기능을 고루 고려해야 한다고 주장하였으며, 모든 품사의 정의에 이 세 기준을 일괄적으로 적용하였다. 과학적 전통문법은 높이 평가되고 있으며, 이들의 연구 업적은 앞으로도 영문법 연구에 큰 공헌을 할 것이다.

제3절 전통문법의 특징

전통문법은 문법 연구의 동기가 실용적인 것으로, 사람들이 고전 문헌을 읽고 이해하거나 외국어를 배우거나 모국어의 기능을 높이는 데 있었다. 그래서 무엇이 올바른 표현이고 올바르지 못한 표현인지, 어떻게 말을 하고 써야 하는지에 대한 규칙 혹은 규범을 정해 놓고, 이를 따르지 않으면 잘못된 것이라고 가치판단을 하며 언어 사용에 대하여 감시 혹은 감독하는 듯한 태도를 갖고 있었다(예 It's me.는 틀린 표현, It's I.는 맞는 표현).

이렇듯 전통문법의 특징은 실용성과 규범성이라고 볼 수 있다. 이러한 실용성은 긍정적인 측면도 있지만, 옳고 그름을 강조하는 지나친 규범성으로 인해 변화하는 언어의 문법을 거부하거나 허용하지 않고, 언어를 오염시키는 옳지 못한 것으로 치부한다는 단점을 갖고 있었다. 언어는 생명체 같아서 변화하기 마련인데, 전통문법은 언어의 변천을 허용하지 않는 치명적 단점을 갖고 있었다.

또한 전통문법은 연구를 위한 언어 자료를 사람들이 일상생활에서 쓰는 언어를 기반으로 하지 않고, 유명한 작가들의 작품이나 문헌 자료를 주로 이용하였다. 문법 연구의 목적이 옳은 문법을 널리 퍼뜨리는 실용성에 기반을 두고 있다 보니, 일반 사람들의 언어 자료보다는 언어 전문가라고 볼 수 있는 학식 높은 학자들이나 작가들이 쓰는 작품이나 자료가 기준이 된 것이다. 따라서 잘못된 용법이나 표현은 옳지 못한 것으로서 배척해야 할 것으로 규정하는데, 이런 관점에서 전통문법은 규범문법(prescriptive grammar)이라고 부른다. 영어와 관련된 규범문법의 사례를 살펴보면 '전치사를 문미에 두지 말라'(Never end a sentence with a preposition.), 'who 말고 whom을 사용해라'(Use whom, not who.), '부정사를 분리하지 말라'(Do not split infinitives.), '이중부정을 사용하지 말라'(Do not use double negatives.) 등이 있다.

그러나 현재의 언어 문법 연구에서는 문헌 자료뿐 아니라 일반 사람들이 일상적으로 사용하는 문어체, 구어체의 모든 자료들이 사용되어 전통문법과는 대조를 이루고 있다. 또한 문법 사항이나 용법을 옳고 그름의 관점에서 가치판단을 하는 것이 아니라, 있는 그대로의 표현을 기록하여 연구하는 태도가 주류를 이루고 있다. 이러한 현재의 문법을 옳다 그르다의 가치판단 없이 있는 그대로를 기술하듯이 연구한다는 의미에서 기술문법(descriptive grammar)이라고 부른다. 규범문법과 기술문법은 문법 내용 자체를 연구하고 바라보는 태도를 가리킨다고 보면 된다.

제4절 전통문법의 문제점

전통문법은 여러 문제점을 갖고 있었다. 첫째, 문법적 요소인 품사를 분류할 때 의미와 기능의 두 가지 측면을 구분하여 일관된 원칙을 적용하지 않았다. 예를 들어, 명사는 '사물의 이름'이라고 의미에 기반한 정의를 내리지만, 형용사는 '명사를 수식하는 말'이라고 의미가 아닌 기능에 기반한 정의를 내리고 있다. 이뿐만 아니라, 품사의 정의와 실제 적용에 있어서 괴리가 존재한다. 예를 들어, '사물의 이름'이라는 명사의 정의로는 '마음'과 같은 추상적인 어휘나 행동을 나타내는 '산책'과 같은 어휘는 설명할 수 없고, '명사를 대신한다'라는 대명사의 정의는 It rains.에서의 비인칭 it을 설명할 수 없으며, '명사를 수식한다'라는 형용사의 정의로는 He was fine.에서 서술적으로 쓰이는 fine을 설명할 수 없다. 또한 문장의 구조를 5형식으로 나눈 것은 여러 면에서 유용하지만, 설명하지 못하는 문형도 있다. 예를 들어, I put the book on my desk.라는 문장은 3형식으로 분류되는데, on my desk와 같은 장소를 나타내는 전치사구는 선택 요소가 아니라 필수 요소이기 때문에 3형식으로는 만족할 만한 설명이 되지 못한다.

제2장 구조주의 문법 (Structural Grammar)

구조주의 문법 혹은 구조주의 언어학이란 20세기 초에 소쉬르(F. Saussure)로부터 시작되어 1957년 촘스키(N. Chomsky)의 "통사구조"(Syntactic Structures)가 나오기까지의 문법 이론, 언어 철학 및 연구 방법론을 말하며, 20세기 전반에 언어학계에 지배적인 영향력을 행사하였다. 파블로프(I. P. Pavlov)의 조건반사 학습이론을 통한 행동주의(behaviorism) 심리학이 확립되면서, 이 이론이 미국의 심리학계를 비롯한 전 학계를 휩쓸게 되었고, 이 영향을 받아 언어 연구도 새로운 전기를 맞이하게 된다. 이전 세기의 연구 흐름은 역사언어학과 비교언어학이었는데, 학자들의 관심은 언어의 기원·성장·변화 즉, 언어의 통시적 양상에 있었다. 하지만 소쉬르는 언어의 보편적 문제를 다루려면 통시적 과정뿐만 아니라 개별 언어 간의 비교 등 공시적 연구도 병행되어야 한다고 보았다.

20세기 초에 스위스 출신인 소쉬르가 유럽에서 구조주의 언어학을 발전시키고 있을 때, 미국 대륙에서는 화자의 언어 사용을 그대로 기술하는 기술문법 중심의 언어학이 태동하고 있었다. 유럽이 역사언어학적 경향을 벗어나지 못했을 시기에 미국이 기술문법 중심의 언어학적 방법론을 발전시켰다는 측면에서 의의가 있으며, 기술문법은 현대 언어학을 주도해 왔고 이론 발전에도 큰 영향을 미치고 있다.

Saussure	Fries	Gleason	Bloomfield	Boas	Sapir
1857~1913	1887~1967	1917~2007	1887~1949	1858~1942	1884~1939

제1절 구조주의 문법의 특징 (중요)

구조주의 문법의 연구는 행동주의와 경험주의(empiricism)에 바탕을 두고 과학적으로 진행되었다. 연구 대상이 되는 언어 자료도 고전 문헌이나 문학작품보다는 일상생활에서 듣고 접할 수 있는 구어체 언어 자료를 중심으로 수집되었으며, 언어 분석에 있어서 분석자의 주관성이 개입될 수 있는 의미와 관련된 분석은 분석의 객관성 확보가 어렵기 때문에 제외되었다. 따라서 구조주의 문법 혹은 구조문법은 객관성 유지가 비교적 용이한 음운론과 형태론, 통사론 발전에 많은 기여를 하였다. 구조문법 학자들은 전통문법의 규범문법적인 태도가 아니라 기술문법적인 연구 태도와 방법을 따랐다. 그래서 사람들로 하여금 '옳은' 문법 규칙이나 용법을 따를 것을 강요하기보다는 화자가 쓰는 언어를 있는 그대로 기술하고 분석하여 문법 항목을 알아내는 귀납적인 방법으로 연구하였다. 자연과학에서 물질을 잘게 쪼개어 분자, 원자로 나누는 것처럼 언어도 다양한 크기의 단위로 나누어 분석하여, 의사소통의 도구인 언어가 문장, 단어, 형태소, 음소 등으로 나누어진다고 보았다. 또한 각각의 단위가 존재하는 문법의 계층을 엄격하게 분류하여 통사론, 형태론, 음운론 등의 분야가 발전하게 되었고, 이러한 계층을 모두 합하면 그 언어의 문법이 구성된다고 보았다.

구조주의 문법의 대표적인 학자로는 프리즈(C. Fries), 글리슨(H. Gleason), 블룸필드(L. Bloomfield) 등이 있으며, 특히 1933년에 출간된 블룸필드의 "언어"(Language)는 구조주의 문법의 성서로 불리고 있다. 20세기 초 미국의 보아스(F. Boas)는 미국 인디언 언어를 기술하면서 다른 언어에 존재하는 시제에 구애받지 않고 인디언 언어에 존재하는 시간 개념 표시를 그대로 기술하여 보여주었다. 이것은 화자가 쓰는 문법을 있는 그대로 분석하는 이른바 귀납적인 기술문법의 근본원리가 되었다. 동시대 미국의 사피어(E. Sapir)는 "언어"(Language)라는 저서를 통하여 언어와 문화 간의 관계를 기술하였는데, 그도 미국 인디언 언어를 분석하면서 그들의 언어도 논리적이고 규칙적인 체계를 갖고 있다는 사실을 주장하였다.

제2절 형태론 연구

품사 분류에 있어서 의미와 기능의 두 가지 측면을 자의적으로 정의한 전통문법과는 달리, 구조문법에서는 의미는 제외하고, 다음 분류와 같이 형태(form)와 기능(function)의 두 가지 기준을 엄격하게 적용하여 품사를 구분하였다. 첫째, 형태에 따른 품사 분류에 있어서는 단어에 굴절접사가 붙는 경우와 파생접사가 붙는 형태적 변화를 생각할 수 있다. 파생(derivation)이란 한 단어에 접사(접두사, 접미사 등)가 붙어서 새로운 단어가 파생되어 만들어지는 것을 말한다. 굴절이란 새 단어가 만들어지는 것은 아니고, 한 단어가 문장 내에서 문법적으로 옳은 형태를 취하기 위하여 접사(영어에서는 주로 어미 형태의 접미사)가 붙는 등의 약간의 변형(굴절)이 생기는 것을 말한다. 둘째, 기능에 따른 품사 분류에 있어서는 단어가 문장 내에서 주어·술어·목적어·보어·수식어 중에서 어떤 기능을 지닐 수 있는지가 분류의 기준이 된다.

1 형태에 의한 품사 분류

(1) 굴절접사에 따른 분류

품사	설명
명사	단어 끝에 복수형 어미(-s)가 붙을 수 있다.
	단어 끝에 소유격 어미(-'s)가 붙을 수 있다.
동사	단어 끝에 시제 어미(-s, -ed)가 붙을 수 있다.
	단어 끝에 다양한 어미(-en, -ed, -ing)가 붙을 수 있다.
형용사	단어 끝에 비교급 어미(-er)가 붙을 수 있다.
	단어 끝에 최상급 어미(-est)가 붙을 수 있다.
부사	단어 끝에 비교급 어미(-er)가 붙을 수 있다.
	단어 끝에 최상급 어미(-est)가 붙을 수 있다.

(2) 파생접사에 따른 분류

품사	설명
명사	새 단어를 만드는 접사(-er, -ment, -ness, -or)가 붙을 수 있다.
동사	새 단어를 만드는 접사(-ate, en-, -en, -fy, -ize)가 붙을 수 있다.
형용사	새 단어를 만드는 접사(-able, -ful, -less, -ous)가 붙을 수 있다.
부사	새 단어를 만드는 접사(-ly, -ward, -wise)가 붙을 수 있다.

2 기능에 의한 품사 분류

품사	설명
명사	주어, 목적어 기능을 할 수 있다.
동사	서술어 기능을 할 수 있다.
형용사	명사를 수식한다.
	be동사의 보어 기능을 할 수 있다.
부사	문장, 동사, 형용사, 부사를 수식한다.

위에서 보았듯이 구조문법 학자들은 낱말의 품사를 분류할 때, 주관적인 의미가 아니라 객관적으로 검증 가능한 형태와 (문장 내에서의 분포에 따른) 기능 모두를 고려하게 되어, 보다 과학적인 연구를 수행하였다.

제3절 통사론 연구

구조문법 학자들은 문장을 구성하는 구성성분을 큰 단위에서 작은 단위로 계속 잘라 나가는 직접 구성성분 분석(ICA, Immediate Constituent Analysis)의 방법을 사용하고 있다. 즉, 문장을 주어부와 술어부로 나누고, 그다음 문장성분인 주어, 술어, 목적어, 보어 등으로 나누고, 각 문장성분을 명사구, 형용사구, 부사구 등으로 나누는 등 크기가 큰 것에서 점차 작은 것으로 나누어 분석함으로써 문장을 구성하는 다양한 크기의 '구성성분'들이 문장 안에서 어떤 관련성을 갖고 있는지를 보여준다. 이렇게 문장을 계층적으로 분석하는 것을 구성성분 분석이라고 한다. 구조문법은 각 구성요소의 기능이 다른 요소와의 관계 혹은 분포 속에서 비로소 나타나며, 각 계층의 구성요소가 전부 모여서 전체의 문법 체계를 구축한다.

The	boys	from	his	class	will	visit	the	island.
주부					술부			
주어					술어		목적어	
명사구	전치사구				동사구		명사구	

구조주의 문법의 분석 방법은 눈에 보이는 문장인 '표층구조'(surface structure)만을 과학적인 연구 대상으로 삼는데, 이는 장점이기도 하지만 단점이기도 하다. 왜냐하면 다음 문장 (a)와 같이 문장이 구성성분의 이동을 지닌 불연속 구조를 지니고 있다면 이동(when you will be happy about it)이 발생하기 이전의 '심층구조'(deep structure)에 대해서 알 수 없기 때문이다. 또한 (b), (c)와 같이 중의성(ambiguity)을 지닌 문장의 경우, 그 결과인 표층구조만을 볼 수 있기 때문에 원인 발생이 생기는 심층구조(누가 망원경을 갖고 있는지, 누가 타는지)를 추적하기가 힘들기 때문이다.

(a) The time will come when you will be happy about it. (표층구조만 보임)
　　The time when you will be happy about it will come. (예상되는 심층구조)
(b) The man saw the girl with a telescope.
　　The man saw [the girl with a telescope]. (소녀가 망원경을 갖고 있음)
　　The man saw [the girl] with a telescope. (남자가 망원경을 갖고 있음)
(c) The horse is ready to ride.
　　The horse is ready to ride (another animal bigger than itself). (말이 다른 동물을 타는 경우)
　　The horse is ready to ride (by some person). (사람이 말을 타는 경우)

제4절 전통문법과 구조문법 비교 중요

전통문법은 정신주의(mentalism)에 바탕을 둔 데 반해, 구조문법은 경험주의나 행동주의, 실증주의에 바탕을 두고 있다. 전통문법은 규범문법인 데 반해, 구조문법은 기술문법이다. 전통문법은 그리스어나 라틴어 문법을 모델로 한 분석을 추구하는 데 반해, 구조문법은 전체 구조 속에서 객관적으로 검증 가능한 분포와 기능에 의존하는 과학적 분석을 추구한다. 또한 전통문법의 분석은 학자들의 직관에 의존하는 경향이 많은 데 비해, 구조문법의 분석은 항상 언어 자료에 의해서 기술적으로 객관적 증거를 통해 입증되어야 한다. 구조문법의 선구자인 소쉬르(F. Saussure)의 강의는 제자들에 의해 1916년에 책으로 출판되었고, 그의 사상으로부터 비로소 언어학이 하나의 과학적 체계를 갖추게 되었다.

제 3 장 변형생성문법(Transformational Generative Grammar)

변형생성문법은 촘스키(N. Chomsky)의 "통사구조"(Syntactic Structures, 1957)에서 비롯되었다. 그는 구조문법 학자인 해리스(Z. Harris)의 제자로서 어린아이들의 언어습득(language acquisition)이 모방에 의한 습관 형성 때문이라는 구조주의의 주장을 반박하고 비판하면서 변형생성문법의 혁신적인 이론을 세운 유명한 수학자이자 언어학자이다. 구조주의 문법이 경험주의와 행동주의를 바탕으로 한 데 반해, 변형생성문법은 이성주의(rationalism)와 정신주의(mentalism)를 철학적 배경으로 하고 있다.

변형생성문법의 이론이 더욱 객관적이고 일반화되기 위해서는 우선 언어 자료가 가능한 한 풍부해야 하는데, 이전의 구조문법에서 사용된 일상 대화와 같은 언어 자료가 지나치게 제한된 것이었음을 지적하면서, 실제 사용하는 말보다는 머릿속에 내재된 언어를 연구 대상으로 삼아야 한다고 주장하였다. 그러나 변형생성문법은 구조문법과 마찬가지로 언어 연구의 객관성과 과학적인 연구 절차를 존중한다.

변형생성문법에서 어린아이들의 모국어 언어습득이 모방과 반복에 의한 학습이라는 구조주의의 주장을 반박하게 된 근거로는, 아이들은 이전에 한 번도 들어보지 못한 문장을 이해하고 말할 수 있다는 점을 들었다. 어른들이 말한 적이 없는 문장을 모방과 반복에 의해 학습했을 리가 없다는 것이다. 촘스키는 이 점을 들어 모국어 언어습득은 습관이나 자극과 반응 이론으로 설명할 수 없다고 주장하였다. 또한 그는 어린아이들이 태어날 때부터 선천적으로 모국어에 노출만 되면 모국어를 저절로 습득할 수 있는 보편문법으로 이루어진 언어습득장치(LAD, Language Acquisition Device)를 갖고 태어난다고 보았고, 이 장치가 머릿속에서 모국어 언어능력으로 발전한다고 주장하였으며, 이 언어능력을 규명하는 일에 관심을 기울였다.

Chomsky
1928~Present

Jackendoff
1945~Present

제1절 언어능력과 언어수행 중요

언어능력(linguistic competence)은 인간이 언어를 말하고 이해할 수 있는 능력이나 지식을 말하며, 모든 인간이 갖고 있다. 인간은 태어나자마자 언어를 능숙하게 구사할 수는 없지만, 두뇌 속에 언어를 말할 수 있는 능력을 지니고 있다. 이렇게 모든 인간이 모국어에 대하여 지니고 있는 능력을 언어능력 혹은 언어지식이라고 부른다. 하지만 머릿속에 있는 언어능력을 직접 관찰할 수는 없고, 구체적인 상황에서 실제로 음성언어를 사용하면서 나타나는 언어수행(linguistic performance)을 통해서만 간접적으로 관찰할 수 있기 때문에, 변형생성문법은 관찰 가능한 언어수행을 통해서 보이지 않는 언어능력을 규명하고자 한다. 언어능력은 언어수행 말고도 모국어에 대한 직관(intuition)을 통해서도 나타날 수 있다. 영어 모국어 화자들은 어떤 문장이 옳은 문장(정문, grammatical sentence)인지 잘못된 문장(비문, ungrammatical sentence, *로 표시)인지 직관적으로 판단할 수 있다. 예를 들어, *John picked up him.(정문 : John picked him up.)이 왜 비문인지 학술적으로 설명은 못 해도 직관적으로 알 수 있다.

언어수행은 인간이 실제로 언어를 말하는 행위를 말하기 때문에, 극도로 긴장한 상태에서 언어수행이 불완전해질 수 있다거나 만취한 상태에서 비문법적인 말을 할 수 있는 것처럼, 개인이 처한 상황에 따라 수행 능력에 차이가 있을 수 있다.

요약하면 변형생성문법은 언어능력과 언어수행을 구분하고, 연구의 목표를 언어능력의 규명에 두고 있다. 언어습득과 관련하여, 구조문법은 행동주의 심리학에 입각하여 모방과 반복 및 연습을 통한 후천설을 주장하였으나, 변형생성문법은 선천설(innateness theory)을 주장한다. 즉, 어린아이는 태어날 때 언어습득장치를 갖고 태어나며, 이것을 가동시켜 자신에게 주어지는 모국어 언어 자료를 무의식적으로 분석함으로써 스스로 규칙을 창조하여 터득해 가며 언어를 습득한다고 주장한다. 이 문법의 가장 큰 특징은 문법 기술에 심층구조를 도입했다는 점이다. 이 심층구조는 변형 규칙(transformational rules)에 의해 표층구조로 변형된다. 예를 들어, The snack, I'm going to eat.이라는 문장은 표층구조이고, 심층구조는 I'm going to eat the snack.으로서 화제문화(topicalization)라는 변형 규칙을 통해 표층구조로 완성되었다고 보는 것이다. 구조문법은 표층구조만을 분석하므로 이러한 유용한 분석이 불가능하다.

비교 항목	구조문법	변형생성문법
철학적 배경	경험주의(empiricism)	이성주의(rationalism)
	행동주의(behaviorism)	정신주의(mentalism)
연구 방식	귀납적(inductive) 방식	연역적(deductive) 방식
목표	개별언어문법	보편문법
언어습득	후천설(모방, 반복)	선천설(노출, 창조)
분석 대상	표층구조	심층구조, 표층구조

제2절 언어능력 모형

모국어 화자의 언어능력은 머릿속에 내재적 문법으로 존재한다고 보기 때문에, 언어학자들은 언어능력을 규명하기 위해 화자의 내재적 문법을 밝혀내는 것을 목표로 한다. 모국어 성인 화자들은 모두가 완벽한 언어능력을 갖추고 있는데, 신기한 것은 어린아이가 모국어를 습득할 때에 아이들에게 노출되는 모국어 자료인 언어자극은 절대적인 양으로 볼 때 그리 충분하지 않다고 볼 수 있고, 때때로 말실수도 많고 항상 문법적이지도 않으며 완전하지도 않다는 사실이다. 이렇게 완벽하지 않은 언어자극을 통해서도 아이들은 일정 기간이 지나면 해당 모국어의 언어능력을 정확하게 습득하게 되는 것이다.

이러한 현상을 통해, 학자들은 인간의 언어능력은 태어나면서 두뇌 속에 존재하는 선천적으로 타고난 보편적 언어원리와 후천적으로 주어지는 개별 언어에 대한 노출 자료가 협력하여 만들어지는 것으로 가정한다(다음 그림 참조). 두뇌 속에 선천적으로 타고난 언어원리를 보편문법(UG, Universal Grammar)이라고 하는데, 이러한 '장치'에 개별 모국어 말소리가 '입력' 자료로 주어지면 일정 기간이 지나면 자동적으로 해당 모국어의 언어능력이 생긴다는 것이다. 이러한 언어능력 모델은 보편문법이라는 언어원리(principles of language)에 모국어 언어에 대한 노출이 입력으로 주어지면 특정 언어의 내재적 문법이 형성된다고 주장한다.

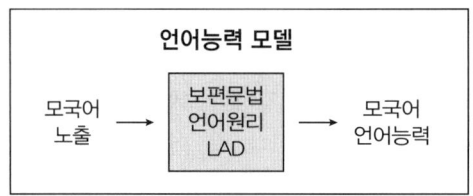

제3절 변형생성문법 이론의 변화

촘스키가 "통사론의 국면"(Aspects of the Theory of Syntax, 1965)에서 구축한 이론을 표준이론(Standard Theory)이라고 하는데, 이 이론은 모든 의미를 심층구조에서 포착하는 이론이었다. 그러나 1970년대에 들어서서 촘스키와 자켄도프(R. Jackendoff)는 기존 이론을 확대한 확대표준이론(Extended Standard Theory)에서 의미의 포착이 심층구조뿐만 아니라 표층구조와 변형의 유도 과정에서도 이루어져야 한다고 주장한다. 같은 시기에 포스탈(P. M. Postal), 레이코프(G. Lakoff), 매콜리(J. D. McCawley)는 종래의 심층구조를 더욱 심화시켜 계속 심층구조에서만 의미를 포착하도록 한 생성의미론(Generative Semantics)을 제안했다. 두 이론이 계속 공방을 벌이다가 생성의미론은 더 이상 발전하지 못하고 사라졌으나, 확대표준이론은 계속 연구가 진행되어 1981년에 촘스키의 "지배와 결속에 관한 강의"(Lectures on Government and Binding) 저서를 통하여 수정확대표준이론(Revised Extended Standard Theory)으로 발전되었다. 이 이론은 규칙 체계 위주의 문법 이론에서 탈피하여, 원리 체계[투사원리(Projection Principle), 결속원리(Binding Principle), 공범주(empty category) 등] 위주의 문법으로의 전환을 의미한다. 이 이론은 이전에 너무 많아 통제가 어려웠던 수많은 변형 규칙들을 대부분 α-이동 규칙(move-α)으로 통합하였다.

제4절 최소주의 이론

지배결속이론의 단점을 해결하고 이론적 장치를 가능한 한 최소화하면서도 문법 현상의 설명력을 극대화할 수 있는 이론이 촘스키의 1993/1995년 이론인 최소주의(minimalism) 이론이다. 이 이론은 지배결속이론에서 다루던 D(Deep)-구조, S(Surface)-구조, LF(Logical Form)-구조, PF(Phonetic Form)-구조의 수를 줄여서 LF-구조와 PF-구조만을 문법에서 고려하여, 이들이 언어의 핵심을 이룬다고 주장한다. 최소주의 이론은 문장을 구성하는 구성요소들에 대한 자질을 점검하는 문법 이론이라고 볼 수 있다.

제1편 | 실전예상문제

제1장 전통문법(Traditional Grammar)

01 전통문법에 대한 설명으로 가장 적절하지 <u>않은</u> 것은?
① 언어 변화에 대해 부정적인 입장을 취한다.
② 언어 사용에 대해 감독을 한다.
③ 언어수행보다 언어능력에 초점을 둔다.
④ 어휘를 8품사로 구분한다.

01 전통문법은 실용성과 규범성에 초점을 두며, 언어수행보다 언어능력에 초점을 두는 것은 변형생성문법이다.

02 다음 중 전통문법의 특징으로 가장 적절한 것은?
① 기술문법
② 규범문법
③ 일상의 언어 자료
④ 행동주의

02 전통문법은 옳고 그름에 대한 규범적 가치판단을 담고 있으며, 고대 문헌이나 작품에 담겨 있는 언어가 연구 대상이었다. 행동주의는 구조주의 문법에 대한 내용에 해당한다.

03 전통문법의 문제점에 대한 설명으로 가장 적절하지 <u>않은</u> 것은?
① It rains.에서 비인칭 it을 설명할 수 없다.
② 5형식 문장 분류로는 설명할 수 없는 문장 형태들이 있다.
③ 문장의 표층구조만을 분석 대상으로 삼았다.
④ 단어를 품사로 분류할 때 일관된 원칙을 적용하지 않았다.

03 표층구조만을 분석한 것은 구조문법의 문제점이다.

정답 01 ③ 02 ② 03 ③

주관식 문제

01 전통문법에서 명사는 '사람, 사물, 장소의 이름'으로 정의된다. 이 정의의 문제점을 간략하게 쓰시오.

01 **정답**
'사람, 사물, 장소의 이름'으로 명사를 정의한다면, '미움'이나 '걸음'과 같은 추상적이거나 행동을 나타내는 어휘는 설명할 수 없다.

02 전통문법의 특징을 서술하시오.

02 **정답**
전통문법은 그리스어나 라틴어로 된 고전 문헌의 이해를 위한 실용적 목적과 옳은 문법을 전파하기 위한 목적을 위해, 학자들의 직관에 의존하여 문법 용법에 있어서 옳고 그름의 규범적 가치판단을 담은 규범문법이다.

제2장 구조주의 문법(Structural Grammar)

01 행동주의에 영향을 받은 문법은 구조주의 문법이고, 정신주의에 영향을 받은 문법은 변형생성문법이다.

01 다음 내용에 해당하는 문법은?

> 파블로프의 조건반사 학습이론을 통한 행동주의 심리학이 확립되면서, 이 영향을 받아 탄생한 언어학 연구 방법이다.

① 전통문법
② 문헌문법
③ 변형생성문법
④ 구조주의 문법

02 구조문법에서는 표층구조만을 분석과 연구 대상으로 삼는다. 변형생성문법에서 비로소 심층구조까지 연구 대상으로 삼는다.

02 구조주의 문법에 대한 설명으로 가장 적절하지 않은 것은?

① 실증주의와 행동주의에 바탕을 두고 있다.
② 문장을 표층구조와 심층구조로 분석한다.
③ 문장의 중의성을 설명하지 못한다.
④ 화자가 사용하는 언어를 귀납적으로 기술한다.

03 경험주의와 행동주의의 철학적 배경 아래 귀납적 방법으로 언어 자료의 표층구조를 연구하고, 언어습득이 모방과 반복에 의한 후천적 행위임을 주장한 문법은 구조주의 문법(구조문법)이다.

03 다음 중 문법 연구에 있어서 경험주의, 행동주의, 귀납적 방식, 후천설과 관계있는 것은?

① 전통문법
② 구조문법
③ 규범문법
④ 변형생성문법

정답 01 ④ 02 ② 03 ②

04 다음 중 소쉬르의 구조문법의 특성으로 가장 적절한 것은?

① 화자가 사용하는 문법을 있는 그대로 기술한다.
② 형태론 연구에 있어서 어휘의 '의미'를 중시한다.
③ 통사론 연구에 있어서 문장의 심층구조 분석을 사용한다.
④ 문법학자가 문법 규칙을 미리 규정하는 규범문법이다.

04 구조문법은 주관적일 수 있는 의미 분석을 피하고, 문장 분석에서는 표층구조만을 분석한다. 또한 화자의 문법을 있는 그대로 기술하는 기술문법이다.

주관식 문제

01 구조주의 문법에서 다음 문장의 중의성을 설명하지 못하는 이유를 쓰시오.

> The horse is ready to ride.

01 **정답**
문장에서 말은 타는 주체가 될 수도 있고, 타는 대상이 될 수도 있다. 즉 말이 다른 동물을 탈 수도 있고, 사람이 말을 탈 수도 있는 것이다. 구조문법은 표층구조만을 다루기 때문에, 심층구조를 도입하여 표층구조로 변하는 과정을 가정하지 않는 한 이러한 중의성의 원인을 설명할 수가 없다.

02 구조문법의 특징을 서술하시오.

02 **정답**
행동주의 심리학과 경험주의 철학을 바탕으로, 화자들의 일상적인 언어 자료를 있는 그대로 기술하고, 과학적이며 객관적인 기준에 따라 분석하는 기술문법이다. 구조문법은 전체 구조 속에서 검증 가능한 분포와 기능을 바탕으로, 언어의 표층구조를 귀납적으로 분석한 결과를 담고 있다.

정답 04 ①

제3장   변형생성문법 (Transformational Generative Grammar)

01   변형생성문법은 인간이 선천적으로 언어능력을 갖고 태어나며, 적절한 언어 노출에 의해 특정 언어를 습득하게 된다고 본다.

01   변형생성문법에 대한 설명으로 가장 적절하지 <u>않은</u> 것은?

① 언어수행보다 언어능력에 초점을 둔다.
② 문장 분석에 심층구조와 표층구조를 도입한다.
③ 촘스키에 의해 창시된 언어 이론이다.
④ 언어능력의 선천성을 부정한다.

02   변형생성문법은 문장의 심층구조와 표층구조를 모두 분석 대상으로 삼는다.

02   변형생성문법에 대한 설명으로 가장 적절하지 <u>않은</u> 것은?

① 표층구조만을 분석 대상으로 삼았다.
② 인간의 언어능력을 연구 대상으로 삼았다.
③ 언어능력과 언어수행을 구분한다.
④ 문장을 심층구조와 표층구조로 나눈다.

03   변형생성문법은 이성주의와 정신주의의 철학적 배경 아래 선천적으로 부여받은 언어능력을 규명하기 위해 연역적 방식으로 심층구조와 표층구조를 모두 분석 대상으로 삼는 문법이다.

03   다음 중 문법 연구에 있어서 이성주의, 연역적 방식, 선천설, 언어능력과 관계있는 것은?

① 구조주의 문법
② 변형생성문법
③ 전통문법
④ 규범문법

정답   01 ④   02 ①   03 ②

04 변형생성문법에 대한 설명으로 가장 적절한 것은?

① 단어를 분류할 때 형태와 기능의 두 기준을 사용한다.
② 화자의 내재된 언어능력을 규범적으로 설명한다.
③ 문법의 구성요소를 각 계층의 전체 구조 속에서 이해한다.
④ 아이들의 모국어 습득은 선천적 언어습득장치를 통한다.

05 변형생성문법의 언어습득 이론에 대한 설명으로 가장 적절한 것은?

① 모방, 반복, 연습의 후천적 방법으로 이루어진다.
② 행동주의 심리학에 근거하여 이루어진다.
③ 선천적인 보편문법을 사용하여 스스로 문법 규칙을 터득한다.
④ 습관과 자극의 반응 이론으로 설명할 수 있다.

06 변형생성문법에서 언어능력이란 무엇인가?

① 사람의 머릿속에 내재되어 있는 언어지식이다.
② 습관 형성이나 자극과 반응 이론으로 설명할 수 있다.
③ 사람이 실제 언어를 말하는 행위를 가리킨다.
④ 사람에 따라 언어능력의 차이가 존재한다.

---

04 ①·③ 구조문법에 대한 설명이다.
② 규범적이 아니라 기술적으로 설명한다.

05 ①·②·④는 구조주의 문법에서 주장하는 언어습득 이론이다.

06 인간이 언어를 말하고 이해할 수 있는 능력을 말하며, 사람의 머릿속에 내재되어 있는 언어지식이 바로 언어능력이다.

정답 04 ④ 05 ③ 06 ①

주관식 문제

01 변형생성문법에서 언어수행보다는 언어능력에 초점을 두는 이유를 서술하시오.

02 변형생성문법과 구조문법에서 모국어 언어습득을 어떻게 보는지 비교하여 서술하시오.

03 변형생성문법의 특징을 서술하시오.

---

01 정답
인간의 언어수행을 실제 환경에서 살펴보면, 문장이 중간에 끊기기도 하고 실수로 비문이 발화되기도 하여 불완전한 경우가 많다. 따라서 변형생성문법에서는 실제로 사용되는 불완전한 언어수행을 통해 머릿속에 내재해 있는 완전한 문법인 언어능력을 밝혀내고자 한다.

02 정답
조건반사를 기초로 한 행동주의에 기반을 둔 구조문법에서는 아이들의 모국어 언어습득이 주변 어른들의 말을 듣고 반복·모방하는 가운데 이루어진다고 보는 후천설을 주장하였다. 그런데 변형생성문법에서는 정신주의 철학을 바탕으로, 아이들은 언어능력을 갖고 태어나며 이후 특정 모국어에 적절하게 노출되면 해당 모국어 언어지식을 모방이 아니라 능동적 규칙 창조를 통해 완성한다고 보는 선천설을 주장하였다.

03 정답
이성주의와 정신주의 철학에 바탕을 두고, 화자의 머릿속에 내재하는 언어능력이 언어수행을 통해 나타나는 것을 분석 대상으로 보며, 이를 표층구조와 심층구조의 관계로 보고 연역적으로 분석하여 언어지식을 알아내려는 문법이다.

제 2 편

문장의 구조

제1장	개요
제2장	구성성분(constituents)
제3장	구구조 규칙(phrase structure rules)
실전예상문제	

│ 단원 개요 │

제2편에서는 문장을 구성하는 가장 작은 단위인 어휘부터 가장 큰 단위인 문장에 이르기까지의 구성요소들을 다루게 된다. 구성소라고 불리는 문장의 구성요소를 판별해 내는 구성소 판별 테스트부터 문장의 수형도를 완성할 수 있는 구구조 규칙을 배우게 된다.

│ 출제 경향 및 수험 대책 │

제2편은 통사론의 꽃이라고 볼 수 있는 수형도와 관련된 기본 지식을 배우는 매우 중요한 부분이다. 구구조 규칙 형성의 기초부터 꼼꼼하게 잘 이해하여야만 수형도와 관련된 문제를 쉽게 풀 수 있게 된다. 암기보다는 이해를 바탕으로 한 반복 연습이 특히 중요하다.

제1장 개요

통사론이란 언어의 문장의 구조를 연구하는 언어학의 한 분야로, 단어들이 구나 절 혹은 문장을 이루기 위하여 짜맞추어지는 방식, 즉 구나 절 및 문장의 구조를 연구한다. 영어 통사론에서 주로 다루는 내용은 영어의 어순, 단어들의 결합 방식 혹은 배열에 따른 의미의 차이, 단어들의 문법적인 관계, 문장이 준수해야 할 제약, 문장의 계층적 구조 등이다.

제1절 어순(word order)

문장 단위로 사람의 생각을 전달하려면 단어를 무작위로 배열하는 것이 아니라 일정한 규칙에 따라 배열해야 할 것인데, 원어민 화자가 지니고 있는 이러한 문법 규칙에 따른 단어 배열 지식을 **어순**이라고 한다. 하지만 1차원적인 단어의 배열은 때때로 생각을 완벽하게 반영하지 못하여 모호한 구조를 만들게 되어 중의성의 문제가 생겨나기도 한다. 하지만 대체로 단어들은 문법 규칙에 따라 배열되어 구조를 형성하게 되며, 이에 따라 문장은 구조에 의존하게 된다.

원어민의 어순 지식에 대한 간접적인 증거는 원어민이 문법적으로 올바른 영어 문장과 올바르지 못한 영어 문장을 구별할 줄 알고, 이전에 들어 본 적이 없는 문장을 만들고 또 듣고 이해할 수 있다는 것이다. 다음 예문을 살펴보자.

(a) *Horse the bit dog the.
(b) The horse bit the dog.
(c) The dog bit the horse.

(a)를 보면 문장의 어순이 비문 여부를 결정할 수 있다는 것을 알 수 있고, 올바른 문장인 (b)와 (c)를 보면 어순이 바뀌면 문장의 의미도 바뀐다는 것을 알 수 있다. 특히 우리말과 다르게 문장성분의 격을 나타내는 조사가 없는 영어 같은 언어에서는 주어와 목적어가 어순에 의해 결정된다.

제2절 중의성(ambiguity) 중요

영어 문장은 여러 원인에 의해 중의성이 생겨날 수도 있다. 다음 예문을 살펴보면 뭔가 모호한 점을 발견할 수 있다.

> (a) old men and women
> (b) the tall professor's friend
> (c) They are visiting professors.
> (d) The cowboy hit the man with a stick.
> (e) The sentence was a long one.

(a)에서 old가 수식하는 것이 men인지 아니면 men and women 전체인지에 따라 모호한 경우가 된다. (b)에서는 tall이 professor를 수식하는지 아니면 professor's friend 전체를 수식하는지에 따라 역시 모호한 경우가 된다. (c)에서는 visiting이 동사인지 아니면 professors를 수식하는지에 따라 그들이 교수들을 방문하는 중인지 아니면 그들이 교환교수들인지가 결정된다. (d)에서는 전치사구 with a stick이 목적어인 the man을 수식하면 '막대기를 가진 사람'이 되고, 만일 동사 hit를 수식하면 '막대기로 때렸다'가 된다. 이 모든 경우는 단어 자체의 뜻이 아니라 다른 단어와의 수식 관계 속에서 모호함이 생겨나는데, 이러한 모호함을 **구조적 중의성**(structural ambiguity)이라고 한다. 이에 반해 (e)는 단어 sentence(문장, 판결) 자체의 뜻에 따라 문장의 의미가 결정된다. 이러한 경우는 다른 단어와의 관계가 아닌 어느 한 단어 자체의 뜻이 여러 가지이기 때문에 모호함이 생겨나는데, 이를 **어휘적 중의성**(lexical ambiguity)이라고 한다.

위에서 설명한 구조적 중의성을 괄호로 표현해 보면 모호함이 사라지게 된다.

> (a) (old men) and women / old (men and women)
> (b) the (tall professor)'s friend / the tall (professor's friend)
> (c) They (are visiting) professors. / They are (visiting professors).
> (d) The cowboy hit (the man with a stick). / The cowboy (hit the man) with a stick.

결국 단어들이 모여 문장을 이룰 때 어순뿐만 아니라 단어들의 결합 방식이 중요하다. 이러한 중의성의 원인은, 머릿속에서는 (괄호로 표현되어 있는) 여러 단계에 걸친, 즉 고차원적인 문장구조가 가능하지만, 문장은 직선의 1차원이기 때문에 생각이 고차원에서 1차원으로의 변환 과정에서 문장구조에 관한 정보가 소실되어 발생하기 때문이라고 볼 수 있다. 하지만 원어민 화자들은 어순, 결합 방식뿐 아니라 중의성 유발 가능성 등 모든 지식을 이미 내재적으로 갖고 있다고 볼 수 있다.

제3절　문법 규칙

어순과 중의성에 대한 문법 지식을 포함하여, 올바른 영어 문장을 만들기 위해서는 여러 가지 문법적인 규칙도 지켜야 한다. 예를 들면 의문문을 만들 때는 조동사를 무조건 이동시키는 것이 아니라 주어의 앞으로 이동시킨다든지, 조동사가 둘 이상 있을 경우에는 첫 번째 조동사만 이동시킨다든지 하는 것이다. 다음 예문 (a)의 경우, (c)처럼 술어 안에 있는 조동사(should)를 이동시켜야 정문이 되며, (b)처럼 긴 주어([ ]로 표시) 안에 있는 동사(are)를 이동시키면 비문이 된다. 이처럼 문법 규칙은 단순히 일렬로 선형적으로 나열한 어순 이상을 넘어서, 문장 전체의 다차원적인 '통사적 구조'(syntactic structure)에 기반한 것임을 알 수 있다.

(a) [The people who are staying there] should vote in the coming election.
(b) *Are [the people who _____ staying there] should vote in the coming election?
(c) Should [the people who are staying there] _____ vote in the coming election?

제 2 장 | 구성성분(constituents)

원어민의 머릿속에 내재하는 언어능력의 일부인 문장구조 지식, 즉 '문법적으로 올바른'(grammatical) 문장의 구조라는 것이 무엇인지 살펴보자. 원어민의 어휘 지식인 형태론에서 배웠듯이, 긴 단어 내부에 형태소라는 구조물이 존재했던 것처럼 문장도 그 내부에 다양한 크기를 지닌 중간 구조물이 존재하는데, 이를 **구성성분(혹은 구성소**, constituents)이라고 부른다. 구성성분은 하나의 단어 혹은 둘 이상으로 구성될 수 있으며, 일반적으로 알려진 구와 절도 포함하는 포괄적 개념이다. 쉽게 말해서 하나의 단어, 두 단어의 모임, 세 단어의 모임, ⋯ 문장 전체까지의 다양한 크기의 모든 단어 집단이 잠재적으로 구성성분이 될 수 있다. 하지만 실제 구성성분이 되기 위해서는 몇 가지 판별 조건을 충족해야만 하는데, 그러기 위해서 일반적으로 널리 알려져 있는 **문법범주**(grammatical categories)에 대하여 알아보자.

제1절　문법범주의 타당성

문법범주는 크게 **어휘범주**(lexical categories)와 **구범주**(phrasal categories)로 나누어진다. 어휘범주는 명사(N, nouns), 동사(V, verbs), 형용사(A, adjectives), 부사(Adv, adverbs), 전치사(P, prepositions), 조동사(Aux, auxiliaries), 한정사(혹은 결정사, D, determiners)처럼 흔히 말하는 품사를 가리킨다. 구범주는 품사 이름에 구라는 명칭을 덧붙여서 명사구(NP, Noun Phrases), 동사구(VP, Verb Phrases), 형용사구(AP, Adjective Phrases), 부사구(AdvP, Adverb Phrases), 전치사구(PP, Prepositional Phrases), 한정사구(DP, Determiner Phrases)라고 부르는 구조물을 가리킨다. 어휘범주와 구범주는 구조주의 문법에서 주장하듯이 형태와 기능 및 분포에 있어서 서로 구별되는 공통적인 언어 속성을 공유하고 있고, 이러한 범주들의 존재는 언어습득에 도움을 주는 것으로 볼 수 있다. 문법범주를 이와 같이 구분하는 데는 다음과 같은 근거가 있다.

1　음운론적 근거

영어 단어쌍 impórt/ímport, incréase/íncrease, prodúce/próduce, transfér/tránsfer 등의 차이는 강세 위치의 차이인데, 하나의 사례에만 존재하는 현상이 아니고 꽤 많은 단어쌍 사례에서 볼 수 있는 공통적인 특성이다. 따라서 이런 특징은 단어의 품사인 어휘범주를 구분하게 해 주는 근거로 볼 수 있다.

동사 : impórt　incréase　prodúce　transfér
명사 : ímport　íncrease　próduce　tránsfer

2 형태론적 근거

영어 단어들 중에서 복수형을 나타내는 형태소인 접미사 -(e)s가 붙을 수 있는 단어들이 있는데, 이들은 명사로서의 어휘범주 특성을 나타낸다고 볼 수 있다. (3인칭 단수) 현재시제에 -(e)s, 과거시제에 -(e)d, 현재분사/과거분사에 -ing/-ed 접미사가 붙을 수 있는 어휘범주는 동사이다. 그런데 조동사는 현재시제, 과거시제 형태가 불규칙하게 존재하는 경우가 많고 동사처럼 분사 형태는 존재하지 않는다. 또 '더/최고'의 뜻을 의미하는 -er/-est 접미사를 붙일 수 있는 어휘범주는 형용사와 부사인데, 특히 부사는 -ly 접미사가 붙을 수 있다. 마지막으로 전치사는 다른 어휘범주와는 달리 어떠한 추가적인 접사도 붙지 않고 자신의 형태가 그대로 유지된다는 특징을 지니고 있다.

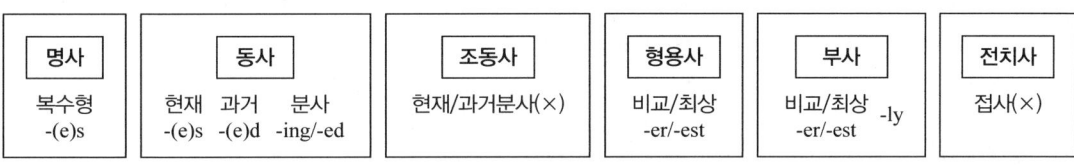

3 통사론적 근거

어휘들이 문장 안에서 어디에 위치할 수 있는가 하는 문장 내 분포(distribution)상의 특징도 각 어휘범주의 성질을 나타낼 수 있다. (a)의 밑줄 친 부분에는 오직 명사만이 들어가서 정문을 만들 수 있고, (b)의 밑줄 친 부분에는 오직 동사만이 들어가서 정문을 만들 수 있으며, (c)의 밑줄 친 부분에는 조동사만이 들어가서 정문을 만들 수 있다. 또한 (d)의 밑줄 친 부분에는 각각 부사와 형용사만이 위치할 수 있고, (e)의 밑줄 친 부분에는 전치사만이 위치하여 정문을 만들 수 있으며, (f)의 밑줄 친 부분에는 한정사만이 위치할 수 있다.

(a) Money can be mine.
(b) We can leave.
(c) Can I go there?
(d) I walk slowly. She is very slow.
(e) We arrived right on time.
(f) They found some other items.

4 의미론적 근거

영어 표현 Trust funds의 뜻은 두 가지로 해석될 수 있다. 첫째, 두 단어 모두 명사로서 '신탁 기금'이란 뜻이 될 수 있다. 둘째, 동사 + 명사로서 '자금을 신뢰하라'라고 해석될 수 있다. 이처럼 한 문장이 두 개의 뜻으로 해석될 수 있는 것은 각 단어가 어떤 어휘범주에 속하느냐에 달려 있기 때문에 어휘범주 존재의 간접 증거가 될 수 있다.

> **더 알아두기**
>
> **한정사(Det or D, Determiner)**
> 말 그대로 뒤에 나오는 명사를 한정시켜 주는 어휘범주이다. 여기에는 부정관사(a, an), 정관사(the), 소유격(my, your, his 등), 지시사(this, that, these, those), 수량사(many, much, more, most, few, little, less, enough, several, all, both, half, no, some, any, other, only, each, either, neither, every, one, two 등)가 해당된다. 통사적으로 매우 중요한 성질은 어떤 명사 앞에 한정사는 반드시 하나만 온다는 것이다. 두 개 이상의 한정사가 명사 앞에 오는 것은 불가능하다. 예를 들어 my friend, a friend는 가능하지만, *a my friend는 불가능하다. 내용을 꼭 표현하고 싶으면 a friend of mine과 같은 식으로 표현해야 한다.

제2절 구성성분 판별(constituency tests) 중요

문장은 단어들로 구성되지만 문장 속의 단어들은 단순히 일렬로 나열되어 있는 것이 아니라, 단어들까지 모여 문장보다 작은 단위들을 구성하고, 그 단위들이 모여서 전체 문장을 이루게 된다. 이러한 여러 단위들 모두를 칭하여 **구성성분(혹은 구성소)**이라고 부른다. 구성소란 계층적 구조를 지닌 문장 속에 존재하는 단어(들)의 집단으로, 문장 속에서 분포나 의미, 기능 등에 있어서 마치 하나의 단위같이 행동하는 집단을 말한다.

구성소인지 아닌지 테스트하는 방법은 여러 가지가 있다. 첫째는 질문에 대한 간단한 답으로 독립적으로 존재할 수 있는지(stand-alone test), 둘째는 대명사나 대동사 같은 대형태(pro-forms) 단어로 대치될 수 있는지(substitution test), 셋째는 이동 가능한 단위인지(movement test), 넷째는 분열문(It is ~ that ~)에서 나뉘질 수 있는 단위인지(clefting test), 이외에도 접속사(and, or, but)로 등위접속이 가능한지(coordination test), 문장에서 생략이 가능한지(ellipsis test), 부사구가 어디에 분포할 수 있는지(adverbial distribution) 등이다. 일반적으로 알려진 품사구(명사구, 동사구, 형용사구, 부사구, 전치사구 등)나 품사절 혹은 문장성분(주어, 술어, 목적어, 보어) 등은 대체로 구성성분이 될 수 있으며, 짧은 문장의 경우 각 단어가 구성성분이 될 수도 있다. 즉, 가장 작은 구성성분은 각 단어이고 가장 큰 구성성분은 문장 그 자체라고 볼 수 있으며, 그 사이에 다양한 크기를 지닌 구성성분들이 존재한다. 한 가지 유의할 점은 어느 단어 혹은 단어 집단이 구성성분이 되기 위해서 판별 테스트를 모두 다 한꺼번에 통과할 필요는 없다는 것이다. 하나 이상의 판별 테스트로 충분히 구성성분의 근거가 된다.

변형생성문법(TG Grammar, Transformational Generative Grammar)에서는 이러한 구성성분들을 이용하여 문장의 계층적·다차원적 구조를 **수형도**(tree diagram)로 표현하는데, 그 예는 다음과 같다. 수형도를 그리는 자세한 방법은 후에 구절구조 규칙(혹은 구구조 규칙, PS rules, phrase structure rules)을 통해서 배우게 된다. 지금 단계에서는 수형도가 문장의 성분인 주어, 술어, 목적어, 보어들의 관계와 다양한 종류의 품사구들 사이의 수식 관계를 나무 모양으로 시각적으로 명료하게 보여주는 방법이라고 이해하면 된다.

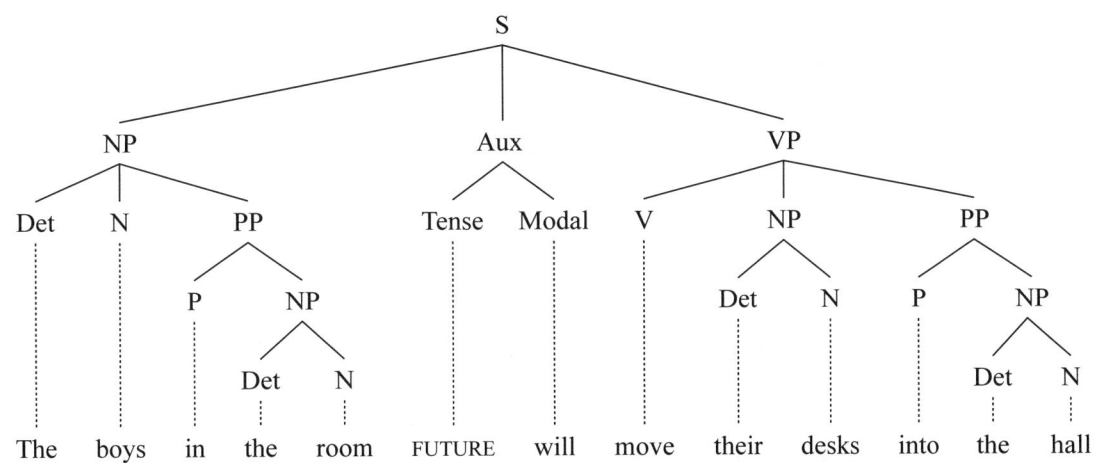

수형도에서는 각 단어부터 문장에 이르기까지의 구성성분들이 나타내는 관계를 명확하게 알아볼 수 있어 편리하다. 수형도에서는 문장을 구성하는 단어들의 선형적 어순(linear word order)뿐 아니라, 단어부터 구성성분들을 거쳐 문장에 이르기까지의 모든 범주들을 알아볼 수 있고, 구성성분들 사이의 계층적 구조(hierarchical structure)를 알 수 있다. 예를 들어, 같은 명사구(NP)라 할지라도 어느 위치에 있는지에 따라 문장 안에서의 문법 기능이 달라진다. 즉, 문장(S, sentence)의 왼쪽에 달려 있으면 주어가 되고, 동사구(VP)의 오른쪽에 달려 있으면 목적어가 되며, 전치사구(PP)의 오른쪽에 달려 있으면 전치사의 목적어가 된다.

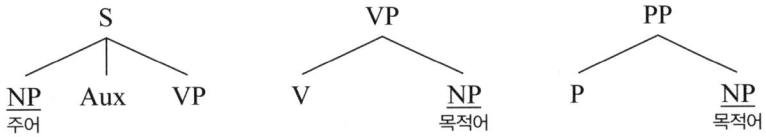

수형도를 이용하면 구조적 중의성의 차이를 다음과 같이 시각적·계층적으로 명확하게 나타낼 수 있다. 즉, 소년과 소녀 모두의 부모인지, 아니면 소년만의 부모인지를 잘 보여준다. 수형도에서는 필요에 따라 내부 구조를 생략하여 삼각형 도형으로 표현하기도 한다.

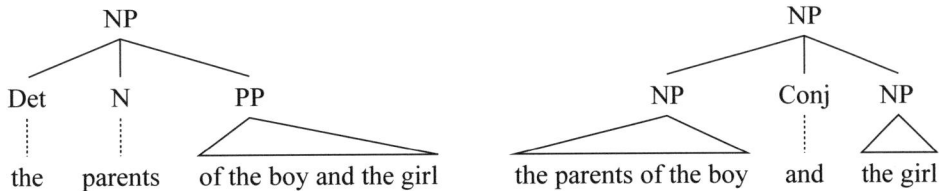

1 독립성 테스트(stand-alone test)

어떤 단어나 단어 집단이 질문의 대답으로 사용될 수 있다면, 그 집단은 구성소로 볼 수 있다. 문장 단편 테스트(sentence fragment test)라고도 불리며, 다음 예문에서 보듯 (a) 동사구(VP), (b) 전치사구(PP), 명사구(NP)는 구성소이다.

> (a) Q : What do they do?
>   A : Eat at really fancy restaurants.
> (b) Q : Where did he go?
>   A : To the church. / The church.

2 대체 테스트(substitution test)

단어나 단어 집단이 다른 단어나 표현으로 대체될 수 있다면, 그 집단은 구성소로 볼 수 있다. 대체될 수 있는 집단은 다음 예문에서 보듯이, (a) 명사구(NP, 대명사로 대체 가능), (b) 동사구(VP, 대용사인 so/as로 대체 가능), (c) 형용사구(AP, 대용사인 so로 대체 가능), (d) 부사구(AdvP, likewise로 대체 가능), (e) 전치사구(PP, then/there로 대체 가능), (f) N-bar(one으로 대체 가능), (g) V-bar(do so로 대체 가능) 등이다. N-bar, V-bar는 후에 핵계층이론(X-bar theory)에서 배우겠지만 간단히 설명하면, N-bar는 형용사 뒤에 오는 명사 + 전치사구 집단으로서 명사구 내부에 있는 중간 단계의 명사구라고 볼 수 있고, V-bar는 타동사 + 목적어 집단으로서 동사구 내부에 있는 중간 단계의 동사구라고 볼 수 있다.

> (a) The students admire their teacher.
>   → They admire him.
> (b) Our team members might skip the class, and so might Tom.
> (c) Jane is very happy and so is Bill.
> (d) Bill rode his bike too fast, and Susie rode hers likewise.
> (e) They started their trip on Sunday/in Seoul and we started ours then/there too.
> (f) Tom is a passionate learner of Korean, but Jane is an apathetic one.
> (g) Jill drove the car fast, but Jane did so slowly.

3 이동 테스트(movement test)

단어나 단어 집단이 강조의 목적 등을 이유로 원래 있던 자리에서 다른 위치로 이동하고 나서도 정문이 된다면, 그 집단은 구성성분으로 볼 수 있다. 이동될 수 있는 집단은 다음 예문에서 보듯, (a) NP, (b) VP(목적어나 동사 수식 부사 포함), (c) VP(목적어와 부사를 포함하나 시제는 포함 안 됨), (d) VP(though절 안에서, 역시 목적어와 동사 수식 부사 포함), (e) 무거운 NP(Heavy-NP, 전치사구나 관계사절로 수식을 받음), (f) 주어 NP[이동하고 이전 위치에 허사(it, there) 추가, 외치(extraposition)라고도 불림], (g) PP(목적어 없는 자동사 뒤로 이동)이다.

(a) The students admired their teacher.
   → Their teacher, the students admired.
(b) I know that he will give directions politely, and give directions politely he did.
(c) They said that she returned my book, and return my book she did.
(d) Though he will give directions politely, he'd rather take them there.
   → Give directions politely though he will, he'd rather take them there.
(e) She bought five cartons of milk for me.
   → She bought for me five cartons of milk.
   I put the ring that I had made in the cup.
   → I put in the cup the ring that I had made.
(f) That you missed the class was a pity.
   → It was a pity that you missed the class.
   Two men arrived at the gate.
   → There arrived two men at the gate.
(g) The guys with birds on their shoulders appeared.
   → The guys appeared with birds on their shoulders.

4 분열문 테스트(clefting test)

단어나 단어 집단이 분열문(It is ~ that ~, What ~ was ~)의 초점 자리에 위치할 수 있다면, 그 집단은 구성성분으로 볼 수 있다. 다음 예문에서 구성성분은 (a) 주어 NP, (b) 목적어 NP, (c) Adv(P), (d) VP(목적어와 동사 수식 부사 포함)가 된다.

Tom finished his assignment today.
(a) It was Tom that finished his assignment today.
(b) It was his assignment that Tom finished today.
(c) It was today that Tom finished his assignment.
(d) What Tom did was finish his assignment today.

5 등위접속 테스트(coordination test)

단어나 단어 집단이 등위접속사(and, but, or)를 통해 연결될 수 있으면, 그 집단은 구성성분으로 볼 수 있다. 등위접속이 가능한 집단은 다음 예문에서 보듯이, (a) V, (b) VP(목적어 포함), (c) AdvP, (d) VP(목적어와 동사 수식 부사 포함)이다.

> (a) Tom read and memorized his textbook yesterday.
> (b) Tom read his textbook and did his homework yesterday.
> (c) Tom read his book last week and this morning.
> (d) Tom read his textbook yesterday and did his homework this morning.

6 생략 테스트(ellipsis test)

오직 구성성분만이 적절한 대화 환경에서 생략되거나 삭제될 수 있다. 다음 예문을 통해 구성성분이 될 수 있는 것은 (a) VP(목적어 포함), (b) V, (c) Aux + V(조동사와 동사), (d) VP(목적어와 동사 수식 부사 포함)임을 알 수 있다.

> (a) Q : Would you open the window?
>   A : OK, I will _____.
> (b) Tom bought an apple and Jane _____ a mango.
> (c) The guys can get off the bus and the ladies _____ off the taxi.
> (d) Tom will put it on the table and Jane will _____ too.

7 부사구 분포(adverbial distribution)

부사(구) 중에서 문장을 수식하는 문장부사(certainly)는 다음 문장 수형도에서 점선으로 표시된 S-node(문장 마디)와 연결된 구성성분 전후(①, ②, ③, ④)에 있을 수 있다. 하지만 동사구를 수식하는 부사(completely)는 점선으로 표시된 VP-node(동사구 마디)와 연결된 구성성분 전후(①, ②, ③)에만 연결되어야 한다. 이러한 사실은 문장이 단순히 단어의 나열이 아니라 다양한 크기의 구성성분이 구조적으로 연결되어 있다는 것을 나타낸다.

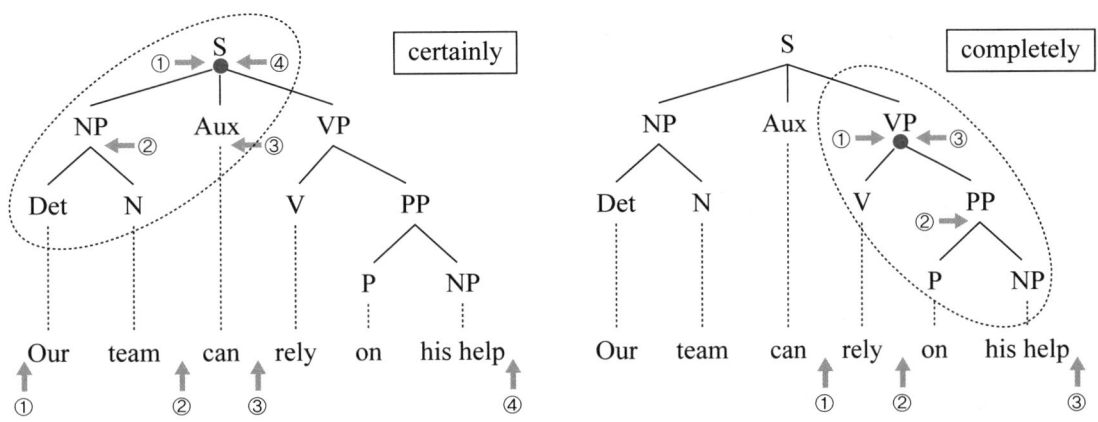

구성성분과 관련하여 한 가지 주의해야 할 점은 부사를 포함한 구동사(phrasal verbs)와 전치사 동사(prepositional verbs)의 차이이다. put off(연기하다), give up(포기하다), call off(취소하다), ring up(전화 걸다)과 같은 구동사들은 뒤의 단어가 전치사가 아니라 부사인데, 이들은 뗄 수 없는 동사의 일부와 같기 때문에 분리하지 말고 하나의 구성성분으로 취급하여야 한다. 만일 분리되면 (a)에서처럼 비문이 된다. 이에 반해, get on/get off(타다/내리다), depend on(의존하다), deal with(다루다)와 같은 전치사 동사들은 뒤의 단어가 전치사이기 때문에 앞의 동사의 일부는 아니어서, (b), (c)처럼 동사와 전치사구가 각각 구성성분으로 분리되어 나눠질 수 있다.

(a) *The men put off their decision and the women off their choice
(b) The guys can get off the bus and the ladies off the taxi.
(c) The men depended on him and the women on her.

제 3 장 | 구구조 규칙 (phrase structure rules)

변형생성문법에서는 통사범주(어휘범주 + 구범주) 명칭과 구성성분들의 관계를 이용하여 문장의 계층적이고 다차원적인 구조를 수형도로 표현하는데, 수형도는 구성성분이면서 동시에 문장의 성분인 주어, 술어, 목적어, 보어들의 관계와 다양한 종류의 품사구들 사이의 수식 관계를 나무 모양으로 명료하게 보여준다. 문장(S)이 시제나 조동사(Aux)를 포함하여 주어인 명사구(NP)와 술어인 동사구(VP)로 이루어져 있다는 사실을 다음 그림 [1]과 같이 표현할 수 있다. 그리고 술어(VP)가 타동사(V)와 목적어인 명사구(NP)로 구성되어 있다는 것을 [2]와 같이, 전치사구(PP)가 전치사(P)와 그 목적어인 명사구(NP)로 이루어져 있다는 것을 [3]과 같이 표현할 수 있다.

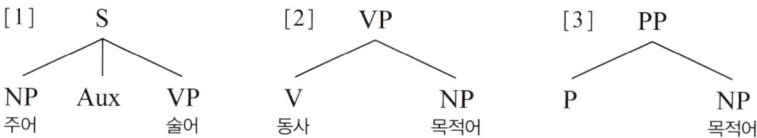

수형도로 표현할 경우 나뭇가지들이 서로 연결되어 있는 부분을 마디(nodes)라고 부르는데, 마디들에 통사범주의 이름들이 위치하게 된다. 수형도는 1차원 직선인 문장을 2차원 평면상에 표현하여 통사범주들 사이의 관계를 시각적으로 명료하게 보여준다. 예컨대, 같은 명사구(NP)일지라도 문장(S) 바로 아래 왼쪽에 있으면 주어, 동사구(VP) 바로 아래 오른쪽에 있으면 목적어, 전치사구(PP) 바로 아래 오른쪽에 있으면 전치사의 목적어가 되는 등 문장 내에서의 기능과 역할이 뚜렷하게 나타난다는 장점이 있다. 문장의 실제 사례로 미래시제 문장을 하나의 수형도로 나타내면 다음과 같다. 이 문장에는 타동사의 목적어가 있고, 타동사를 수식하는 부사구인 전치사구가 있다.

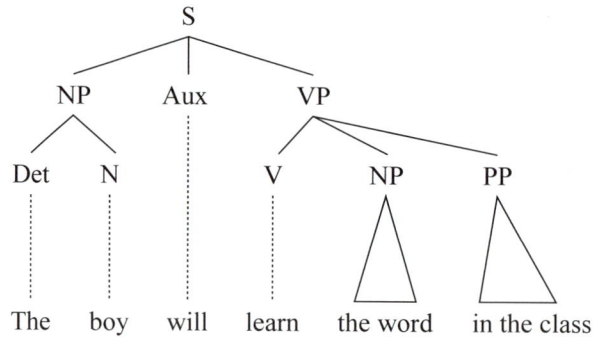

수형도의 맨 아래층에는 각 어휘범주에 속하는 실제 단어들이 존재하고, 이들과 점선 혹은 삼각형 그림으로 연결된 위층에는 어휘범주 혹은 구범주 이름이 존재하며, 이들은 각각 바로 위에 있는 구범주에 연결되어 최종적으로 문장을 형성한다. 문장이 길거나 수형도가 복잡해질 경우처럼 구범주에 존재하는 어휘범주의 이름들을 구체적으로 쓸 필요가 없다고 느낄 때에는 삼각형을 이용하여 범주 이름을 생략하여 표현하기도 한다.

제1절 구구조의 특성 중요

문장을 수형도로 표현하는 것은 단순히 통사범주를 보기 좋게 나열하기 위한 목적이 아니라, 문장을 만드는 구성성분들이 서로 어떠한 구조적 연관성을 갖고 있는지를 표현하고, 이를 통해 문장 형성의 여러 규칙들을 구조적으로 설명하기 위한 준비 작업이다.

1 지배 관계(dominate)

다음 수형도 [1]을 보면 구성소 노드 M 바로 밑에 좌우로 자매(sister) 노드 A와 B가 있다. 이때 아래에서 위로 보면 자매 구성소 A와 B를 M의 직접 구성소(immediate constituent)라고 부르며, 위에서 아래로 보면 구성소 M은 자매 구성소 A(혹은 B)를 직접 지배한다(immediately dominate)고 말한다. 즉, 지배(domination)라는 개념은 '관할'로 번역되기도 하지만, 수형도상에서 어떤 구성소에서 출발하여 '아래로' 이동하여 도달하는 구성소들을 말하며, 바로 아래에 있는 구성소는 직접 지배한다고 말하고, 그 밑으로 계속 아래로 연결되어 있는 구성소들은 간접 지배한다고 말한다. 자매 관계는 같은 층을 차지하고 바로 위 구성소의 직접 지배를 받는 구성소들을 가리킨다.

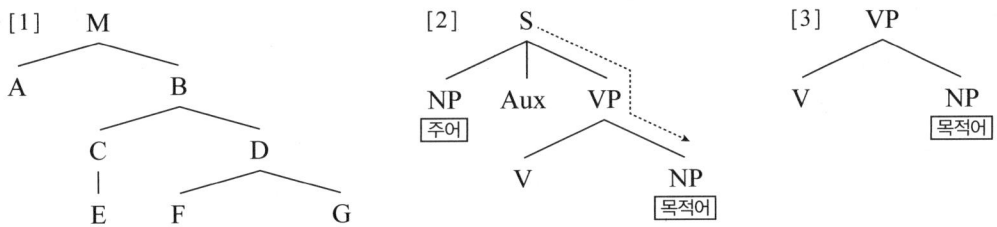

그럼 수형도상의 이 지배라는 개념은 어떤 이로움이 있을까? 주어로 쓰이는 NP와 목적어로 쓰이는 NP는 수형도 내의 기하학적 위치를 바탕으로 한 지배 관계를 통해 지정할 수 있다. 위의 수형도 [2]에서 보듯이 주어는 S 범주의 직접적인 지배를 받는 좌측 NP이며, 목적어는 점선 화살표에서 보듯이 S 범주에서 목적어 NP까지 이동이 가능하니까 지배를 받는다고 볼 수 있으나, S에서 VP를 거쳐서 NP까지 이동하므로 간접 지배일 뿐이다. 위의 수형도 [3]에서 보듯이 목적어 NP는 VP 범주의 직접적인 지배를 받는 우측 NP라고 할 수 있다.

2 성분통어(c-command)

성분통어라는 표현은 c-통어(c-command, constituent-command)의 동의어로, 영어 문장 중 대명사를 쓸 경우 등에서 정문 형성 규칙을 표현하는 데 유용한 개념이다. 다음 설명에서 보듯이 구성소들 사이의 자매 관계와 지배 관계가 함께 합쳐진 개념이다.

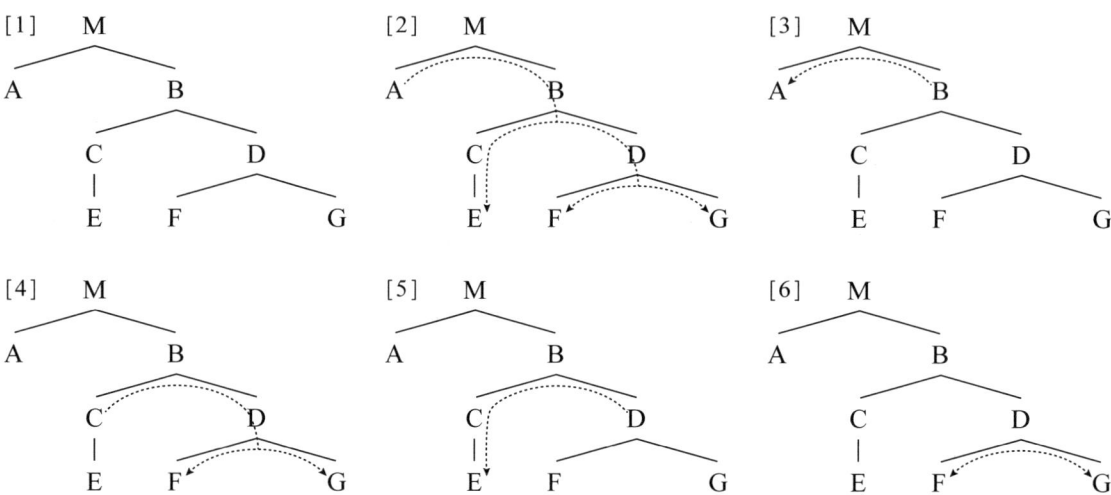

위의 수형도 [1]을 가계도라고 보고, M을 부모라고 한다면 A와 B는 자매가 되고, B를 부모라고 보면 C와 D가 자매가 될 것이다. 마찬가지로 D를 부모라고 보면 F와 G는 자매가 된다. 이러한 구성소들 관계에서, 어떤 사람이 자신의 자매를 이루는 사람을 포함하여 그 아래 직간접적으로 지배되는 모두를 성분통어(C-통어)한다고 정의한다. 즉, 자신의 자식들은 포함하지 않고, 오직 자신의 자매와 그 자매의 직간접 지배 구성소들만을 성분통어하는 것이다.

성분통어의 실제 사례를 하나씩 살펴보면, 위의 [1]에서 M은 자식만 있고, 자매가 없으므로 어떠한 사람(구성소)도 c-command하지 못한다. [2]에서 A는 점선 화살표로 표시된 자매인 B를 포함하여, 그 아래 직간접적으로 지배하는 C, D, E, F, G 모두를 c-통어한다고 표현한다. [3]에서 B는 유일한 자매인 A만을 성분통어하고(A의 자식이 없으므로), [4]에서 C는 D, F, G를 성분통어한다. [5]에서 D는 C, E를 성분통어하며, E는 자매가 없으므로 어떠한 구성소도 성분통어하지 못한다. [6]에서 F는 G만을 성분통어하며, G는 F만을 성분통어한다. 이렇듯 성분통어라는 개념은 자매와 자매의 직간접 지배를 받는 범위의 구성소들 모두를 일컫는 일종의 문법적인 영역의 개념으로 볼 수 있다.

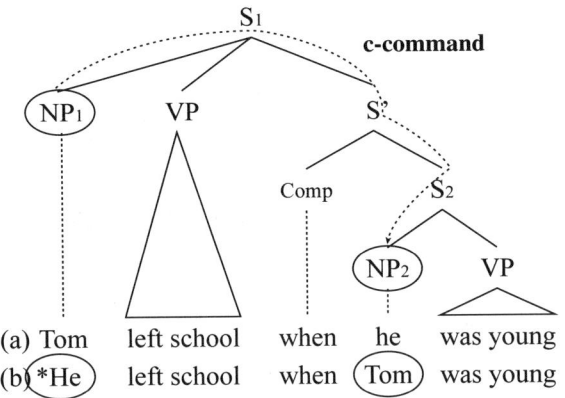

자세한 내용은 후에 배우게 되지만, 성분통어의 쓰임을 위의 그림을 통해 살펴보자. 문장 (a)는 정문이지만 문장 (b)는 비문인데, 그 이유는 (b)에서 주어 He가 가리키는 대상인 Tom이 성분통어되는 영역에 존재하기 때문이다. 서로 위치가 바뀌면 (a)처럼 정문이지만, 성분통어 관계가 (b)와 같으면 비문이 된다. 이처럼 성분통어 개념은 대명사가 포함된 문장의 올바른 규칙을 설명하는 데 매우 유용하게 쓰일 수 있다.

제2절 구구조의 생성 〈중요〉

영어로 정문인 문장을 만들기 위해서는 통사범주를 활용한 규칙을 찾아내는 것이 필요하다. 문장을 구성하는 구성성분의 크기가 다양하기 때문에 가장 작은 어휘범주부터 점차 커지는 구범주를 규칙으로 발견하면 이들을 활용하여 모든 문장을 생성해 낼 수 있다. 이렇게 찾아낸 규칙들을 **구구조 규칙**(구절구조 규칙, PS rules, phrase structure rules)이라고 한다. 구구조 규칙들을 알아내고 이들의 성질을 알아보자. 그러면 각 종류의 구범주(NP, VP, AP, AdvP, PP 등)가 형성되는 규칙을 살펴보자.

어떤 어휘범주(즉, 품사를 지닌 단어)가 다른 여러 단어들과 자매 관계를 이루면서 구범주로 확장될 때, 필수 요소인 해당 어휘범주를 핵어(핵, 중심어, head)라고 부른다. 예를 들어, 명사(N)가 형용사(A)의 수식을 받아 명사구(NP)를 이룰 때, N이 핵어가 되며, N이 NP가 되는 과정을 핵어 N의 **구확장**(phrasal expansion of the head) 혹은 **투사**(projection)라고 표현한다. 즉, 어휘범주에 여러 단어들이 추가되어 구범주가 되는 과정을, 어휘범주가 구범주로 투사(혹은 확장)된다고 보는 것이다. 구범주 내에서 핵어가 차지하는 위치는 경우에 따라 다소 차이가 있는데, 구범주별로 구구조 규칙을 발견해 가면서 살펴보자. 구구조 규칙을 표현할 때 화살표(→)를 이용하여 화살표 좌측에는 구범주를, 우측에는 어휘범주를 나열한다.

1 명사구(NP)의 구구조 규칙

NP는 핵어인 N의 앞과 뒤에서 핵어를 수식하거나 보충하는 구성소들이 첨가되어 형성된다. 다음 (a)에서처럼 복수형 명사나 추상명사, 물질명사가 홀로 NP를 형성할 수도 있고, (b), (c)에서처럼 한정사(Det, D) 혹은 형용사(A)가 N을 수식하기도 한다. (d)에서처럼 PP가 핵어 N을 보충하기도 하며, (e)에서처럼 N 뒤에 관계사절인 문장 S'가 추가되기도 한다. 또한 (f)에서처럼 Det와 A가 핵어를 수식하기도 한다.

(a) NP → N
　예 books, cats, dogs, water, milk
(b) NP → Det N
　예 a book, the cat, some dogs
(c) NP → A N
　예 pretty girls, nice photos
(d) NP → Det N PP
　예 a book on my desk, the cat in the house, some dogs on the chair
(e) NP → N S'
　예 people who live in the city, dogs that run in the house
(f) NP → Det A N
　예 the tall student, some heavy rocks

NP의 구성성분 중에서 핵어인 N은 반드시 존재해야 하는 필수 요소이고, Det, A, PP, S'는 모두 N을 수식하는 선택 사항들이다. 선택 사항인 수의적 요소들은 소괄호 ( ) 안에 넣고, 구성요소 중 반드시 하나를 선택해야 하는 것은 중괄호 { } 안에 넣어 위의 모든 구구조 규칙들을 통합하여 하나로 표시하면 다음과 같다.

[1] NP → (Det) (A) N ({PP/S'})

위의 [1] 명사구 구구조 규칙은 주어진 (a)~(f)까지의 모든 사례를 한 개의 규칙으로 통합한 것이다. 만일 the tall student라는 사례만을 설명하기 위한 구구조 규칙은 NP → Det A N이 되며, the guy in the room에 대한 구구조 규칙은 NP → Det N PP가 된다.

여러 가지 NP 사례들을 수형도로 나타내면 다음과 같다. 내부 구조를 자세히 나타낼 필요가 없을 경우에는 구 범주 전체를 하나의 삼각형으로 간략화하여 표시하기도 한다.

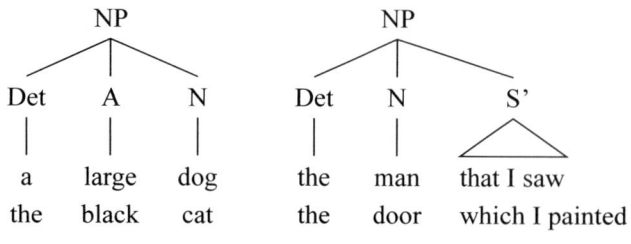
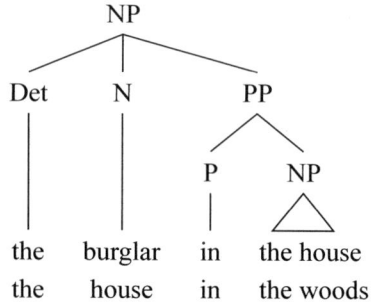

2 동사구(VP)의 구구조 규칙

VP는 핵어인 V의 뒤에 여러 구성소들이 첨가되어 형성된다. 다음 사례들에서 보듯이 핵어는 반드시 존재해야 하는데, (a), (c), (d)에서처럼 핵어 자체로만 VP가 형성되기도 하고, 핵어 뒤에 AdvP 혹은 PP가 오기도 한다. (b), (e)에서처럼 목적어 NP가 오기도 하고, 그 뒤에 핵어를 수식하는 PP가 오기도 한다. 또한 (f)에서처럼 절(S')이 나오기도 한다.

> (a) VP → V
>   예 walked, put, ran
> (b) VP → V NP
>   예 broke the door, had an apple
> (c) VP → V AdvP
>   예 worked very hard
> (d) VP → V PP
>   예 slept on the floor, ran to the door
> (e) VP → V NP PP
>   예 ate an apple in the field, put the bird in the cage
> (f) VP → V S'
>   예 thought that he would come

위의 규칙들에서 필수적인 요소 V를 제외하고 NP, PP, S'는 모두 수의적인 요소이므로 소괄호와 중괄호를 이용하여 다음과 같이 표시할 수 있다.

> [2] VP → V (NP) (AdvP) ({PP/S'})

위의 [2] 동사구 구구조 규칙은 주어진 (a)~(f)까지의 모든 사례를 한 개의 규칙으로 통합한 것이다. 만일 kicked a ball in the field를 설명하기 위한 구구조 규칙을 찾으려 한다면 VP → V NP PP가 될 것이고, walked in the morning에 대한 구구조 규칙은 VP → V PP가 될 것이다.

여러 가지 VP 사례들을 수형도로 나타내 보면 다음과 같다.

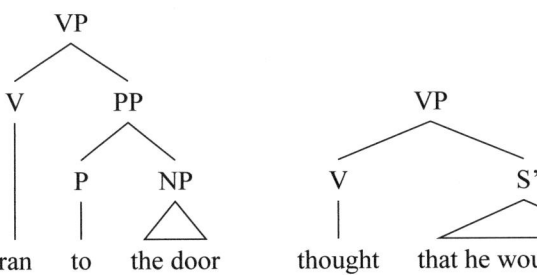 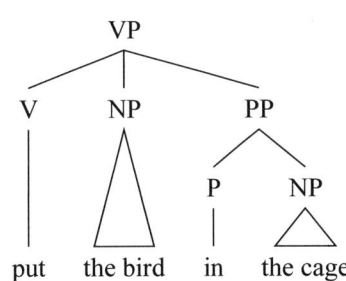

3 전치사구(PP)와 종속절(S')의 구구조 규칙

PP는 핵어인 P의 뒤에 NP가 와서 형성되며, S'는 종속접속사인 Comp(complementizer의 약어)와 절(S)로 형성된다. 이를 구구조 규칙으로 표시하면 다음과 같다. 수형도는 위에서 제시한 여러 수형도를 참고하기 바란다.

[3] PP → P NP
　예 in the room, at the meeting, from the start
[4] S' → Comp S
　예 that they can learn English, that the earth is flat

여기에서 한 가지 재미있는 것은 앞서 배운 NP의 구구조 규칙 NP → (Det) (A) N ({PP/S'})과 PP → P NP와의 상호작용이다. NP 규칙을 간략화하여 다시 표시하면 다음 [5]와 [6]처럼 표시할 수 있다.

[5] NP → Det N PP
[6] PP → P NP

이 두 규칙을 이용하면 NP의 길이가 무한히 길어질 수 있는데, 이는 NP 규칙 안에 PP가 있고, PP 규칙 안에는 다시 NP가 있는 순환적인 성질 때문이다. 두 규칙을 순환적으로 적용한 수형도를 그려 보면 다음과 같다.

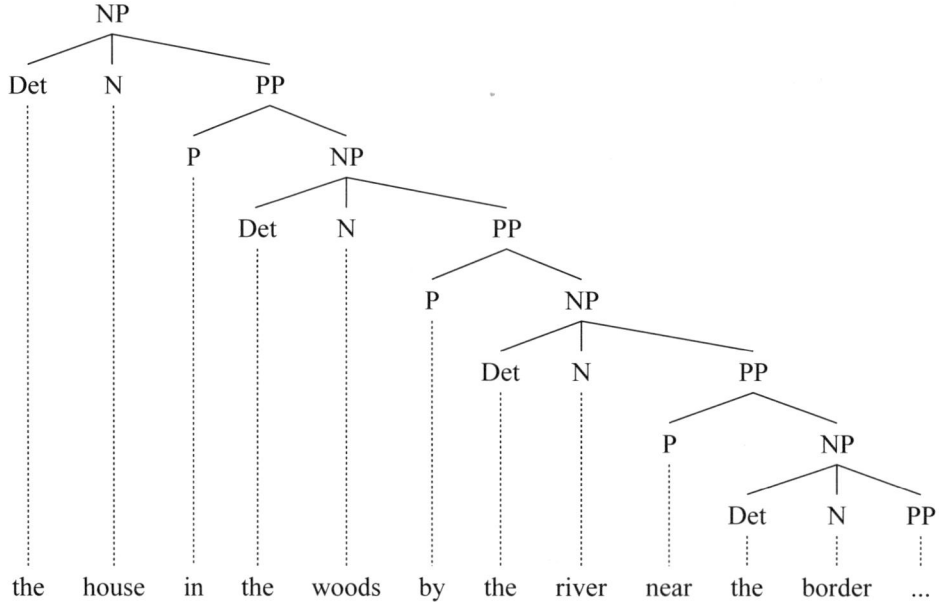

이처럼 구구조 규칙의 큰 특징 중 하나는 두 개의 구구조 규칙을 갖고 특정 구성성분을 무한히 순환 반복하게 하는 귀환성(recursiveness)을 지니고 있다는 것이다. 따라서 원칙적으로 무한히 긴 문장을 생성할 수 있다. 이러한 성질은 언어의 창조성(creativity)을 설명하는 원천이 된다.

다음과 같이 또 다른 두 개의 구구조 규칙도 귀환성을 지니고 있다. 수형도에서도 S와 VP가 S'를 거쳐서 무한 반복될 수 있음을 알 수 있다.

[7] S → NP Aux VP
[8] VP → V S'
[9] S' → Comp S

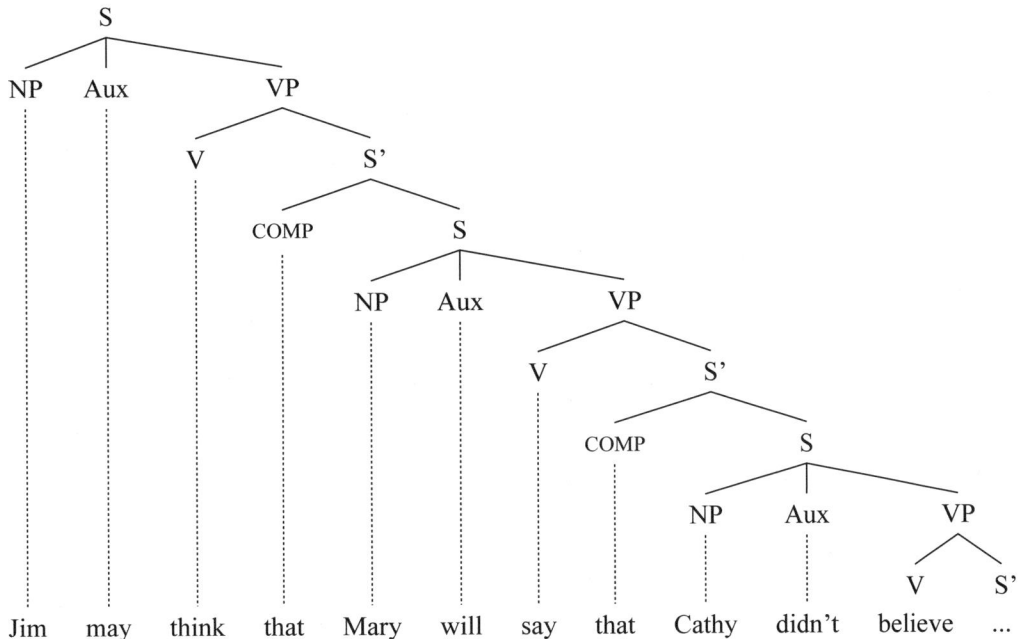

4 문장(S)의 구구조 규칙

문장의 경우는 핵어가 따로 있지 않고 주어인 NP 구성소와 술어인 VP 구성소가 직접 구성소로서 S를 형성한다. 다시 말하면 S는 NP와 VP를 직접 지배한다. 대부분의 문장의 경우 시제를 포함하고 있고, 시제는 동사에 포함되어 있거나 조동사(Aux)가 있는 경우 Aux에 나타낸다. 결국 문장의 구구조 규칙은 [7]과 같다.

[7] S → NP Aux VP

여러 종류의 S 사례들을 수형도로 나타내면 다음과 같다. 수형도 [1]~[5]를 보면 구구조 규칙 S → NP Aux VP를 기본으로 하고 있고, 동사구 VP 안에 목적어 NP와 동사를 수식하는 부사인 전치사구 PP가 들어 있음을 알 수 있다. 특히 [4]에서 Aux는 Tense와 Modal로 시제와 법조동사(modal auxiliaries)를 나누기도 한다. 또 수형도 [5]를 보면 동사 V의 자매 위치에 절(S')이 오는데, 이러한 패턴이 바로 아래에 계속 반복되는 신기한 현상을 볼 수 있다.

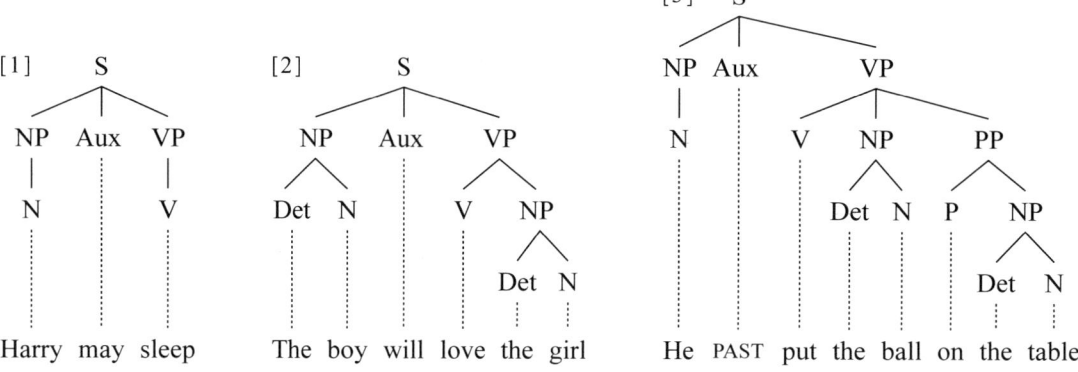

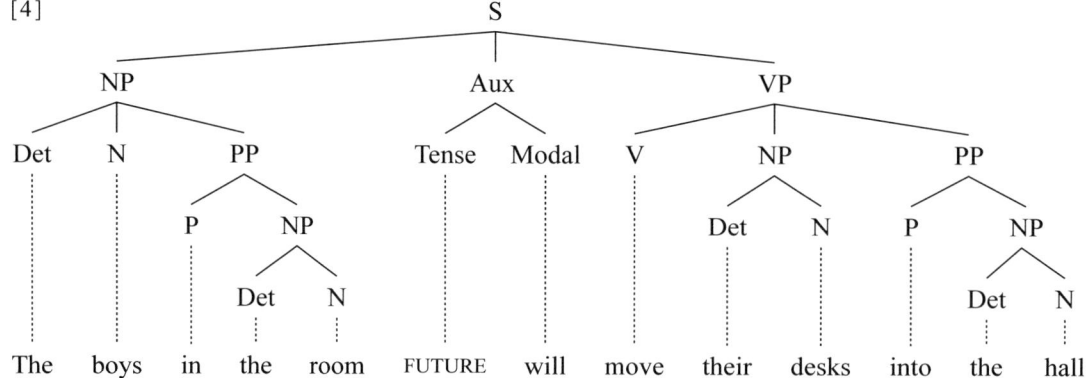

[5]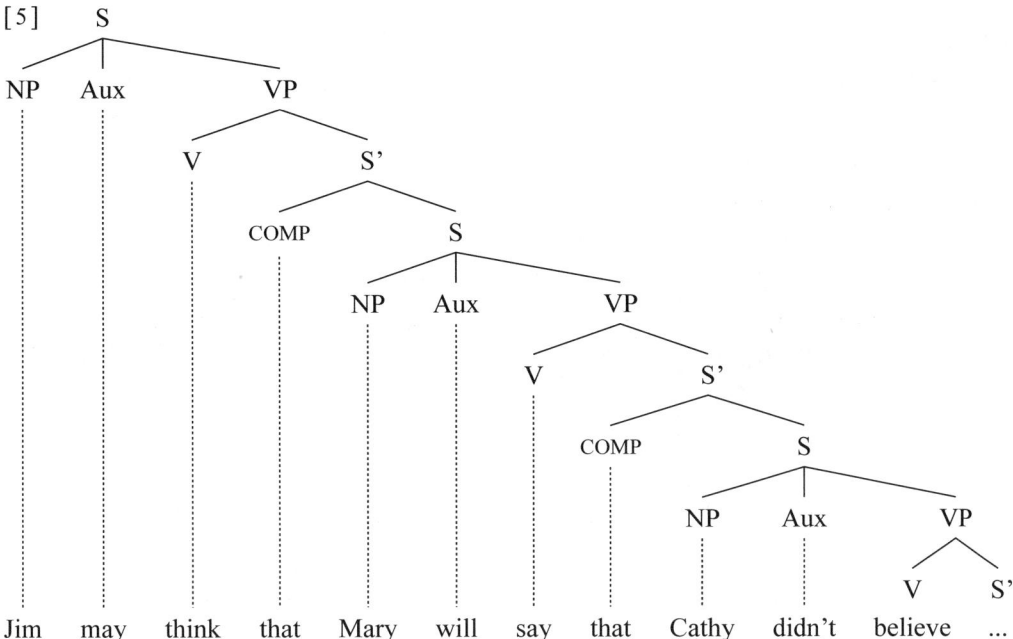

지금까지 살펴본 구구조 규칙을 정리하면 다음과 같다. 주의할 점은 다음의 규칙들이 영어의 모든 문장에 대한 규칙들은 아니고, 예문으로 제시된 문장들에 적용되는 규칙들이라는 것이다.

(a) S → NP Aux VP
(b) NP → (Det) (A) N ({PP/S'})
(c) VP → V (NP) (AdvP) ({PP/S'})
(d) PP → P NP
(e) S' → Comp S

> **더 알아두기**
>
> **변형생성문법의 표준이론**
>
> 변형생성문법에서는 말소리로 표현되는 발화 문장이 어떤 규칙에 의해서 생성되며, 어떤 변형을 거쳐 수많은 종류의 발화 문장으로 표현되는지를 다루고 있다. 초기의 변형생성문법은 촘스키가 표준이론(Standard Theory)으로 정립하였다. 간단히 말하면 문장(sentences)은 다시 쓰기 규칙(혹은 구구조 규칙, rewrite rules)으로 문장의 틀을 만들고 여기에 어휘목록(lexicon)으로부터 어휘를 삽입하여 심층구조를 만들며, 심층구조에서 문장의 완결된 의미를 해석하게 된다고 한다. 이후 필요에 따라 여러 종류의 변형 규칙(transformational rules)을 통해 문장이 변하게 되어 표층구조를 형성하고, 그 이후 표층구조가 음성으로 표현된다고 한다. 즉, 의미는 심층구조에서 완결되고, 음성은 표층구조에서 결정된다는 말이다.
>
>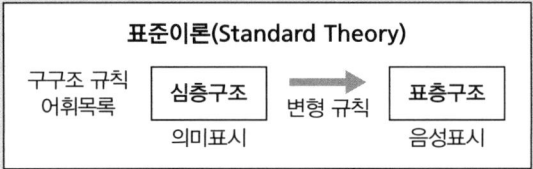

제 2 편 | 실전예상문제

제2장 구성성분(constituents)

01 다음 중 삭제 현상과 관련하여 정문인 것은?

① Tom won't put the cherry into the drink, but his brother will.
② Tom won't put the cherry into the drink, but his brother will put.
③ Tom won't put the cherry into the drink, but his brother will put the.
④ Tom won't put the cherry into the drink, but his brother will put the cherry.

01 put the cherry into the drink는 VP로 구성성분이지만, 나머지는 그렇지 않다.

02 다음 중 구성성분을 판별하는 방법이 아닌 것은?

① 대체 테스트
② 이동 테스트
③ 합성 테스트
④ 분열문 테스트

02 구성소 판별 방법에는 문장 단편 테스트(독립성 테스트), 대체 테스트, 이동 테스트, 분열문 테스트, 등위접속 테스트, 생략 테스트, 부사구 분포 등이 있다.

03 다음 문장이 비문인 이유는?

> *The book about Korea nobody liked that the tourist had bought.

① 관계대명사를 부적절하게 사용했다.
② 구성성분이 아닌 요소가 이동했다.
③ 동사의 시제가 잘못 사용되었다.
④ 주어와 동사의 수 일치에 오류가 있다.

03 문두로 이동한 NP인 The book about Korea에는 구성성분이 that the tourist had bought까지 포함되었어야 한다. 따라서 구성성분이 온전히 이동하지 않아 비문이다.

정답 01 ① 02 ③ 03 ②

04	시제는 동사구에 포함되지 않으므로 시제를 제외한 return his book she did로 해야 정문이 된다.

04 다음 문장에서 밑줄 친 VP의 이동이 비문이 되는 이유는?

> *Tom said that Jane returned his book, and <u>returned his book</u> she.

① 주어와 동사의 수 일치에 오류가 있다.
② 시제의 일치가 적절하지 않다.
③ 종속접속사의 사용이 옳지 않다.
④ 시제는 구성성분인 VP에 속한 요소가 아니다.

05	put off는 구동사로서 하나의 동사처럼 취급하므로 분리하면 구성소가 안 된다. 하지만 get off the bus에서 off the bus는 전치사구로서 구성소이다.

05 다음 중 밑줄 친 부분이 구성소가 되지 <u>않는</u> 것은?

① Tom considered <u>going on a picnic</u>.
② They put <u>off their decision</u>.
③ They saw <u>a girl with a bag</u>.
④ We got <u>off the bus</u>.

06	on Monday를 대체하려면 on then이 아니라 then이 되어야 한다.

06 다음 중 밑줄 친 대체 표현의 사용이 옳지 <u>않은</u> 것은?

① He skipped the class, and <u>so did</u> she.
② She drove her car too fast, and he rode his bike <u>likewise</u>.
③ I started my trip on Monday, and you started yours <u>on then</u> too.
④ We are good learners of Korean, but they are bad <u>ones</u>.

정답 04 ④ 05 ② 06 ③

주관식 문제

01 다음 문장 (b)가 비문인 이유를 간략하게 쓰시오.

> (a) Tom says that he will clean his room quickly, and clean his room quickly he will.
> (b) *Tom says that he will clean his room quickly, and clean his room he will quickly.

01 **정답**
구성성분인 VP(clean his room quickly) 전체가 and 뒤의 문두로 이동한 (a)는 정문이지만, VP의 일부인 quickly가 빠진 요소는 구성성분이 될 수 없으므로 문두로 이동할 수 없다.

02 등위접속사 and로 연결된 다음 문장의 정문/비문 여부를 밝히고, 이유를 쓰시오.

> Tom rang up his girlfriend and up his sister.

02 **정답**
주어진 문장은 비문(*)이다. 왜냐하면 ring up은 구동사로서 하나의 구성성분을 이루므로 up만 분리되어서 up his girlfriend와 up his sister가 단독적인 구성성분이 될 수 없기 때문이다.

03 문장부사 certainly가 포함된 다음 문장의 정문/비문 여부를 밝히고, 이유를 쓰시오.

The lazy employees would put certainly off the customers.

03 **정답**

주어진 문장은 비문(*)이다. 왜냐하면 문장부사 certainly는 S-node에 연결되어야 하기 때문이다. 즉, 문두나 문미 혹은 would 전후에 위치할 수 있다. 그런데 주어진 문장에서 certainly는 VP-node에 연결되어 그 내부인 put과 off 사이에 위치하므로 비문이다.

제3장 구구조 규칙(phrase structure rules)

01 다음 구구조 규칙으로 생성될 수 있는 문장으로 가장 적절한 것은?

$$VP \rightarrow V\ NP\ AdvP$$

① Tom worked.
② Tom worked hard.
③ Tom studied English.
④ Tom studied English very hard.

> 01 공통 주어인 Tom 다음에 동사구의 핵어인 V(studied)가 오고, 목적어 NP(English)와 동사 수식 부사구 AdvP(very hard)가 나온 문장이 생성될 수 있다.

02 다음 수형도의 지배 관계에 대한 설명으로 옳지 <u>않은</u> 것은?

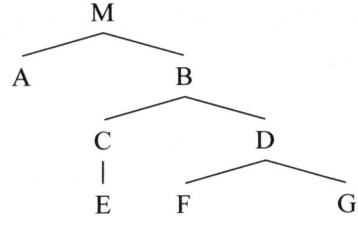

① M은 A를 직접 지배한다.
② B는 M의 직접 구성소이다.
③ B는 G를 직접 지배한다.
④ A와 B는 서로 자매이다.

> 02 B는 C · D를 직접 지배하고, E · F · G를 간접 지배한다.

03 구구조 규칙 S → NP Aux VP와 VP → V NP에 대한 설명으로 옳지 <u>않은</u> 것은?

① S가 직접 지배하는 우측 NP가 문장의 목적어이다.
② S가 직접 지배하는 좌측 NP가 문장의 주어이다.
③ VP가 직접 지배하는 우측 NP가 문장의 목적어이다.
④ S가 직접 지배하는 우측 VP가 문장의 서술어이다.

> 03 주어진 구구조 규칙에서 S가 직접 지배하는 우측에 서술어인 VP가 있고, 그 밑에 VP가 직접 지배하는 우측의 NP가 문장의 목적어이다. 따라서 S는 VP 밑 우측의 NP를 '간접' 지배한다.

정답 01 ④ 02 ③ 03 ①

04 다음 수형도의 성분통어에 대한 설명으로 옳지 않은 것은?

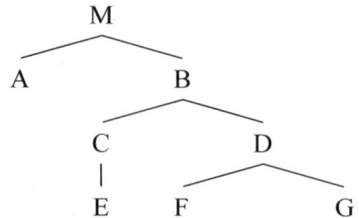

① B는 A를 성분통어한다.
② C는 E를 성분통어한다.
③ D는 C, E를 성분통어한다.
④ E는 아무것도 성분통어하지 않는다.

04 C는 D(자매)와 F, G를 성분통어한다.

05 다음 문장의 밑줄 친 부분을 설명할 수 있는 구구조 규칙으로 가장 적절한 것은?

> The boy loves the smart girl with red glasses.

① NP → (D) (A) N (PP)
② NP → (D) (A) N
③ NP → (D) N
④ NP → (A) N

05 한정사 Det는 D로 표기하기도 한다. 한정사, 형용사, 명사, 전치사구를 모두 설명할 수 있는 구구조 규칙을 찾는다.

06 구구조 규칙 VP → V (NP) (PP)로 생성될 수 없는 동사구는?

① painted the picture in my class
② cleaned my room
③ walked the dog carefully
④ slept on the couch

06 walked the dog carefully는 VP → V (NP) (AdvP)로 생성될 수 있다.

정답 04 ② 05 ① 06 ③

07 다음 두 구구조 규칙으로 생성될 수 없는 것은?

[1] NP → (D) N (PP)
[2] PP → P NP

① a book on the shelf by the door
② the room in the motel nearby
③ my sister on a chair near the piano
④ some books of the store in our school

08 다음 표현들을 생성해 낼 수 있는 구구조 규칙은?

- chairs
- a big chair
- a chair in a room

① NP → (A) N
② NP → (D) N
③ NP → (D) (A) N
④ NP → (D) (A) N (PP)

09 다음 문장을 생성해 낼 수 있는 구구조 규칙이 아닌 것은?

The boy should respect his parents.

① NP → D N
② VP → V NP
③ PP → P NP
④ S → NP Aux VP

---

07 [1]에서 NP의 직접 지배를 받는 우측의 PP는 [2]에서처럼 NP(① the shelf, ③ a chair, ④ the store)로 끝나는데, 이 NP가 [1]에 의해서 다시 PP(① by the door, ③ near the piano, ④ in our school)를 받을 수 있다. 그런데 ②의 nearby는 전치사가 아니다.

08 핵어 N은 반드시 있어야 하며 D, A, PP는 선택 사항이므로 괄호 안에 넣어야 한다.

09 주어진 문장에 전치사구는 없다.

정답 07 ② 08 ④ 09 ③

주관식 문제

01 다음 구구조 규칙에 의해 생성될 수 있는 문장 세 개를 쓰시오.

$$S \rightarrow NP\ Aux\ VP$$

01 정답
(정답은 여러 가지 문장이 될 수 있다.)
- My brother will drive the car.
- Your student may go.
- My father must know the fact.

02 구구조 규칙의 귀환성이 무엇인지 예를 들어 서술하시오.

02 정답
두 개의 구구조 규칙 NP → D N PP, PP → P NP를 예로 들면, NP 규칙에서는 PP가 직접 지배되고, PP 규칙에서는 NP가 직접 지배되는데, 이 경우 NP, PP, NP, PP … 형태로 무한히 반복되어 원칙적으로 무한히 긴 구의 형성이 가능하다. 이러한 언어의 성질을 귀환성이라고 하며, 이는 언어의 창조성을 뒷받침하는 주요한 성질이다.

03 다음 문장을 생성할 수 있는 구구조 규칙을 모두 제시하시오.

Jim may think that the guy that you saw yesterday liked his father.

03 정답
- S → NP Aux VP
- NP → (D) N (S')
- VP → V (NP) ({S'/Adv})

해설
명사구의 경우 Jim, the guy that you saw yesterday, you, his father를 생성할 수 있어야 하므로 NP → (D) N (S')이다. 동사구의 경우 think that ~ his father, saw yesterday, liked his father를 생성할 수 있어야 하므로 VP → V (NP) ({S'/Adv})이고, 문장은 S → NP Aux VP이다.

제 3 편

어휘부

제1장	하위범주화(subcategorization)
제2장	선택제약(selectional restriction)
제3장	의미역 관계(thematic roles)
제4장	비외현적 주어(non-overt PRO)
실전예상문제	

| 단원 개요 |

제3편에서는 문장의 수형도를 바탕으로 문장을 구성하는 구성성분들 사이의 연관 관계를 다양한 제약 형식으로 배우게 된다. 통사적 연관 관계를 나타내는 하위범주화, 의미적 연관 관계를 나타내는 선택제약과 의미역 관계, 눈에 안 보이는 비외현적 주어 등을 공부한다.

| 출제 경향 및 수험 대책 |

제3편에서는 수형도가 본격적으로 활약을 하게 된다. 문장을 단순히 보기 좋게 나타내기 위해 수형도를 그리는 것이 아니라, 구성소들 사이의 관계를 체계적이고 객관적으로 표현하기 위해 수형도를 나타내는 것임을 명심하고, 각 개념들에 대해 정확하게 이해해야 한다.

제 1 장 하위범주화(subcategorization)

다음 수형도에서 물음표에 해당하는 부분에 어떠한 구성소가 들어갈 수 있는지 생각해 보자.

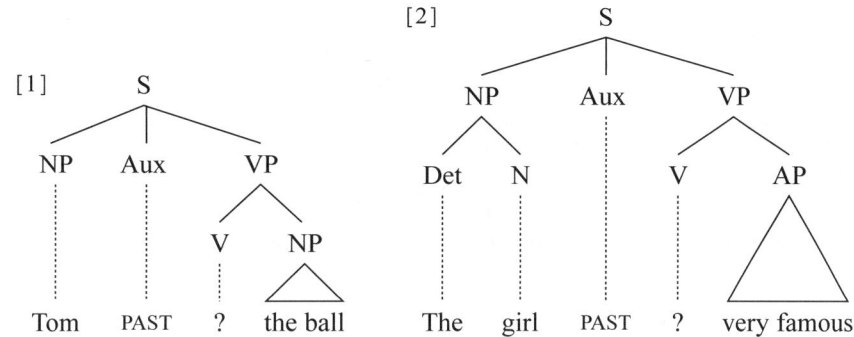

어휘범주가 V이므로 동사가 들어갈 자리이지만 모든 동사가 다 적합한 것은 아니다. 만일 수형도 [1]에 kick, love, hit 등의 동사가 들어가면 정문이 되지만, come, sleep, go 등의 동사가 들어가면 비문이 된다. 수형도 [2]에는 be, become, seem 등의 동사가 오면 정문이 되지만, kick, love, hit 등의 동사가 오면 비문이 된다.

> [1] Tom kicked/loved/hit the ball.
> [2] The girl was/became/seemed very famous.
> [1] *Tom came/slept/went the ball.
> [2] *The girl kicked/loved/hit very famous.

이처럼 구구조 규칙을 이용하여 수형도를 만들 수는 있지만, 최종적으로 어휘범주에 맞는 어휘를 입력할 경우 동사의 특성에 따라 정문/비문 여부가 결정되게 된다. 이러한 동사의 특성은 전통문법에서 자동사와 타동사의 구분이나 형용사 보어 등의 개념과 일치한다. 즉, 동사 종류에 따라 뒤에 NP 목적어가 오거나 오지 말아야 한다. 또한 동사 be, become, seem 등은 뒤에 AP 보어가 와야 하고, put 같은 동사는 NP와 PP가 의무적으로 와야 한다. 이처럼 동사는 NP뿐만 아니라 그 뒤에 다양한 종류의 통사범주가 오거나 오지 말아야 올바른 쓰임을 나타낼 수 있는데, 이렇게 정문이 되기 위해 동사 뒤에 의무적으로 위치하는 구성소를 **보충어**(complements)라고 한다. 보충어는 목적어를 포함하여 보어나 의무적 PP를 포함하는 포괄적인 개념의 용어임을 명심하자.

각 단어가 문장 내에서 어떤 구조를 형성할 때 정문이 되기 위해 보충어에 대해 필요로 하는 추가적인 통사적 정보를 **하위범주화 규칙** 혹은 **속성**(subcategorization features)이라고 한다. 이름에서 보듯 하위범주화는 범주와 관련이 있는데 주로 구범주와 관련된 정보임을 명심하자. 예를 들어, 동사 love가 NP 목적어를 취하는 경우 동사 love는 보충어로서 NP를 하위범주화한다고 말한다. 그리고 규칙 표현은 학자마다 다소 다를 수 있으나, 예를 들면 love : V, [____ NP]와 같이 간략하게 표시할 수 있다.

여러 동사들의 하위범주화 규칙들을 예문과 함께 살펴보면 다음과 같다.

보충어	동사	예문	하위범주화 규칙
Ø	arrive, come, go, wait	They arrived ____.	V, [____ Ø]
NP	kick, love, hit, eat	She kicked [a ball].	V, [____ NP]
AP	be, become, seem	He became [very happy].	V, [____ AP]
PP	talk, refer, dash	The cat dashed [to the window].	V, [____ PP]
NP NP	give, hand, pass	Please pass [me] [the salt].	V, [____ NP NP]
NP PP	put, place	We put [the pencils] [on the table].	V, [____ NP PP]

요약하면, 동사는 자기 자신의 어휘범주에 대한 범주 정보(categorical features) 이외에도 보충어로서 어떤 구범주와 결합해야 정문을 형성할 수 있는지에 대한 하위범주화 정보(subcategorical features)도 포함하고 있는 것을 알 수 있다.

제 2 장 선택제약(selectional restriction)

선택제약(selectional restriction)이란 서술어인 동사가 올바른 문장을 형성하기 위하여 주어, 목적어, 보어와 같이 필요한 논항들(arguments)에 대하여 의미적으로 제약(restriction)을 가하는 것을 지칭한다. 달리 말하면, 서술어는 자신의 논항을 선택한다(select)고 말할 수 있다. 앞서 배운 하위범주화는 서술어가 자신의 뒤에 오는 보충어에 대하여 통사적 범주(주로 구범주)에 있어서 제약을 가하는 것이라면, 선택제약은 서술어가 자신의 앞(주어)이나 뒤(보충어인 목적어, 보어 등)에 오는 논항들에 대하여 '의미적' 선택을 가하는 일이라고 볼 수 있다.

다음 예문은 동사의 하위범주화 측면에서는 문제가 없는데, 문장 앞의 ? 기호나 ! 기호에서 보듯이 뜻이나 의미에 있어서 내용적으로 약간 이상하거나(?로 표시) 아주 이상한(!로 표시) 문장들이다. 문장 (b), (c)의 동사는 타동사이기 때문에 하위범주화 정보가 convince : V, [____ NP]이므로 통사적으로는 올바른 문장들이다. 그러나 목적어 논항이 그 뜻에 있어서 설득당하기가 어렵거나(b) 불가능한(c) 것들이기 때문에 의미적으로 적절하지 못한 문장들이 된다. 문장 (d)는 주어 논항이 무생물이므로 설득할 수 있는 주체가 되지 못하여 의미적으로 비문이 된다.

(a) Tom convinced his mother.
(b) ?Tom convinced his goldfish.
(c) !Tom convinced his cup.
(d) !My cup convinced Ted.

이러한 예문을 통해 우리는 동사 어휘 convince가 자신의 어휘범주 정보(V, 동사), 보충어에 대한 하위범주화 정보(목적어 NP 필요), 논항들에 대한 선택제약 정보(주어나 목적어가 '설득하거나 당할 수 있는 지적 생명체'여야 함)를 포함하는 정보의 집합체라고 할 수 있다. 서술어 convince가 자신의 논항들에 대하여 갖는 의미에 있어서의 선택제약은 〈human ____ human〉과 같이 표시하기도 하고 [+human] ____ [+human]처럼 표시하기도 한다. 단어의 의미 정보는 [ ] 안에 +/− 부호로 표시되는 경우가 많다.

동사 frighten의 예를 살펴보자.

(e) The boy may frighten the woman.
(f) !The boy may frighten sincerity.
(g) Sincerity may frighten the boy.

위 예문들을 통해 동사 frighten의 선택제약은 다음과 같음을 알 수 있다.

$$\text{frighten} : \left\{ \begin{array}{l} \text{[+human NP]} \\ \text{[+abstract NP]} \end{array} \right\} \underline{} \text{[+human NP]}$$

이 동사는 좌측에 [+human] 혹은 [+abstract]인 NP를 주어로 취할 수 있으나, 우측에는 [+human]인 NP만을 목적어로 취할 수 있다. 따라서 (f)가 비문인 것은 목적어에 대한 선택제약을 위반했기 때문으로 볼 수 있다.

동사 murder의 예를 들어 보면, 주어와 목적어 논항 모두가 [+human]이어야 정문이 된다.

(h) The man murdered the officer.
(i) !The cup murdered the officer.
(j) !The officer murdered the cup.

따라서 동사 murder는 자신의 어휘 정보에 다음과 같은 정보를 갖고 있다고 말할 수 있다.

MURDER
- V : 문법범주
- [____ NP] : 하위범주화
- [+human] ____ [+human] : 선택제약

하위범주화와 선택제약의 큰 차이점은 다음 표에서 보듯이 첫째, 통사 정보에 대한 제약(하위범주화)이냐 아니면 의미 정보에 대한 제약(선택제약)이냐 하는 점과 둘째, 보충어에 대한 제약뿐이냐(하위범주화) 아니면 보충어와 주어 모두에 대한 제약이냐(선택제약) 하는 점이다.

구분	하위범주화(subcategorization)	선택제약(selectional restriction)
내용	통사 정보(구범주)	의미 정보
범위	보충어(동사의 뒤쪽)	논항들(보충어 + 주어, 즉 동사의 앞뒤 모두)

> **더 알아두기**
>
> **논항 개수에 따른 (서)술어 분류**
>
> 전통문법의 관점에서 보면 동사의 종류 중에서 (a) 자동사는 최소 주어 논항만 있으면 문장의 형성이 가능하고, (b) 타동사는 주어와 목적어 등 최소 두 개의 논항이 필요하며, (c) 타동사 중에서 수여동사는 주어, 목적어 두 개의 총 세 개의 논항이 필요하다. (d) 형용사는 아무런 논항이 필요하지 않은 경우도 있고, (e) 선택적으로 PP 형태의 논항을 취하는 경우도 있다.
>
> (a) Tom sleeps.
> (b) Tom likes apples.
> (c) Tom gives his son some cookies.
> (d) Tom is envious.
> (e) Tom is envious of his friend.
>
> (a)와 같이 술어가 주어 논항 하나만 필요한 경우 이를 한 자리 술어(one-place predicates)라고 하고, (b)와 같이 주어와 목적어 두 개의 논항이 필요한 경우 두 자리 술어(two-place predicates)라고 하며, (c)와 같이 세 개의 논항이 필요한 경우 세 자리 술어(three-place predicates)라고 한다. 논항 중에서 주어는 문장에서 동사구 외부에 있다고 하여 외적 논항(external arguments)이라고 하고, 동사구 내부에 있는 논항들을 내적 논항(internal arguments)이라고 한다.

제 3 장 | 의미역 관계(thematic roles)

앞서 서술어인 동사가 보충어에 대한 하위범주화 속성을 통해 구범주를 지정할 수 있으며, 선택제약을 통해 동사 앞뒤의 주어, 목적어, 보어 등의 논항들에 대한 의미적 속성을 지정할 수 있음을 배웠다. 다음 두 문장을 살펴보자.

(a) Tom broke the glass. [행위자(역)]
(b) A hammer broke the glass. [도구(역)]

동사 broke의 하위범주화 속성으로서 NP(the glass)가 올바르게 위치하고 있으며, 선택제약을 통해 깨뜨릴 수 있는 무언가가 주어 논항에 오고, 깨어질 수 있는 무언가가 목적어 논항에 와서 두 문장은 정문이 된다. 내용을 좀 더 들여다보면, 주어 논항에 위치한 Tom과 A hammer가 깨뜨릴 수 있는 무언가라는 공통점은 있지만 매우 이질적인 것임을 알 수 있다. 이러한 경우 Tom은 자신의 의도대로 깨뜨리는 일을 할 수 있는 행위자(agent)이지만, A hammer는 의도를 가질 수 없고 누군가의 의도대로 휘둘러지는 도구(instrument)에 불과하다. 이렇게 같은 논항 위치에 있어도 문장 안에서의 역할(roles)에 따라 발생하는 상황이 다르게 분석될 수 있는데, 이러한 역할들을 서술어가 논항들에 부여하는 **의미역**(theme-roles, theta-roles, θ-roles)이라고 하고, 의미역 할당을 다루는 이론을 **의미역이론**(theta theory)이라고 한다. 의미역 명칭은 '~역'으로 표현하여, 행위자 의미역은 행위자역, 도구 의미역은 도구역이라고 불린다. 이는 마치 연극 무대에서 배우들이 자신의 역할을 부여받아 극을 진행하듯이, 문장이라는 무대에서 서술어의 논항들이 술어로부터 각자의 역할을 부여받는 것과 유사하다. 다음 두 문장을 살펴보자.

(c) Tom rolled the ball. [대상역]
(d) The ball rolled. [대상역]

동사 roll은 전통문법으로 보면 (c) 타동사와 (d) 자동사가 있다. 하위범주화 속성으로 (c) NP를 취할 수도, (d) 취하지 않을 수도 있다. 선택제약으로는 (c) 굴릴 수 있는 능력을 지닌 주어 논항과 구를 수 있는 성질을 지닌 목적어 논항이 필요할 수 있고, (d) 구를 수 있는 성질을 지닌 주어 논항이 필요할 수도 있다. 두 문장을 의미역 관계로 살펴보면 the ball은 동일한 의미역을 갖고 있는데, 동작이나 행위의 대상이 되는 개체 역할을 대상역(theme)이라고 부른다. 이렇게 서술어는 자신의 논항들에게 여러 종류의 의미역을 부여하는데, 이들을 목록으로 요약하면 다음 표와 같다.

의미역(θ-roles)	설명과 예문
행위자역(Agent)	동작이나 행위의 주체자 예) Tom hit Ted.
대상역(Theme)	동작이나 행위의 대상 예) Tom hit Ted.
경험자역(Experiencer)	어떤 상태를 경험하는 개체 예) Jane was happy.
수혜자역(Benefactive)	어떤 행위로 인해 이익을 보는 개체 예) Tom bought it for her.
도구역(Instrument)	동작이나 행위의 수단 예) He cut it with a knife.
장소역(Location)	동작이나 행위의 장소 예) He put it on the table.
근원역(Source)	동작이나 행위의 출처 예) He returned from Boston.
목표역(Goal)	동작이나 행위의 도달처 예) He went to Seoul.

같은 서술어라도 같은 주어 논항에 항상 같은 의미역을 부여하는 것은 아니다. 다음 예문을 보자. (e) 유리창을 깬 도구가 주어가 되기도 하고, (f) 깨어진 대상인 꽃병이 주어가 되기도 한다.

> (e) The vase shattered the window. [도구역]
> (f) The vase shattered. [대상역]

다음은 서술어들이 논항에 부여하는 다양한 의미역의 사례를 보여준다. 문장 [1]은 서술어 gave가 주어 논항에 행위자역, 간접목적어 논항에 목표역, 직접목적어 논항에 대상역을 부여하는 것을 보여준다. 문장 [2]는 [1]의 직접목적어를 목적어로 이동시키고, 간접목적어를 전치사구로 변환한 것인데, 위치가 바뀌어도 의미역은 그대로인 것을 볼 수 있다. 문장 [3]의 경우 존재한다는 뜻의 동사의 대상역이 주어 논항에 부여되었고, 지리적 장소에는 장소역이 부여되었다. 마지막으로 문장 [4]의 경우, 서술어 sent의 목적어 논항에 대상역이 부여되었고, 주어 논항에는 근원역이, 전치사구 논항에는 목표역이 부여되었다.

[1] Tom gave Susan the cookie.
　　행위자역　　목표역　　대상역

[2] Tom gave the cookie to Susan.
　　행위자역　　대상역　　목표역

[3] Tom is in London.
　　대상역　　장소역

[4] Harvard has sent many leaders to the Senate.
　　근원역　　　　　대상역　　　　목표역

의미역 할당(θ-role assignment) 기준에 의하면 하나의 논항은 오직 하나의 의미역만을 가질 수 있다. 다음 문장을 보자. 문장 (g)에서 주어와 목적어 논항에 각각 행위자역과 대상역이 부여되어서 정문이 되지만, 문장 (h)에서 주어에 행위자역/대상역이 모두 부여된다면 이 문장은 비문이 된다.

(g) Crazy men can kill themselves.
　　　[agent]　　　　　[theme]

(h) *Crazy men can kill.
　　　[agent/theme]

각 논항은 오직 하나의 의미역만을 가질 수 있고, 각 의미역은 오직 하나의 논항에만 할당될 수 있다는 원칙을 의미역 기준(Theta Criterion)이라고 한다.

제 4 장 | 비외현적 주어(non-overt PRO)

공범주 원리(ECP, Empty Category Principle)란 보이지 않는 명사구, 즉 비외현적 주어(non-overt PRO)를 다루는 방법을 명시해 주는 이론이다. 비외현적 명사구는 통사적 기능은 수행하지만 문장에서 보이지 않는 범주를 말한다. 전통문법에서 to-부정사구라고 불리는 부분의 해석에 대한 이론이다. 비외현적 주어는 모두 대문자 PRO로 표기해야 함을 주의하자. 다음 예문을 보자. 아래첨자 i로 표시된 것은 동일인을 지칭한다.

> (a) 공백이 없는 경우 : Tom wanted Bill to leave.
> (b) 공백이 주절의 주어를 가리키는 경우 : Tom$_i$ wanted ____$_i$ to leave.
> (c) 공백이 주절의 목적어를 가리키는 경우 : Tom persuaded Bill$_i$ ____$_i$ to leave.

여기서 알 수 있는 것은 공백이 있을 경우, 그 공백이 대개 바로 앞에 있는 가까운 NP를 가리킨다는 사실이다. 즉, (b)와 같이 가까운 NP가 주어이면 주어 NP를 가리키고, (c)와 같이 가까운 NP가 목적어이면 목적어 NP를 가리킨다는 것이다. 공백을 비외현적 주어인 PRO로 표시하여 추가적인 예문을 살펴보면 다음과 같다.

> (d$_1$) Tom tried [PRO to behave himself].
> (d$_2$) *Tom tried [PRO to behave oneself].
> (e$_1$) Tom told Susan [PRO to behave herself].
> (e$_2$) *Tom told Susan [PRO to behave himself].
> (e$_3$) *Tom told Susan [PRO to behave oneself].

예문 (d$_1$), (d$_2$)에서 주절의 주어인 Tom은 [ ]로 표시된 종속절의 비외현적 주어인 PRO에 연계되어 있다는 것을 알 수 있고, 종속절 내 서술어 behave의 주어인 PRO는 종속절 내 목적어인 himself에 영향을 미쳐 주어 Tom을 남성인 himself로 표현하고 있음을 알 수 있다. 다시 말하면, PRO는 주절의 주어인 Tom에 의해서 통제를 받는다는 것을 알 수 있다. 이러한 경우를 주어 통제 PRO(subject-controlled PRO)라고 한다.

마찬가지로 예문 (e$_1$), (e$_2$), (e$_3$)에서 PRO는 주절의 주어 Tom이 아니라 목적어인 Susan에 의해 통제받아 종속절 내부에서 herself로 표현할 때만 정문이 되는 것을 알 수 있다. 이러한 경우를 목적어 통제 PRO(object-controlled PRO)라고 한다. 이처럼 보이지는 않지만 종속절 내부의 to 앞에 있는 비외현적 주어 PRO는 경우에 따라 주절의 주어에 의해 통제될 때도 있고, 주절의 목적어에 의해 통제될 때도 있다는 것을 알 수 있다.

앞서 설명한 내용은 비외현적 주어가 존재한다는 가정하에 제시한 것인데, 그렇다면 비외현적 주어가 존재한다는 구체적인 근거가 있을까? 다음 예문들을 살펴보자.

> (f) All crew members abandoned ship.
> (g) *There abandoned ship.
> (h) To abandon ship would be regrettable.

동사 abandon은 (f)에서 보듯이 주어와 목적어가 필요한 두 자리 술어이며, 주어 NP와 목적어 NP에 각각 의미역이 할당될 수 있다. 그런데 (g)를 보면 주어 논항이 There인데, 이는 의미가 없고 의미역도 할당될 수 없는 통사적 기능만 갖고 있는 껍데기 같은 형식적인 주어이다. 이 문장이 비문이라는 말은 주어 논항에 의미역을 부여받을 수 있는 주어가 위치해야 한다는 반증이다. 그렇다면 (h)가 정문이라는 말은 To 앞에 보이지는 않지만 의미역을 지닌 주어 논항이 있기 때문에 To abandon ship이라는 종속절이 정문이며, 이 종속절을 주어로 가진 전체 문장이 정문이 된다는 말일 것이다. 따라서 우리는 이러한 근거로 인해서 (h)가 다음과 같이 눈에 보이지는 않지만 비외현적 주어 PRO를 갖고 있는 문장이라고 주장할 수 있는 것이다.

(i) PRO To abandon ship would be regrettable.

제1절 의무적 통제(Obligatory Control) 중요

앞서 설명한 대로 비외현적 주어를 주절의 주어나 목적어 중 오직 하나만이 통제할 경우, PRO가 의무적으로 통제된다고 말한다.

1 주어 통제(Subject Control)

PRO가 주어로 해석되는 경우를 가리킨다.

(j) Tom tried PRO to behave himself.
(k) Tom was reluctant PRO to behave himself.
(l) Tom promised Mary PRO to behave himself/*herself.
(m) Tom decided finally PRO to go on his own.
(n) Tom was willing PRO to go on his own.
(o) Tom was eager PRO to go on his own.

위의 예문들에서 보듯이, PRO는 모두 주어 Tom으로 해석된다. 특히 (l)의 경우 PRO가 Tom이나 Mary 중에서 오직 Tom으로만 해석되어야 정문이 된다.

2 목적어 통제(Object Control)

PRO가 목적어로 해석되는 경우를 가리킨다.

> (p) Tom told Mary PRO to behave herself/*himself.
> (q) Tom ordered Mary PRO to go on her own.
> (r) Tom instructed Mary PRO to go on her own.
> (s) Tom allowed Mary PRO to go on her own.

위의 예문들에서는 PRO가 모두 목적어 Mary로만 해석된다. 그렇기 때문에 (p)에서 대용어로 herself만 가능하고, himself가 오면 비문이 된다.

제2절 선택적 통제(Optional Control)

비외현적 주어가 특정인(주절의 주어)이나 불특정인(일반인, 즉 oneself) 모두로 해석될 수 있는 경우, PRO가 선택적으로 통제된다고 말한다.

> (t) Tom thought that it was best PRO to behave himself/oneself.
> (u) Tom asked how PRO to behave himself/oneself.
> (v) Tom wonders how PRO to behave himself/oneself.
> (w) Tom and Ted discussed PRO behaving themselves/oneself in public.

위의 예문들은 비외현적 주어가 주절의 주어(특정인 Tom)나 일반인(불특정인 oneself)으로 모두 해석될 수 있는 경우이다.

> **더 알아두기**
>
> **촘스키의 지배결속이론**
>
> 촘스키(N. Chomsky)는 1981년 Lectures on Government and Binding(지배 결속 강의)이라는 강의 형식의 저술을 통해 기존 이론을 발전시킨 새로운 문법 이론을 제시했는데, 이를 지배결속이론(GB Theory, Government and Binding Theory)이라고 한다. 이 이론은 표준이론에서 다루지 않았던 문법의 두 가지 측면인 지배와 결속에 집중하고 있는데, 구성소들 사이에 미치는 영향을 명확히 정의하고 구성소들을 어떻게 연결하여 해석하여야 하는가를 설명하고 있다. 이론의 특징은 언어를 규칙으로 정하여 설명하는 것이 아니라, 여러 가지 이론이나 원리로 설명하려고 한다는 것이다.
>
>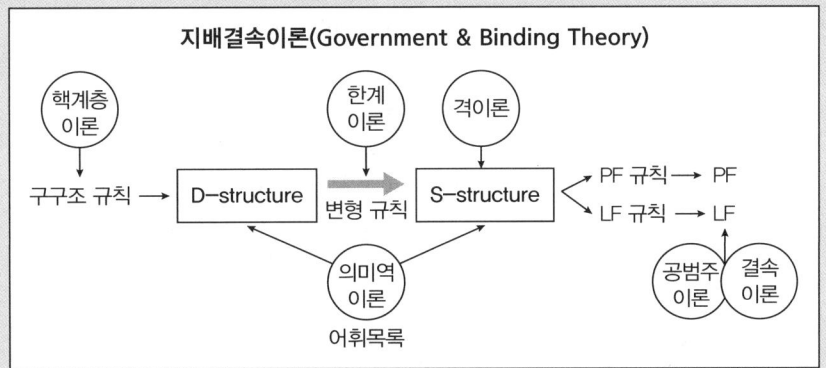
>
> 지배결속이론에서는 구구조 규칙에 핵계층이론(X-bar Theory)이 도입되어, 핵어(head)가 중간투사와 최대투사를 거쳐 중간범주(X-bar)와 구범주(XP)로 확대되며, 지정어(specifier)와 보충어(adjuncts)를 이용하여 이전에 포착할 수 없었던 구성소들을 보다 광범위하게 표현하게 되었고, 문장은 굴절(I, Inflection)의 최대투사로 보게 되었다. 또 표준이론의 심층구조와 표층구조는 각각 D-structure, S-structure로 대체되었고, 구조가 완결된 문장의 음성과 의미가 각각 Phonetic Form(PF), Logical Form(LF) 모듈에서 완성된다고 하였다.
>
> 위 그림에서 보듯이 이론을 구성하는 부문별로 여러 이론이 등장하였다. 변형 규칙은 여러 제약을 가하는 규칙을 만들기보다 자유롭게 이동을 하되 한계절점(bounding nodes) 등을 이용하여 이동을 제한하는 한계이론(Bounding Theory)이 제시되었고, 서술어의 논항들이 의미역을 할당받는 의미역이론(Theta Theory), 격을 부여받는 격이론(Case Theory)이 제시되었다. 또한 문장 내에서 대명사나 지시적 표현 등의 관계는 결속이론(Binding Theory)으로 설명되었고, 문장 내부의 비외현적 요소들에 대한 공범주 원리(ECP, Empty Category Principle)가 제시되었다.

제 3 편 | 실전예상문제

제1장 하위범주화(subcategorization)

01 동사 come은 목적어 NP를 취할 수 없는 자동사이므로 하위범주화 위반이다.

01 다음 문장이 비문인 이유로 가장 적절한 것은?

> *Tom won't come Susan.

① 하위범주화 위반
② 선택제약 위반
③ 의미역 기준 위반
④ 이동제약 위반

02 선택제약은 보충어뿐만 아니라 주어에도 적용된다.

02 다음 중 설명이 옳지 않은 것은?

① 하위범주화는 보충어에만 적용된다.
② 선택제약은 보충어에만 적용된다.
③ 하위범주화는 통사범주로 표현된다.
④ 선택제약은 술어의 논항들에 적용된다.

03 타동사 steal, find, 타동사구 look up은 NP 목적어가 필요하다.

03 다음 중 하위범주화 규칙을 어긴 것은?

① The guy stole a car in the parking lot.
② Ted looked up the word in the book.
③ My brother slept at home.
④ Tom found in the garage.

정답 01 ① 02 ② 03 ④

04 다음 수형도에서 ? 부분에 **kicked**가 들어가면 비문이 되는 이유로 가장 적절한 것은?

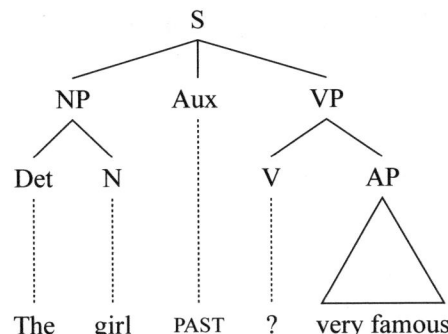

① 선택제약 위반
② 의미역 기준 위반
③ 하위범주화 위반
④ 주어 통제 위반

04 서술어가 AP를 필요로 하므로 하위범주화 조건에 의해 서술어는 be, become 등의 동사가 되어야 한다.

주관식 문제

01 다음 문장의 정문/비문 여부를 밝히고, 이유를 쓰시오.

> I shall wait your instructions.

01 **정답**
주어진 문장은 비문(*)이다. 동사 wait는 목적어 NP를 취할 수 없는 자동사이므로 하위범주화 위반이다.

02 보충어(complements)가 무엇인지 서술하시오.

02 **정답**
문장에서 서술어 뒤에 오는 요소를 가리키는데, 이 요소가 없을 경우 문장이 성립되지 않는 것을 말한다. 즉, 서술어 뒤의 목적어와 보어를 다 포함하는 개념으로서 구와 절 범주로 말하면 NP, AP, PP, S' 등이다.

정답 04 ③

제2장 선택제약(selectional restriction)

01 다음 문장이 비문인 이유로 가장 적절한 것은?

> *You have convinced my birth.

① 하위범주화 위반
② 선택제약 위반
③ 의미역 기준 위반
④ 이동제약 위반

01 동사 convince는 목적어 NP를 취하는데(하위범주화 조건), 주어나 목적어가 모두 설득할 수 있거나 당할 수 있는 사람이어야 한다(선택제약 조건). my birth(자신의 탄생)는 설득시킬 수 있는 대상이 아니므로 선택제약 위반이다.

02 다음 문장이 비문인 이유로 가장 적절한 것은?

> *Tom persuaded his calculator to solve the math problem.

① 의미역 기준 위반
② 하위범주화 위반
③ 선택제약 위반
④ 통사범주제약 위반

02 동사 persuade는 목적어 논항이 설득당할 수 있는 대상이어야 하는데, his calculator(그의 계산기)는 의미상 그렇지 못하므로 선택제약 위반이다.

03 서술어가 선택제약을 가할 수 없는 논항은?

① 술어
② 목적어
③ 보어
④ 주어

03 서술어와 술어는 같은 용어이며, 술어가 자기 자신에게 선택제약을 가할 수는 없다.

정답 01 ② 02 ③ 03 ①

04 하위범주화와 선택제약의 차이점에 대한 설명으로 가장 적절한 것은?

① 수형도 구조에 있어서 차이가 있다.
② 하위범주화는 의미를 지정한다.
③ 선택제약은 구범주를 지정한다.
④ 주어에 미치는 영향 여부에 있어서 차이가 있다.

04 하위범주화는 주어를 제외한 서술어의 논항인 목적어와 보어 등에 제약을 가한다. 반면, 선택제약은 목적어와 보어뿐만 아니라 주어에도 제약을 가한다.

주관식 문제

01 다음 문장의 정문/비문 여부를 밝히고, 이유를 쓰시오.

> My book fainted.

01 정답
주어진 문장은 비문(*)이다. 동사 faint는 주어 논항에 대한 의미적인 선택제약이 있는데, 이는 실신할 수 있는 생명체여야 한다는 것이다. 그런데 My book은 실신할 수 있는 생명체가 아니므로 선택제약 위반으로 비문이 된다.

02 다음 문장이 비문인 이유를 쓰시오.

> *Tom persuaded his frying-pan to burn the chops.

02 정답
동사 persuade의 목적어 논항에 대한 의미적인 선택제약이 있는데, 이는 설득당할 수 있는 대상이어야 한다는 것이다. 그런데 frying-pan은 설득당할 수 있는 대상이 아니므로 선택제약 위반으로 비문이 된다.

정답 04 ④

제3장 의미역 관계(thematic roles)

01 다음 문장에서 밑줄 친 부분의 의미역은?

> <u>Tom</u> was happy.

① 대상역(Theme)
② 행위자역(Agent)
③ 경험자역(Experiencer)
④ 도구역(Instrument)

> 01 주어 논항이 어떤 상태(happy)를 경험하는 개체이므로 의미역은 경험자역(Experiencer)이 된다.

02 다음 문장에서 밑줄 친 부분의 의미역은?

> Tom gave <u>Mary</u> his book.

① 목표역(Goal)
② 행위자역(Agent)
③ 대상역(Theme)
④ 근원역(Source)

> 02 Tom은 주는 행위를 하는 행위자역(Agent), Mary는 책이 이동하는 도달처이므로 목표역(Goal), his book은 주는 행위의 대상이므로 대상역(Theme)을 부여받는다. 이 모든 의미역은 서술어인 gave가 자신의 모든 논항들에게 부여한다.

03 다음 두 문장에서 밑줄 친 단어들의 의미역을 바르게 짝지은 것은?

> (a) The glass bottle shattered the big window.
> (b) <u>The glass bottle</u> shattered.

① Agent － Instrument
② Agent － Agent
③ Theme － Agent
④ Instrument － Theme

> 03 (a) 큰 창을 산산조각 내는 행위를 할 수 있지 못하고 그 도구에 불과하므로 술어로부터 도구역(Instrument)을 부여받는다.
> (b) 산산조각이 난 대상이 유리병이므로 술어로부터 대상역(Theme)을 부여받는다.

정답 01 ③ 02 ① 03 ④

04 다음 내용에 해당하는 제약으로 가장 적절한 것은?

> 각 논항은 오직 하나의 의미역만을 가질 수 있고, 각 의미역은 오직 하나의 논항에만 할당될 수 있다.

① 선택제약
② 의미역 기준
③ 구구조제약
④ 하위범주화

04 의미역 기준(Theta Criterion)의 정의이다.

주관식 문제

01 다음 두 문장에서 밑줄 친 단어의 의미역이 무엇인지 쓰시오.

> (a) Tom rolled the ball down the hill.
> (b) The ball rolled down the hill.

01 정답
각각 목적어 논항과 주어 논항의 자리에 있지만 동사 rolled의 행위의 대상이므로, 서술어가 부여하는 의미역은 모두 대상역(Theme)이다.

02 다음 두 문장에서 밑줄 친 단어의 의미역이 무엇인지 쓰시오.

> (a) Tom broke the window.
> (b) A hammer broke the window.

02 정답
(a) 서술어 broke의 행위나 동작을 수행하는 주체이므로 행위자역(Agent)이다.
(b) 창문을 깨는 행위의 수단이므로 도구역(Instrument)이다.

정답 04 ②

제4장 비외현적 주어(non-overt PRO)

01 다음 문장의 to-부정사구에 대한 언급으로 가장 적절한 것은?

> To abandon the investigation would be regrettable.

① to-부정사구는 주어 자리에 위치할 수 없다.
② to-부정사구의 주어는 반드시 외현적으로 명시되어야 한다.
③ to-부정사구의 주어는 비외현적 주어 PRO이다.
④ to-부정사구는 하위범주화를 위반하고 있다.

01 to-부정사구의 주어는 밖으로 드러내 놓고(외현적으로 명시되어) 있지 않지만, 보이지 않는 비외현적 주어인 PRO로서 존재한다.

02 다음 중 주어 통제 PRO가 아닌 것은?

① Tom tried to behave himself.
② Tom ordered Mary to go on her own.
③ Tom was eager to go on his own.
④ Tom promised Mary to behave himself.

02 Tom ordered Mary PRO to go on her own에서처럼 비외현적 주어 PRO는 주절의 목적어의 통제를 받아 on her own이 된다. 따라서 목적어 통제 구문이다.

03 다음 문장의 문법성과 PRO의 통제 해석을 바르게 짝지은 것은?

> Tom promised Mary to behave herself.

① 정문 – 주어 통제
② 정문 – 목적어 통제
③ 비문 – 목적어 통제
④ 비문 – 주어 통제

03 주어진 문장은 비문이고, 주어 통제 구문이므로 herself 대신에 himself가 와야 한다. 즉, 부정사구의 비외현적 주어 PRO는 Tom(주절의 주어)으로 해석되므로 주어 통제 구문이다.

정답 01 ③ 02 ② 03 ④

04 다음 중 PRO의 의무적 통제가 아닌 것은?

① Tom asked how PRO to behave oneself.
② Tom was eager PRO to go on his own.
③ Tom tried PRO to behave himself.
④ Tom told Mary PRO to behave herself.

04 Tom asked how PRO to behave himself/oneself로, PRO가 특정인/불특정인이 모두 가능한 해석이므로 선택적 통제이다.
②·③은 주어 통제이고, ④는 목적어 통제이다.

주관식 문제

01 다음 문장의 정문/비문 여부를 밝히고, 이유를 쓰시오.

> Tom allowed Mary to go on his own.

01 **정답**
주어진 문장은 비문(*)이다. to-부정사구의 비외현적 주어 PRO가 주절의 목적어인 Mary로 해석되므로 on his own이 아니라 on her own이 되어야 정문이 된다.

02 다음 문장이 비문인 이유를 쓰시오.

> *Tom told Mary PRO to behave himself.

02 **정답**
to-부정사구의 비외현적 주어 PRO가 주절의 목적어인 Mary로 해석되므로 himself가 아닌 herself가 되어야 정문이 된다.

정답 04 ①

03 　정답

주어진 문장은 선택적 통제 구문이다. 비외현적 주어 PRO가 주절의 주어인 특정인(Tom/himself)으로 해석될 수도 있고, 불특정인(일반인 oneself)으로도 해석될 수 있으므로 선택적 통제 구문이다.

03 다음 문장이 선택적 통제 구문인지 의무적 통제 구문인지 구분하고, 이유를 쓰시오.

Tom thought that it was best to behave himself/oneself.

제 4 편

핵계층이론 (X-bar Theory)

제1장	중간투사(intermediate projection)의 존재
제2장	보충어(complements)와 부가어(adjuncts)
제3장	범주 간의 유사성
제4장	절의 구조
실전예상문제	

| 단원 개요 |

제4편에서는 통사이론이 수정되어 발전하는 과정에서 매우 큰 변화를 겪을 수 있고, 이에 따라 수형도로 문장을 표시하는 방법도 큰 변화를 겪게 된다는 것을 배운다. 핵계층이론이 왜 생겨났는지를 배우게 되고, 구와 절 및 문장을 보다 정확하게 분석하는 방법을 배운다.

| 출제 경향 및 수험 대책 |

제4편에서는 새로운 핵계층이론이 나타남에 따라 기존의 수형도 방식에서 큰 변화가 생기게 되는 것을 볼 수 있다. 하지만 기존의 구구조 규칙에 의한 수형도와 핵계층이론의 수형도 모두 나름의 용도가 있기 때문에 어느 하나에 치우치지 말고 두 방식의 장단점을 잘 이해하도록 해야 한다.

제1장 중간투사(intermediate projection)의 존재

핵계층이론(X-bar Theory)은 통사범주가 계층적으로 형성된다고 가정한 이론으로, 1970년 촘스키(N. Chomsky)가 1951년 해리스(Z. Harris)의 아이디어를 수정하여 제안했다. 이 이론에 의하면, 모든 구범주는 X-bar schema(구조)라고 불리는 일관된 수형도 구조를 통해 표현될 수 있다(다음 그림 참조). 즉, **핵어(head)**의 어휘범주를 X라고 할 때 핵어가 **중간범주(X')**를 거쳐 **구범주(XP)**로 확장(투사, projection)되면 XP가 되는 것이다(그림 [1]). 또한 최종 어휘들의 어순으로 따져 보면 핵어의 좌측에는 **지정어(specifier)**가 위치하고, 우측에는 **보충어(complement)**가 위치한다(그림 [2]). 중간범주는 하나 혹은 그 이상 추가될 수 있는데(그림 [3]), 그러한 경우 보충어의 우측에 **부가어(adjunct)**가 하나 이상 추가될 수 있다. 어휘범주가 중간범주로 투사된 후 구범주로 투사되는데, 중간범주로의 투사를 **중간투사(intermediate projection)**, 구범주로의 투사를 **최대투사(maximal projection)**라고 한다.

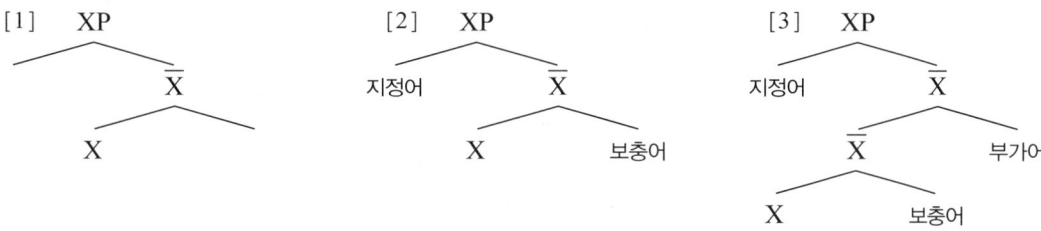

핵계층이론의 계층적 모양을 간단한 수식으로 표현하면 다음과 같다. X-bar는 기호 X 위에 막대 모양의 기호를 표기하는 데서 비롯된 명칭인데, 편의상 X'처럼 표기하기도 한다.

- XP = specifier + X'
- X' = X' + adjunct
- X' = X + complement

제1절 동사구(VP)에서의 근거

구범주 VP가 어휘범주 V로부터 투사될 때 중간범주 V'가 필요한지 여부를 다음 예문을 통해 살펴보자. VP가 계층적으로 투사되는 것이 아니라 VP를 선형적으로 나열하여 수형도로 그리면 다음 그림과 같을 것이다.

(a) Tom will do his homework at school this evening.

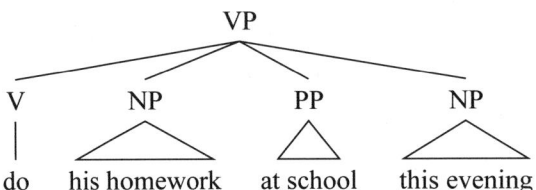

위 문장 VP 내부의 구성소들을 파악하기 위해 do so를 이용한 대체 테스트를 실시해 보면 다음 문장 (b)~(d)와 같다.

(b) Tom will do his homework at school this evening and Ted will do so too.
(c) Tom will do his homework at school this evening and Ted will do so tomorrow.
(d) Tom will do his homework at school this evening and Ted will do so at home tonight.

수형도에서 구성성분은 보통 하나의 노드(node)를 차지하므로, (b)의 밑줄 친 VP는 위 수형도에 잘 표현되어 있다. 하지만 (c)나 (d)의 밑줄 친 부분은 V + NP + PP와 V + NP인데, 이 집단을 하나의 노드로 표현하는 것은 위 수형도에서는 불가능하다. 하지만 다음 그림 [1]처럼 중간범주(V')를 여러 개 가정하면 노드가 여러 개[(b), (c), (d)] 생기면서 대체 테스트에서 알아낸 모든 VP 내부 구성소들을 표현할 수 있게 된다.

VP 노드의 직접 지배를 받는 좌측 구성소는 지정어(specifier)라고 부르는데, 다음 A와 B의 대화에서 all 부분을 살펴보자. 단어 all이 포함된 VP 전체가 생략 테스트를 통과하므로 하나의 구성소임을 알 수 있다.

(e) A : They have all done their homework at school this evening.
  B : They have? (*They have all?)

다음 그림 [2]에서처럼 지정어 자리에 all이 들어가면 VP 전체인 구성소[노드 (e)]가 표현될 수 있다.

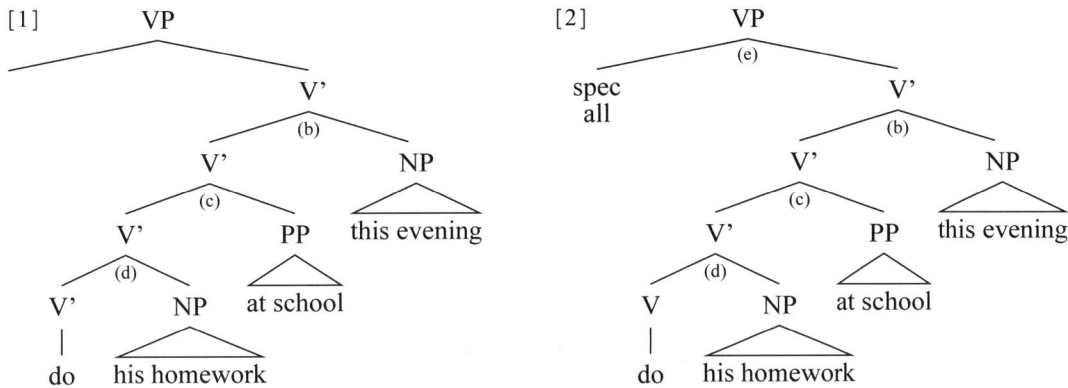

핵계층이론에서 제시하듯이, 어휘범주에서 구범주로 투사될 때 중간범주를 가정하면 구성소를 보다 잘 표현할 수 있다.

제2절 명사구(NP)에서의 근거

구범주 NP가 어휘범주 N으로부터 투사될 때 중간범주 N'가 필요한지 여부를 다음 예문을 통해 알아보자.

(a) We checked the result of the test in January.

위 문장에 있는 목적어 NP 내부의 구성소들을 파악하기 위해 대용어 one을 이용한 대체 테스트를 실시해 보면 다음 문장 (b)~(d)와 같다. 참고로 one은 N'(N-bar)를 대체할 수 있는 대용어인 대명사이다.

(b) We checked the result of the test in January and Ted checked it too.
(c) We checked the result of the test in January and Ted checked the one too.
(d) We checked the result of the test in January and Ted checked the one in February.

파악된 구성소를 바탕으로 중간범주(N')를 두 개 가진 NP의 수형도를 그려 보면 다음과 같다. 중간범주 두 개를 가정함으로써 대체 테스트에서 알아낸 구성소를 수형도에 노드 여러 개[(b), (c), (d)]로 표현할 수 있다.

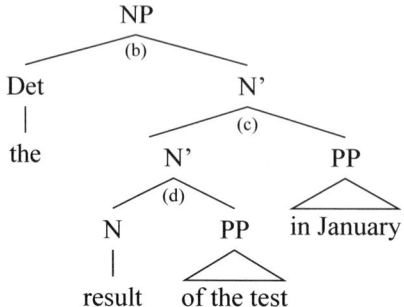

명사구를 올바르게 수형도로 표현하기 위해서는 동사구에서와 마찬가지로 중간범주를 가정하는 중간투사가 필요하다는 것을 알 수 있다.

제 2 장 보충어(complements)와 부가어(adjuncts)

핵계층이론에서 X-bar 구조에 대하여 자세히 알아보자. 앞서 이 이론에서는 다음 수형도에서처럼 모든 어휘범주 X가 하나 이상의 중간범주인 X'로 중간투사되고 최종적으로 구범주인 XP로 최대투사된다고 배웠다. 달리 말하면, 핵계층이론이란 어휘범주의 하위범주화 특성이 구조적으로 반영되도록 해 주는 틀이라고 할 수 있다.

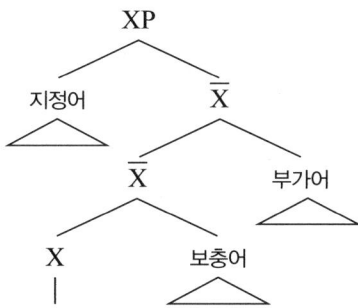

또한 이 이론은 핵어 X가 X'로 중간투사될 때 우측에 보충어가 존재하고, X'가 또 다른 X'로 한 번 이상 투사될 때 우측에 하나 이상의 부가어가 존재할 수 있으며, 마지막 X'가 XP로 최대투사될 때 좌측에 지정어가 존재한다고 배웠다. 구범주 [1] VP, [2] NP, [3] AP, [4] PP에 대하여 핵계층이론으로 수형도를 그려 보면 다음과 같다. 그림에서 보듯 범주의 종류는 다르지만 수형도는 같은 패턴을 보이는 것을 알 수 있다.

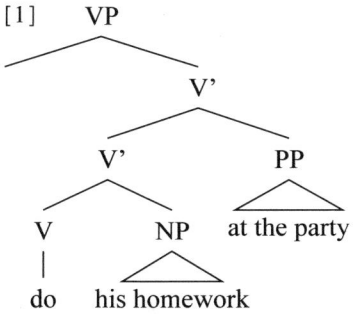
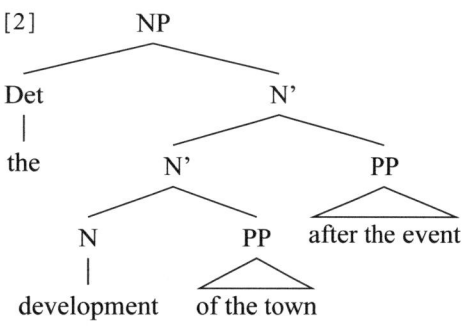
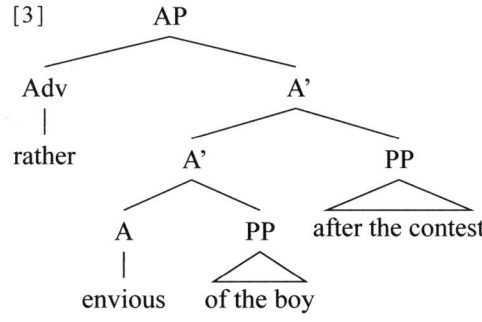
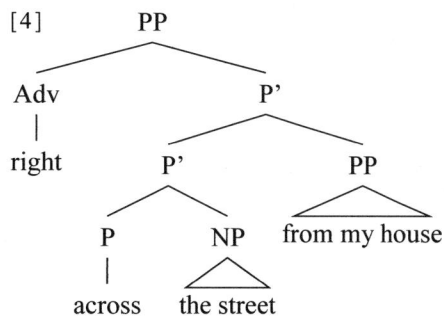

그렇다면 보충어와 부가어는 구체적으로 어떤 차이가 있는지 알아보자. **보충어**는 핵어 X의 필수적인 구성소(즉, 하위범주화 속성)인 반면, **부가어**는 선택적인 구성소로서 없어도 되는 요소라는 점에서 다르다. 이들의 의미 차이에 있어서 보충어는 핵어와 의미적으로 밀접한 관련이 있는 요소인 반면, 부가어는 핵어와 의미적인 밀접성이 떨어지는 요소이다.

위 수형도 [1] VP를 보면 보충어(his homework)는 타동사(do)의 목적어로, 하위범주화 조건 관점에서 필수적인 구성소이다. [2] NP에서 보충어(of the town)는 전치사구의 형태이긴 하나 명사화된 동사(development)의 개발 대상이라는 측면에서 마치 타동사(develop)의 목적어(the town)와 같은 필수적인 구성소라고 볼 수 있다. [3] AP에서 보충어(of the boy)는 전치사구 형태이지만 형용사화된 동사(envious)의 부러움의 대상이라는 관점에서 타동사(envy)의 목적어(the boy)와 같은 필수적 구성소로 볼 수 있다. [4] PP에서 보충어(the street)는 전치사의 목적어로서 필수적인 구성소이다.

이에 반해, 부가어들을 살펴보면 핵어의 내용과는 직접적인 연관성이나 밀접성이 떨어지는 선택적인 구성소인 것을 알 수 있다. 즉, V(do)의 경우 '하는 행위'의 대상은 '숙제'이지 '파티'와는 직접적인 관계가 없고, N(development)의 경우도 '개발'의 대상이 '도시'이지 '이벤트'와는 직접적인 관계가 없으며, A(envious)의 경우도 '부러워하는' 대상이 '소년'이지 '콘테스트'와는 직접적인 관계가 없다.

제1절 동사구(VP)

보충어와 부가어의 의미적 관계를 살펴보기 위하여 다음 예문을 보자.

(a) She will work at the job.
(b) She will work at the office.
(c) She laughed at her friend.
(d) She laughed at five o'clock.

자동사 work와 laugh를 포함한 문장으로, 겉으로는 동일한 구조를 가진 것처럼 보인다. 그러나 (a), (c)의 work at the job과 laugh at her friend는 '직장에서 일하다'(본연의 '업무' 수행)와 '친구를 비웃다'라는 의미로, 각 전치사구가 동사와 의미적으로 밀접한 관련을 갖고 있고 하위범주화 조건에 해당하는 보충어이다. 반면에 (b), (d)의 at the office와 at five o'clock은 동사 행위가 발생한 장소나 시간을 표현할 뿐, 의미적으로도 밀접하지 않고 하위범주화 조건에도 해당되지 않는 부가어로서 쓰였다. 전치사구가 보충어와 부가어 중 어디에 위치하는지 주의하면서 다음 수형도를 살펴보자.

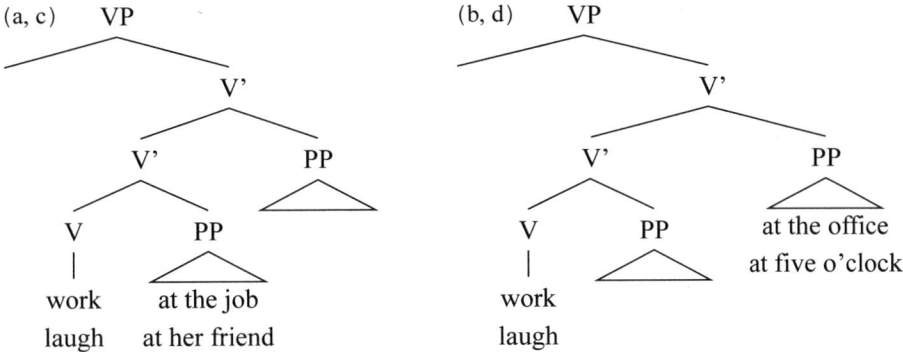

보충어는 핵어(V)와 자매 관계에 있지만, 부가어는 중간범주인 V-bar와 자매 관계에 있다. 비어 있는 부분을 생략하여 간략하게 수형도를 표현하면 다음 그림과 같다. 주의할 것은 보충어는 V와 자매 관계를 이루고, 부가어는 V'와 자매 관계를 이룬다는 사실이다.

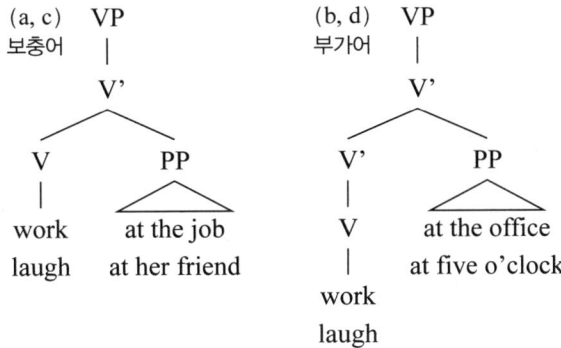

1 보충어와 부가어의 어순

보충어는 부가어보다 핵어에 가까이 위치하기 때문에 만일 같은 동사구 내에서 보충어와 부가어가 동시에 나타나면 항상 보충어가 부가어보다 앞에 나온다. 따라서 다음 예문에서 순서가 바뀌어 부가어가 보충어보다 앞에 나온 (f)와 (h)는 비문이 된다.

(e) She will work at the job at the office. (보충어)
(f) *She will work at the office at the job. (부가어)
(g) She laughed at her friend at five o'clock. (보충어)
(h) *She laughed at five o'clock at her friend. (부가어)

2 중의성

전치사구나 명사구는 때때로 보충어 혹은 부가어로 기능할 수 있다. 다음 예문을 보자. 서술어 decide 뒤에 전치사구 on the boat가 올 때, '보트에 관한 결정을 하다'라는 의미일 경우 보충어이고, '보트 위에서 (어떤) 결정을 하다'라는 의미일 경우 부가어이다. 서술어 explain 뒤 명사구 last night이 목적어로 쓰인 경우에는 '어젯밤(일)을 설명하다'라는 의미로 쓰인 보충어이고, 부사구로 쓰인 경우에는 '어젯밤에 (무언가를) 설명하다'라는 의미로 쓰인 부가어이다.

> (i) We may decide on the boat.
> (j) We couldn't explain last night.

두 문장이 보충어와 부가어로 쓰일 때를 각각 순서대로 수형도로 나타내면 다음과 같다.

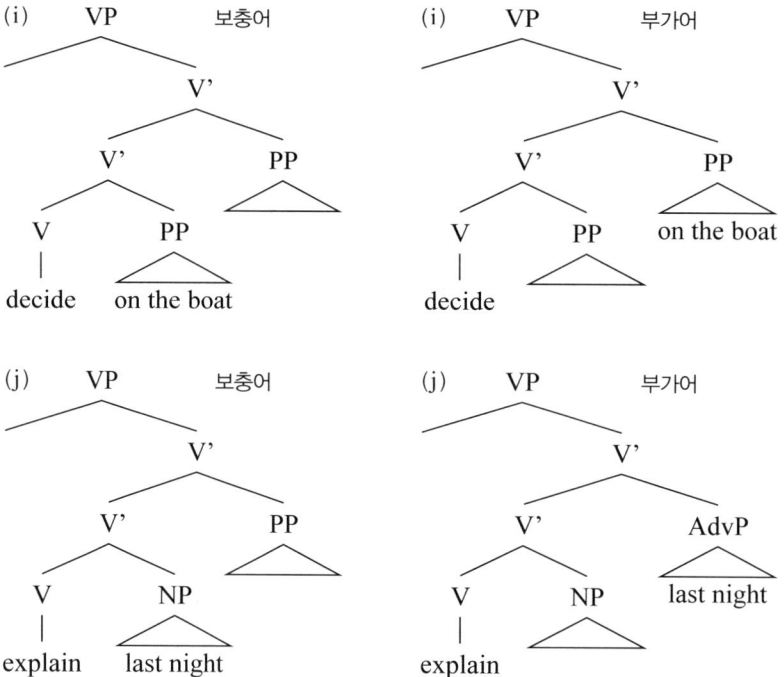

비어 있는 부분을 생략하여 간략하게 수형도로 나타내면 다음과 같다.

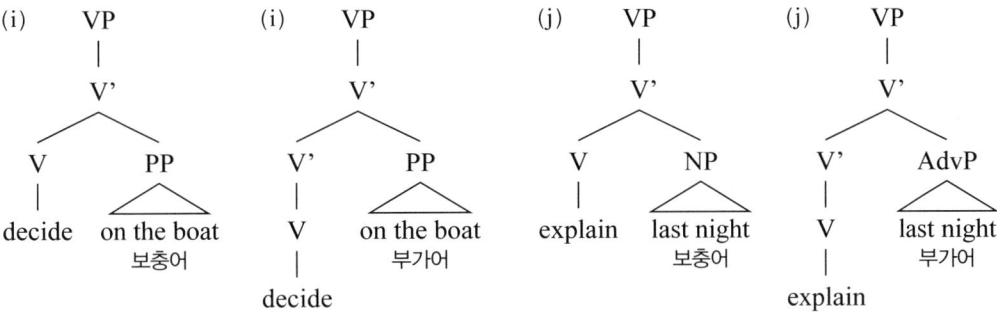

3 수동화와 중의성

수동화는 능동문의 목적어가 수동문의 주어 자리로 이동할 때 가능한데, 능동문에서 보충어로 쓰인 전치사구가 있을 경우, 전치사의 목적어가 수동문의 주어 자리로 이동하여 수동화가 가능하다. 문장 (e), (g)의 보충어로 쓰인 전치사구의 목적어 the job과 her friend는 수동문 (k), (m)의 주어로 쓰일 수 있다.

(k) The job will be worked at by her.
(l) *The office will be worked at by her.
(m) Her friend was laughed at by her.
(n) *Five o'clock was laughed at by her.

그러나 능동문 (e), (g)의 부가어로 쓰인 전치사구일 경우에는 (l), (n)에서처럼 수동화가 불가능하다. 따라서 능동문에서 (i) 전치사구나 (j) 명사구가 보충어나 부가어로 쓰여 중의성을 야기할 수 있는 반면, 수동문에서는 능동문의 보충어로 쓰인 경우만 가능하기 때문에 중의성이 생길 수 없다. 다음 예문들은 외형은 똑같지만, 정문/비문의 의미가 전혀 다르다.

(o) The boat may be decided on by us.
(p) *The boat may be decided on by us.
(q) Last night couldn't be explained by us.
(r) *Last night couldn't be explained by us.

문장 (o), (q)의 주어는 능동문 (i), (j)에서 보충어로 쓰인 전치사구 목적어(the boat)와 목적어 명사구(last night) 였기 때문에 수동화가 가능하다. 그러나 (p), (r)은 능동문에서 부가어였기 때문에 수동화가 불가능하여 비문이 된다.

4 V' 구성소의 do so 대체

수형도에서 중간투사 범주인 V'는 구성소 테스트(대용어 do so 이용)를 통과할 수 있다. 하위범주화 조건이 다른, 달리 말하면 보충어로 취할 수 있는 구성소가 다른 두 서술어 buy와 put에 대한 다음 예문을 살펴보자.

(s) Tom will buy the books on Friday.
(t) Tom will put the books on the desk.

서술어 buy는 보충어로 NP 목적어 하나만을 취하지만, 서술어 put은 NP 목적어와 장소를 나타내는 전치사구 PP를 보충어로 취한다. 따라서 두 문장의 수형도는 다음과 같다.

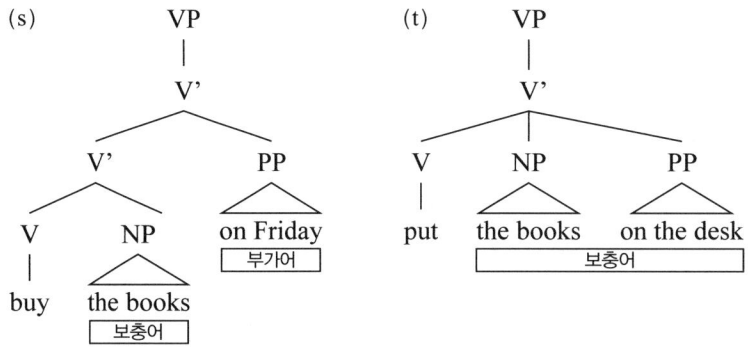

위 수형도에서 볼 수 있는 구성소에 대해 대체 테스트를 실시한 다음 예문을 살펴보자.

(u) Tom will buy the books on Friday, and Ted will do so too.
(v) Tom will buy the books on Friday, and Ted will do so on Monday.
(w) Tom will put the books on the desk, and Ted will do so too.
(x) *Tom will put the books on the desk, and Ted will do so on the chair.

다음 수형도 (s)를 보면 예문 (u)와 (v)는 중간투사 범주들 V'(u)와 V'(v)가 올바른 구성소임을 보여주고 있고, 수형도 (t)는 예문 (w)를 통해 V'가 올바른 구성소임을 알 수 있다. 하지만 예문 (x)가 비문인 이유는 put the books(수형도에서 점선으로 된 원)만을 온전히 지배하는 범주가 수형도에서 불가능하기 때문이다.

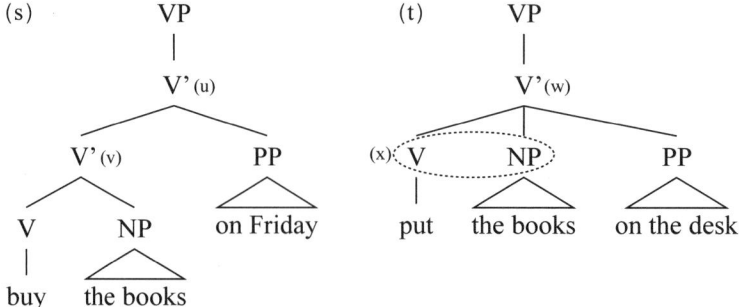

5 의무적(obligatory) 요소와 선택적(optional) 요소

문장에서 존재해야만 하느냐 하는 의무성/선택성 측면에서 본다면, 보충어는 (거의) 의무적으로 존재해야 하는 요소인 반면, 부가어는 항상 선택적인 요소이다. 예를 들어, 서술어 treat은 (a)에서처럼 NP 목적어와 AdvP 수식어가 의무적인 보충어이다. 물론 (b)처럼 부가어로서의 추가적인 수식어(before)도 가능하다. 다음 예문 (c)~(e)에서처럼 보충어가 하나라도 결여되면 비문이 된다.

(a) Tom treated Mary badly.
(b) Tom treated Mary badly before.
(c) *Tom treated badly before.
(d) *Tom treated Mary before.
(e) *Tom treated before.

수형도상 위치에서도 알 수 있듯이 문장 안에서 보충어는 부가어보다 앞서 나와야 한다. 만일 다음 예문처럼 어순이 바뀌면 비문이 된다.

(f) *Tom treated Mary before badly.
(g) *Tom treated before badly Mary.

제2절 명사구(NP)

동사구에서의 경우와 마찬가지로, 명사구도 다음 예문처럼 전치사구가 바로 뒤에 위치할 수 있다. 예문 (a)의 전치사구는 보충어이고, (b)의 전치사구는 부가어이다.

(a) a teacher of chemistry
(b) a teacher with glasses
(c) He is teaching chemistry.
(d) *He is teaching glasses.

의미적으로 보면, (a)는 명사구와 전치사구의 구조를 취하고 있지만 사실상 (c)의 동사와 목적어(teach chemistry) 구조를 다르게 표현한 것으로 볼 수 있다. 따라서 목적어(chemistry)가 서술어(teach)의 필수적인 하위범주화 요건인 것처럼, 전치사구(of chemistry)는 명사구(a teacher)의 의무적인 요소이므로 보충어이다. 가르치는 사람(teacher)의 본연의 의무인 가르치는 행위의 대상이 화학 과목인 것이다. 이에 반해, (b)의 전치사구(with glasses)는 (d)에서 알 수 있듯이 가르치는 행위와는 직접적 관련이 없는 외모를 나타내는 부가적인 내용일 뿐이다. 따라서 이 전치사구는 부가어이다. 예문 (a), (b)를 수형도로 나타내면 다음과 같다.

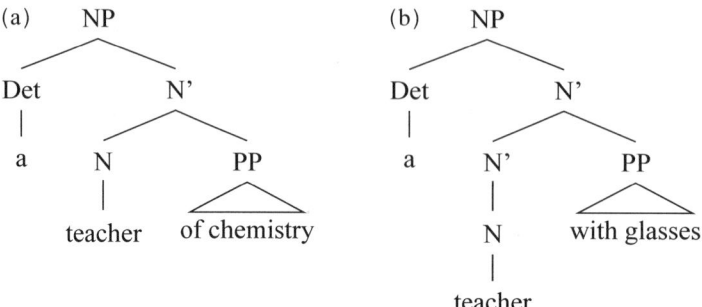

동사구의 경우와 마찬가지로 명사구에서도 보충어는 부가어보다 어순에 있어서 먼저 나오게 된다. 따라서 부가어가 먼저 나온 예문 (f)는 비문이 된다.

(e) a teacher of chemistry with glasses
(f) *a teacher with glasses of chemistry

1 N' 구성소의 one 대체

앞서 배웠듯이 one은 N'(N-bar)를 대체할 수 있는 대용어인 대명사이다. 즉, 핵어인 N과 보충어가 짝을 이룬 N'와 핵어, 보충어, 부가어를 모두 포함한 N'를 모두 대체할 수 있다. 하나의 보충어(of chemistry)와 두 개의 부가어(with glasses와 in the corner)를 지닌 NP 수형도를 그려 보면 다음과 같다.

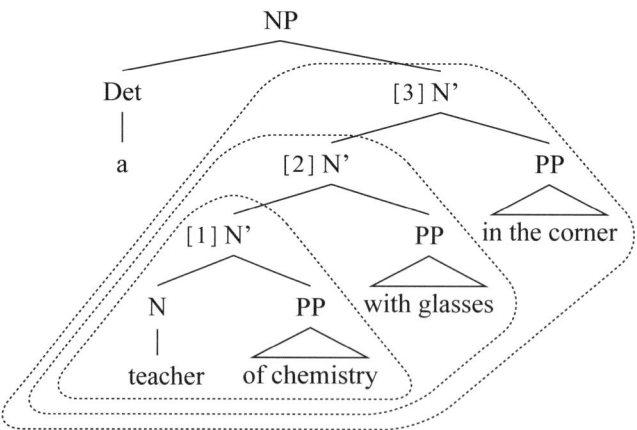

위 수형도를 보면 중간투사 범주인 N'가 세 개 있음을 볼 수 있다. 따라서 대용어 one은 수형도에서 [1]번 N', [2]번 N', [3]번 N'를 대체할 수 있을 것이다.

A teacher of chemistry with glasses in the corner is presenting, …
(g) … and the one without glasses at the center is listening. [1]번 N' 대체
(h) … but the one at the center is sleeping. [2]번 N' 대체
(i) I like that one among other presenters. [3]번 N' 대체

2 선택적 요소와 반복적(recursive) 요소

목적어가 의무적으로 필요한 타동사 종류가 있는 동사구와는 달리 명사구에서는 핵어 N을 제외한 지정어, 보충어, 부가어는 모두 선택적이다.

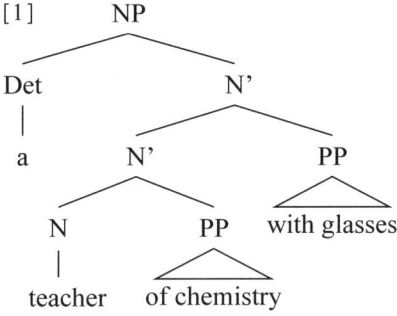

지정어, 보충어, 부가어를 모두 지니고 있는 수형도 [1]에 대하여, 보충어와 부가어, 혹은 둘 다 없는 경우를 표시하면 다음과 같다.

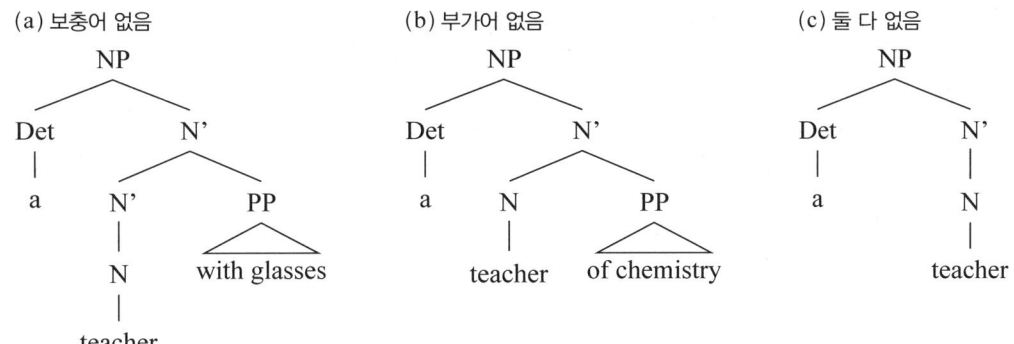

[1] a teacher of chemistry with glasses (보충어 O, 부가어 O)
(a) a teacher with glasses (보충어 X, 부가어 O)
(b) a teacher of chemistry (보충어 O, 부가어 X)
(c) a teacher (보충어 X, 부가어 X)

수형도를 대괄호 [ ] 기호를 이용하여 범주 이름과 함께 표기하기도 하는데, 핵어 N이 teacher인 경우 [N teacher]와 같이 표기한다. 대괄호 방식으로 수형도의 예문들을 표시해 보면 다음과 같다.

[1] [NP a [N' [N' [N teacher] of chemistry] with glasses]]
(a) [NP a [N' [N' [N teacher]] with glasses]]
(b) [NP a [N' [N teacher] of chemistry]]
(c) [NP a [N' [N teacher]]]

부가어는 N'와 자매 관계를 맺으며 상위의 N'로 투사되므로 하나 이상이 있을 수 있으며, 부가어들 사이에는 어순의 특별한 제약이 없다.

(d) a teacher with glasses in the corner
(e) a teacher in the corner with glasses

3 등위접속

등위접속사를 이용한 등위접속은 일반적으로 동일한 통사범주 사이에 가능하다. 하지만 다음 예문에서 보듯이, 통사범주뿐 아니라 핵계층이론에서의 보충어/부가어 지위도 동일해야 함을 알 수 있다.

(a) a teacher of chemistry and of physics (보충어 and 보충어)
(b) a teacher with glasses and with gloves (부가어 and 부가어)
(c) *a teacher of chemistry and with gloves (보충어 and 부가어)
(d) *a teacher with glasses and of physics (부가어 and 보충어)

위 예문에서 밑줄 친 부분이 전치사구로서 통사범주는 동일하지만 등위접속되는 대상의 보충어/부가어 지위가 같을 경우에만 정문이고[(a), (b)], 같지 않으면 비문이 된다[(c), (d)].

제3절 형용사구(AP)

핵계층이론에서 형용사구도 물론 어휘범주(A)가 중간투사를 거쳐 A'(A-bar)로 확장되고 최대투사를 거쳐 AP로 확장된다. 또한 핵어(A)의 좌우측에 각각 보충어와 부가어도 추가될 수 있다. 예문에 대한 수형도를 그리면 다음과 같다.

(a) Susan is very fond of Tom.
(b) *Susan is very fond.

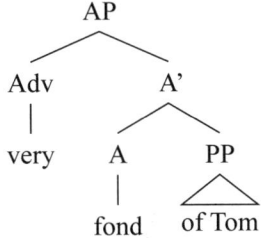

형용사 fond의 보충어인 전치사구는 의무적으로 있어야 하기 때문에 보충어가 없는 (b)는 비문이다.

제 3 장 | 범주 간의 유사성

핵계층이론에서는 수형도 [1]에서 보듯이 모든 어휘범주(핵어, X)가 두 종류의 구범주로 확대되는데, 하나는 중간투사라는 단계를 거쳐 중간범주(X', X-bar)가 되는 것이고, 하나 이상의 중간범주가 최대투사라는 단계를 거쳐 최대범주인 구범주(XP)로 확대되는 것이다. 이때 어휘범주와 자매 관계인 보충어가 중간범주를 형성하고, 중간범주와 자매 관계인 지정어가 최종적으로 구범주를 형성한다. 어순으로 따지면 지정어, 핵어, 보충어의 순서로 이루어진다. 수형도 [2]는 중간범주가 두 개로 확장된 경우인데, 하나 이상의 중간범주들 중에서 가장 위에 있는 중간범주와 자매 관계인 지정어가 최종적으로 구범주를 형성한다.

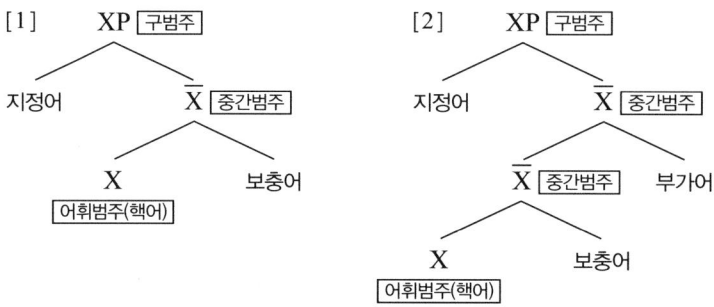

위와 같이 모든 범주는 동일한 하나의 X-bar 구조를 갖는다. 지정어와 보충어만을 갖고 있는 구범주를 종류별로 수형도로 나타내면 다음과 같다.

(a) We did not clean their room. (VP)
(b) We performed a survey of the topic. (NP)
(c) She is so fond of coffee. (AP)
(d) They were quite in agreement. (PP)
(e) My bike can run much faster than the car. (AdvP)

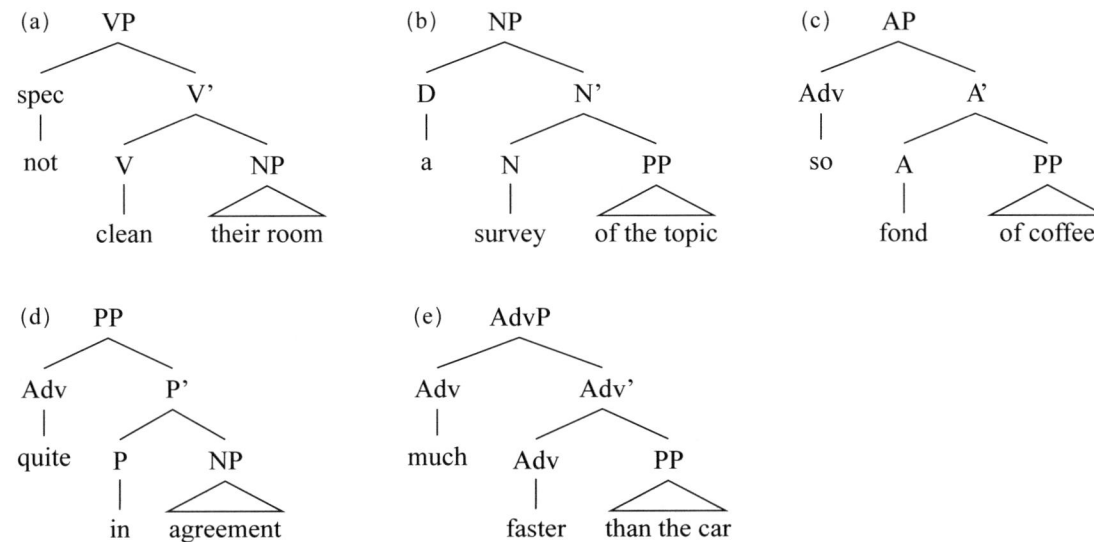

예문들의 구조와 수형도의 관계를 잘 파악해 두기 바란다.

제4장 절의 구조

제1절 한정절(finite clauses)과 비한정절(nonfinite clauses)

절(clauses)을 크게 한정절(혹은 정형절)과 비한정절(혹은 비정형절)로 나누는 기준은 동사의 형태이다. 어떤 절이 한정동사(finite verbs)를 가지면 한정절에 속하고, 비한정동사(nonfinite verbs)를 가지면 비한정절에 속한다. 동사가 주어의 영향을 받아 시제(tense), 인칭(person), 수(number)에 대해 굴절(inflection)하는 경우에 한정동사로 본다. 간단히 말하면 한정절은 시제가 포함된 절이고, 비한정절은 시제가 포함되어 있지 않은 절이다. 시제가 없는 절은 부정사(infinitives), 동명사(gerunds), 분사(participles)를 포함하는 절을 말한다. 예문 (a), (b)는 시제가 포함된 한정절이고, (c), (d), (e)의 밑줄 친 부분은 시제가 없는 비한정절이다(물론 주절은 한정절이다).

(a) Tom was late.
(b) Tom did not go to school.
(c) I consider Tom to be honest.
(d) She wants it raining today.
(e) He had his phone stolen today.

한정절의 수형도 구조를 살펴보면, 변형생성문법의 구구조 규칙에서는 S → NP Aux VP처럼 문장(S)이 NP, Aux, VP로 구성되어 있다고 보았고, 접속사(Comp, complementizer)가 있을 경우 S' → Comp S처럼 접속사와 문장으로 구성되어 있다고 보았다. 다음 예문을 수형도로 나타내면 아래 그림과 같다.

(f) We should believe that Tom will do his job.

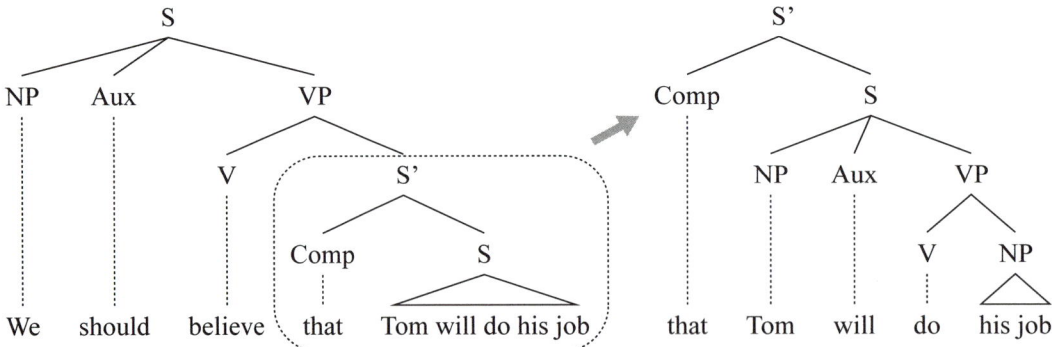

그러나 이 수형도는 모든 구범주가 어휘범주의 최대투사라는 핵계층이론에는 맞지 않는다. 문장(S)이나 접속사 절(S')의 핵어라고 부를 만한 어휘범주가 없기 때문이다. 앞서 절(문장)의 종류를 '시제'에 따라 한정절과 비한정 절로 나눈 것을 염두에 두고, 수형도에서 시제(will)가 포함된 유일한 어휘범주가 Aux라는 점을 고려하면, 시제 를 갖고 있는 모든 한정절의 핵어는 Aux라고 가정하는 것도 충분히 가능하다. 특히 시제(tense)를 나타내는 어 휘범주 Tense(T)를 별도로 가정하면 다음과 같은 핵계층이론 수형도를 생각해 볼 수 있다.

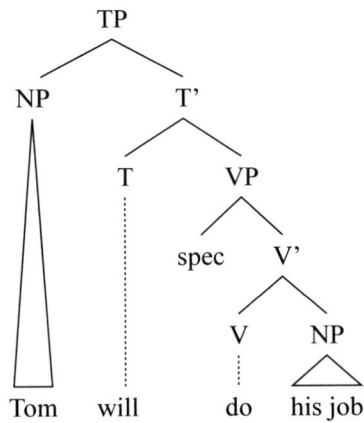

절의 유형을 시제의 유무로 판단하므로, 절의 핵어를 T로 보고 이것이 최대투사된 TP 범주를 문장으로 보는 것 이다. 즉, 절을 S가 아니라 TP(Tense Phrase)로 보면 핵계층이론의 X-bar 구조에 맞출 수 있어 이론의 설명력과 타당성을 더욱 증가시킬 수 있는 것이다. 그럼 과연 어휘범주 T를 별도로 가정하는 것이 타당한지 근거를 찾아 보자.

(g) Tom performed an experiment.
(h) Perform an experiment, Tom did indeed.
(i) What Tom did was perform an experiment.

시제가 분리되지 않고 동사의 일부인 어미 형태로 나타난 (g)의 경우, 동사구를 앞으로 이동, 즉 전치(preposing) 한 (h)와 유사분열문 (i)의 표현을 통해 살펴보면, 시제와 동사는 분리되어 조동사(did)에 표현되거나 완전히 분 리될 수도 있다. 따라서 한정절과 비한정절의 시제 (유무)를 Tense로 간주하여 다음과 같이 수형도로 표현할 수 있다.

(j) We believe Tom will do his job. (한정절)
(k) We believe Tom did his job. (한정절)
(l) We want Tom to do his job. (비한정절)

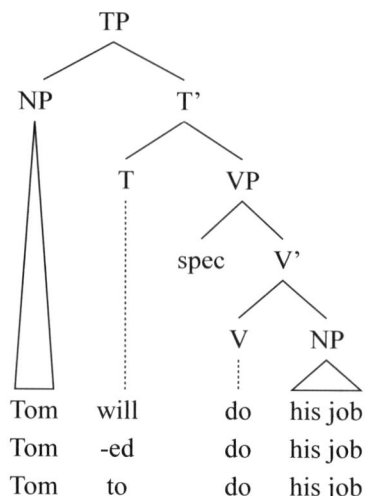

결론적으로 한정절과 비한정절 모두 시제가 최대로 투사된 TP 범주로 볼 수 있다.

> **더 알아두기**
>
> **이론의 변천에 따른 문장(S)의 표시 기호**
>
> 변형생성문법 초기에는 구구조 규칙에서 문장을 나타내는 기호로 S(Sentence)를 이용하였다. 그런데 핵계층 이론의 등장 및 이론의 수정 및 변천에 따라 문장을 한정절/비한정절로 구분하여 보는 경우, 시제(T, Tense)의 최대투사 범주로 보고 TP(시제절)로 표기하기도 하였으며, 후에는 문장을 시제를 포함한 다양한 굴절소(I, Inflection)의 최대투사 범주로서 IP(굴절절)로 표기하게 되었다. 이 책에서는 필요에 따라 S, TP, IP 등으로 다양하게 표기하고 있음을 기억하기 바란다.

제2절 보문절(complement clauses)과 부가절(adjunct clauses)

핵계층이론에서 핵어의 우측에 보충어와 부가어가 올 수 있으며, 보충어는 좌측의 핵어와 자매 관계에 있고, 이 둘을 직접 지배하는 중간범주(N', N-bar)가 우측의 부가어와 자매 관계를 이루어 이들을 직접 지배하는 상위의 중간범주를 이룬다고 배웠다. 보충어와 부가어가 문장의 형식을 취하는 절일 때 이들을 각각 **보문절(혹은 보충절)**과 **부가절**이라고 부른다. 특히 부가절을 **부사어(adverbials)**라고 부르기도 한다.

전통문법에서 소위 접속사로 알려진 that, for, whether, if와 같은 요소를 보문절에서는 **보문소(C, Comp, complementizer)**라고 부른다. 앞에서 한정절 혹은 비한정절 문장 S → NP Aux VP의 핵어를 T로 보고 문장의 최대투사 범주를 TP로 보았다. 그러면 보문소가 포함된 보문절 S' → Comp S는 어떤 핵어가 투사된 형태로 볼 수 있을지 생각해 보자. 여기에는 보문소의 특성이 단서를 제공하는데 다음 예문을 보자.

(a) I believe that Tom will do his job.
(b) *I believe whether Tom will do his job.
(c) *I believe if Tom will do his job.
(d) I wonder whether/if Tom will do his job.
(e) *I wonder that Tom will do his job.

예문에서 서술어 believe와 wonder는 각각 that과 whether/if를 취한다는 것을 알 수 있다. 서술어가 특정 범주를 선택해야 정문이 된다는 말은 서술어의 하위범주화 조건이라는 말이 된다. 하위범주화는 핵어가 투사된 구범주에 대한 조건이므로, that과 whether/if를 포함한 보문절이 구범주라는 말이며, 특정 보문소를 선택한다는 말은 이 보문소가 결국 핵어라는 근거가 된다. 따라서 S'는 CP로 볼 수 있다는 말이 되고, 보문절은 다음 수형도처럼 표현될 수 있다.

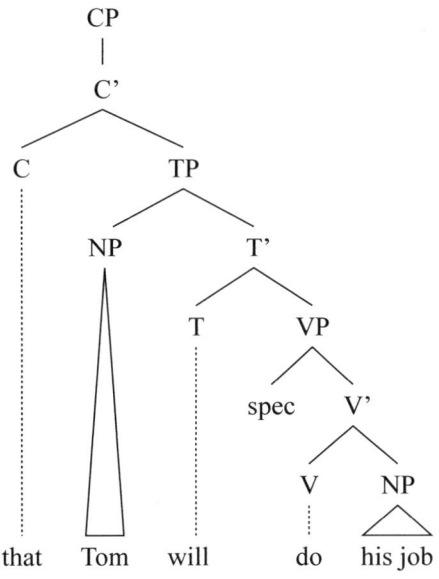

그러면 보문절이 아닌 부가절은 수형도에서 어떻게 표현되는지 알아보자. 보충어와 달리 부가어는 서술어와 의미적으로 밀접한 관계가 없고, 의무적인 요소도 아니기 때문에 부가절도 마찬가지이다.

(f) I believe that Tom will do his job <u>when he has time for it</u>.

예문 (f)에서 that Tom will do his job은 서술어(believe)가 필요로 하는 의무적인 범주(의미를 따져 보면 '믿는 내용')이기 때문에 보충어(보충절, 보문절)이지만, when he has time for it은 서술어가 믿는 내용과 직접적인 관계도 없고 의무적인 요소도 아니기 때문에 부가어인 부가절이 된다. 따라서 다음 수형도에서 보듯 VP 밑에 중간범주인 V'(점선으로 된 작은 원 부분)를 하나 더 추가하여 우측에 부가어가 들어갈 위치(점선으로 된 큰 원 부분)를 확보하면 된다.

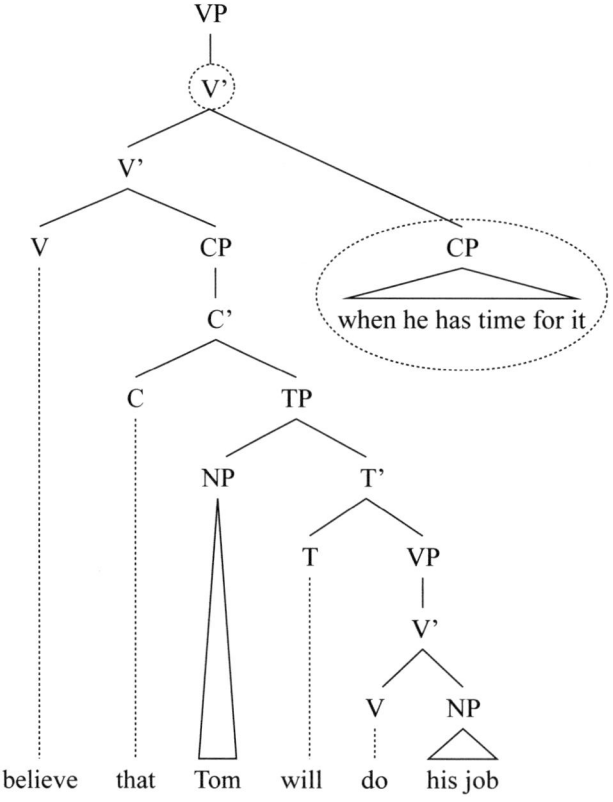

부가어 위치에 부가절인 when he has time for it을 넣으면 어순도 맞고 원래 예문과 일치하게 된다.

제3절 소절(small clauses)

소절이란 무동사절(verbless clauses)로, 다음 예문의 밑줄 친 부분에서 보듯이 문장의 일부로서 동사가 없고 시제도 없이 존재한다.

> (a) Tom considers him an expert on the technology.
> (b) Ted proved the theory false immediately.
> (c) They expected us here at seven in the morning.
> (d) Susan saw her mother in the classroom. (Susan이 아니라 mother가 교실 안에 있음)

위 예문에서 보듯이 소절의 구조는 (a) NP + NP, (b) NP + AP, (c) NP + AdvP, (d) NP + PP 등 매우 다양한 구조를 취하고 있으며, 앞의 범주가 주어, 뒤의 범주가 서술어의 기능을 한다. 그리고 소절의 주어 NP가 주절의 서술어로부터 목적격을 할당받는다는 점이 특이한데, 이는 나중에 배우게 될 내포절(혹은 종속절)의 주어가 주절로부터 목적격을 할당받는 '주어의 목적어로의 상승'(subject-to-object raising)과 매우 유사하다. 소절의 서술어는 시제가 없다는 점이 독특하다.

핵계층이론 측면에서 소절은 통일된 의견이 없고 학자들마다 여러 주장이 있지만, 다음에는 [1] 핵어를 정하지 않고 SC 범주(Small Clause)로 표현하는 방법과 [2] 소절의 서술어인 형용사 A(false)를 핵어로 보는 두 가지 방법을 보여주고 있다.

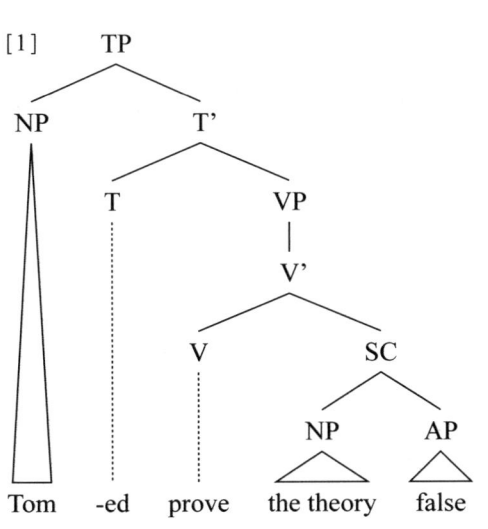 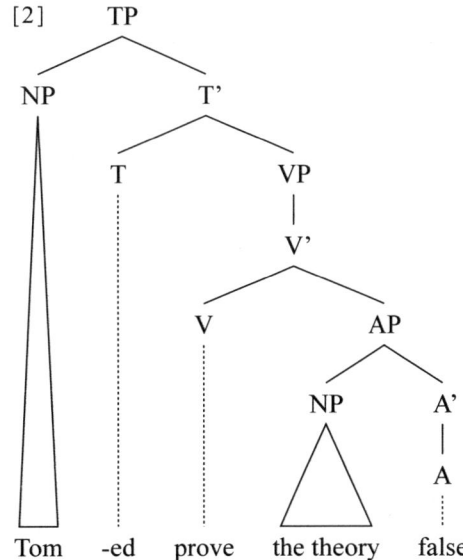

제 4 편 | 실전예상문제

제1장 중간투사(intermediate projection)의 존재

01 중간투사범주인 bar 레벨의 범주이다.

01 다음 내용에서 괄호 안에 들어갈 알맞은 단어는?

> 명사구에서 어휘범주보다 크고 구범주보다 작은 (　　)이(가) 존재한다.

① NP
② N
③ N-bar
④ N-double bar

02 어휘범주(X)와 자매 관계는 보충어(ⓒ), 구범주(XP)의 좌측 직접 지배는 지정어(⑤)라고 부른다.

02 핵계층이론에 대한 다음 그림에서 빈칸에 들어갈 말로 올바르게 짝지어진 것은?

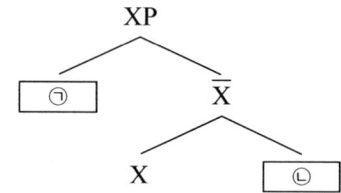

	⑤	ⓒ
①	지정어	부가어
②	지정어	보충어
③	부가어	지정어
④	부가어	보충어

정답 01 ③ 02 ②

03 핵계층이론에서 중간투사되는 중간범주를 가정하는 주된 이유는?

① 다양한 크기의 구성성분의 대체 테스트를 모두 만족시키기 위하여
② 문장 서술어의 다양한 하위범주화 조건을 모두 만족시키기 위하여
③ 문장 서술어의 다양한 선택제약 조건을 모두 만족시키기 위하여
④ 서술어가 요구하는 모든 논항들에 대한 의미역 기준을 만족시키기 위하여

03 다양한 크기의 구성소에 대한 대체 테스트를 만족시키려면 반드시 중간범주(X-bar)의 가정이 필요하다. 나머지 선지들은 굳이 중간범주를 가정하지 않아도 처리가 가능하다.

04 다음 수형도에서 번호에 해당하는 범주의 이름이 옳은 것은?

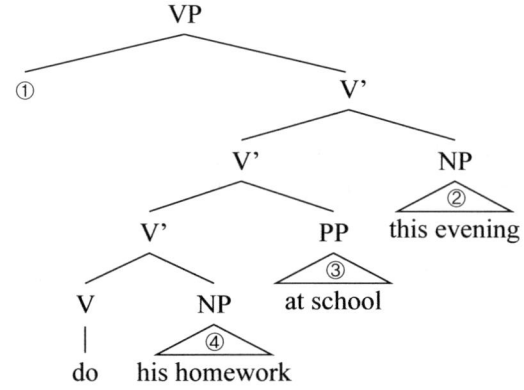

① 부가어
② 핵어
③ 지정어
④ 보충어

04 ①은 지정어이고 ②와 ③은 부가어이다.

정답 03 ① 04 ④

05 중간범주는 하나 이상 존재할 수 있다.

05 핵계층이론에 대한 설명으로 가장 적절하지 않은 것은?

① 중간범주인 X-bar의 존재를 가정한다.
② 핵어와 구범주 사이 중간범주는 하나만 존재한다.
③ 구범주는 핵어의 투사를 통해 이루어진다고 본다.
④ 핵어의 좌측에는 지정어, 우측에는 보충어가 위치한다.

주관식 문제

01 다음 문장이 비문인 이유를 쓰시오.

*The king of England defeated the one of Spain.

01 **정답**
대용어 one은 N'(N-bar)를 대체할 수 있는 대명사인데, 주어진 문장에서는 어휘범주 N인 king만을 대체하므로 비문이다.

02 다음 문장에서 do so로 대체된 부분은 어떤 범주적 지위를 지녔는지 밝히고, 그 이유를 쓰시오.

Tom will read the books in his room and Susan will do so in her room.

02 **정답**
V-bar(V') 중간범주이다. 대체하는 요소는 read the books이므로 서술어와 보충어가 자매 관계를 가지고 이들을 직접 지배하는 V'가 된다. 달리 말하면, V보다 크고 VP보다 작으므로 V'이다.

정답 05 ②

03 다음 문장에서 **one**의 대체 용법이 옳은지 밝히고, 그 이유를 쓰시오.

> The current president of the US is more popular than the last one.

03 **정답**
옳은 용법이다. 대체하는 부분은 president of the US인데, 명사(N, president)보다 크고 명사구(NP, the current president of the US)보다 작으므로 N-bar(N')이고, one은 이를 대체할 수 있다.

제2장 보충어(complements)와 부가어(adjuncts)

01 다음 두 문장에 대한 설명에서 괄호 안에 들어갈 알맞은 단어가 순서대로 짝지어진 것은?

> (a) He will work at the job.
> (b) He will work at the office.

> 동사 work의 전치사구 at the job은 동사와 의미적으로 밀접하게 관련이 있는 반면, at the office는 행위에 대한 장소를 표현할 뿐이다. 이와 같이 핵어와 의미적으로 밀접한 관련이 있는 요소를 (㉠)라고 하며, 핵어와 의미적으로 관련성이 떨어지는 요소를 (㉡)라고 한다.

	㉠	㉡
①	부가어	보충어
②	부가어	부가어
③	보충어	부가어
④	보충어	보충어

02 다음 중 밑줄 친 전치사구가 보충어인 것은?

① He will work <u>at the job</u>.
② He will work <u>at the office</u>.
③ He laughed <u>at nine o'clock</u>.
④ He laughed <u>at a distance</u>.

---

01 제시문은 핵어, 보충어, 부가어에 대한 설명이다.

02 서술어 work의 본연의 의무인 '직장 일'(job)이란 의미의 at the job이므로 의미적으로 밀접하게 관련된 보충어이다. 나머지는 모두 부가어이다.

정답 01 ③ 02 ①

03 다음 중 서술어의 보충어와 부가어의 관점에서 비문인 것은?

① He worked at the job at the building.
② She laughed at noon at her brother.
③ He worked at the building at noon.
④ She laughed at her brother at noon.

> 03 서술어 laugh의 보충어는 at her brother, 부가어는 at noon이다. 보충어가 부가어보다 앞에 와야 하므로 비문이다.

04 다음 중 대용어 one 대체가 올바르게 된 것은?

① The president of the US invited one of France.
② The president of the US invited the one of France.
③ The current president of the US is wiser than the last one of France.
④ The current president of the US is wiser than the last one.

> 04 대용어 one은 N'(N-bar) 대체가 가능하므로, 어휘범주(N)보다 크고 구범주(NP)보다 작은 구성소를 대체할 수 있다.
> ① the president(Det + N)를 가리키므로 N'가 될 수 없다.
> ②·③ president(N)를 대체하여 비문이다.

05 다음 문장에 대한 설명으로 가장 적절한 것은?

> I could explain last night.
> "난 지난밤(일)을 설명할 수 있어."

① last night은 explain의 부가어이다.
② last night은 explain의 보충어이다.
③ last night은 explain의 보충어이고 부가어이다.
④ last night은 explain의 보충어도 부가어도 아니다.

> 05 last night은 서술어의 목적어인 보충어이다.

정답 03 ② 04 ④ 05 ②

06 PP가 부가어라면 V'(V-bar)와 자매 관계이다. PP가 보충어라면 서술어(V)와 자매 관계이다.

07 능동문 서술어의 보충어 혹은 그 일부만이 수동화가 가능하다. 이 문장은 정문으로, '보트에 관해 결정되다'라는 의미이다. 만일 The boat가 능동문의 부가어로 쓰였다면 수동문화가 불가능하다.

01 **정답**
주어진 문장은 비문(*)이다. 보충어(at the job)는 부가어(at the office)보다 앞에 와야 한다. 즉, He worked at the job at the office여야 정문이 된다.

정답 06 ③ 07 ①

---

06 다음 문장에 대한 설명으로 가장 적절하지 <u>않은</u> 것은?

> We decided on the boat.

① 두 가지로 해석될 수 있는 중의성을 갖고 있다.
② PP가 보충어라면 '보트에 관한 (사항을) 결정을 하다'의 뜻이다.
③ PP가 부가어라면 서술어 decided와 자매 관계이다.
④ PP가 부가어라면 '보트 위에서 (어떤 것을) 결정하다'의 뜻이다.

07 다음 문장에 대한 설명으로 가장 적절한 것은?

> The boat was decided on after ten hours.

① The boat는 서술어 decided의 보충어의 일부이다.
② 두 가지로 해석될 수 있는 중의성을 갖고 있다.
③ 위 문장은 비문이다.
④ The boat는 서술어 decided의 부가어의 일부이다.

주관식 문제

01 다음 문장의 정문/비문 여부를 밝히고, 이유를 쓰시오.

> He worked at the office at the job.

02 다음 문장의 정문/비문 여부를 밝히고, 이유를 쓰시오.

> This office was worked at by many employees.

02 정답
주어진 문장은 비문(*)이다. This office는 서술어 worked의 부가어의 일부이므로 수동화시킬 수 없다. 보충어나 보충어의 일부만을 수동화시킬 수 있다.

03 다음 두 문장에서 밑줄 친 부분의 차이를 쓰시오.

> - Tom will buy the book on Sunday.
> - Tom will put the book on his desk.

03 정답
위 문장의 PP(on Sunday)는 서술어(buy)의 부가어이고, 아래 문장의 PP(on his desk)는 서술어(put)의 보충어이다.

04 다음 문장이 비문인 이유를 쓰시오.

> *Tom will put the book on his desk, and Ted will do so on his chair.

04 정답
대용어 do so가 대체한 put the book은 구성성분이 아니므로 대체가 불가능하여 비문이 된다. 정문이 되려면 do so가 on his desk까지 대체하여야 하기 때문에 on his chair를 없애야 한다.

제3장　범주 간의 유사성

01 다음 명사구에 대한 설명으로 옳은 것은?

> an analysis of the sentence

① analysis의 범주는 N-bar이다.
② of the sentence는 부가어이다.
③ analysis 뒤의 전치사구는 보충어이다.
④ 부정관사 an은 명사의 부가어이다.

01 N인 analysis 앞에 지정어 Det인 an이 있고, 뒤의 전치사구 of the sentence는 보충어이다. 또 analysis of the sentence는 N-bar이고, 이것이 지정어와 합쳐져서 NP가 된다.

02 다음 중 밑줄 친 부분이 보충어가 아닌 것은?

① We did not clean <u>our room</u>.
② We did a survey <u>of the topic</u>.
③ She is so fond <u>of coffee</u>.
④ My bike runs <u>much</u> faster than your car.

02 보충어는 than your car이다.

03 다음 중 밑줄 친 부분이 지정어가 아닌 것은?

① We did <u>not</u> clean our room.
② We did a <u>survey</u> of the topic.
③ She is <u>so</u> fond of coffee.
④ My bike runs <u>much</u> faster than your car.

03 지정어는 a이다.

정답 01 ③　02 ④　03 ②

04 다음 수형도에 대한 설명으로 옳지 않은 것은?

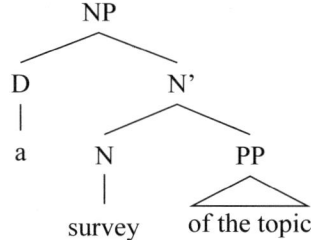

① N'는 부가어이다.
② D는 지정어이다.
③ N은 핵어이다.
④ PP는 보충어이다.

04 수형도에 부가어는 없고, N'는 중간 범주이다.

05 다음 수형도에 대한 설명으로 옳지 않은 것은?

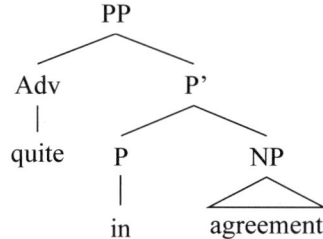

① P는 핵어이다.
② Adv는 지정어이다.
③ 보충어는 핵어와 자매 관계이다.
④ NP는 부가어이다.

05 NP는 보충어이다.

정답 04 ① 05 ④

01 **정답**
[문제 하단에 정답 제시]

주관식 문제

01 다음 형용사구를 수형도로 나타내시오.

so fond of coffee

정답

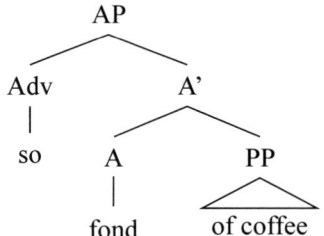

제4장 절의 구조

01 다음 중 밑줄 친 부분이 비한정절(비정형절)인 것은?

① I've never known it.
② They will wonder whether Tom will abandon the investigation.
③ We don't want it raining on this Christmas.
④ Tom was late.

01 비한정절은 시제가 없으며, 시제가 없는 동사는 부정사, 동명사, 분사의 형태이다. 조동사나 be동사가 없는 동사의 형태를 찾는다.

02 한정절과 비한정절에 대한 설명으로 가장 적절하지 <u>않은</u> 것은?

① 동사의 형태로 구분하는 절의 종류이다.
② 한정절에는 시제가 포함되어 있지 않다.
③ 부정사가 포함되어 있으면 비한정절이다.
④ 분사가 포함되어 있으면 비한정절이다.

02 한정절에는 시제가 포함되어 있다.

03 다음 중 밑줄 친 부분이 비정형절이 <u>아닌</u> 것은?

① Tom was late.
② I consider Tom to be honest.
③ He wants it raining today.
④ I had my money stolen today.

03 Tom was late은 정형절(한정절)이다.

정답 01 ③ 02 ② 03 ①

04 절(문장)의 유형을 시제 유무로 판단하므로 핵어를 시제(T, tense)로 보고, 시제가 최대로 투사된 범주인 TP를 문장으로 본다.

04 핵계층이론에서 문장은 무엇인가?
① 동사(V)가 구범주로 확장된 것이다.
② 보문소(C)의 지정어이다.
③ 부가어가 지정어로 확대된 것이다.
④ 시제(T)가 최대투사된 범주이다.

05 서술어가 특정 보문소를 선택하므로 보문소가 핵어이며, 핵어가 최대 투사된 범주가 보문절이다.

05 핵계층이론에서 보문절은 무엇인가?
① 시제(T)가 최대투사된 범주이다.
② 동사(V)가 구범주로 확장된 것이다.
③ 보문소(C)가 최대투사된 범주이다.
④ 보충어가 최대투사된 범주이다.

06 소절이란 무동사절(verbless clause)로서 동사도 시제도 없는 절이다.

06 다음 중 밑줄 친 부분이 소절이 아닌 것은?
① Tom considered him a teacher of English.
② I believe Tom is a student.
③ We expect them here today.
④ She saw her in the room.

정답 04 ④ 05 ③ 06 ②

주관식 문제

01 다음 문장에서 문장의 중심인 핵어가 무엇인지 설명하시오.

> John will abandon the investigation.

01 **정답**
절을 한정절(정형절)과 비한정절(비정형절)로 나누는 기준은 시제이므로, 시제를 나타내는 요소인 will이 제시된 문장의 핵어이다.

02 **정답**
[문제 하단에 정답 제시]

02 다음 문장의 밑줄 친 부분을 핵계층이론에 맞게 수형도로 그리시오.

정답

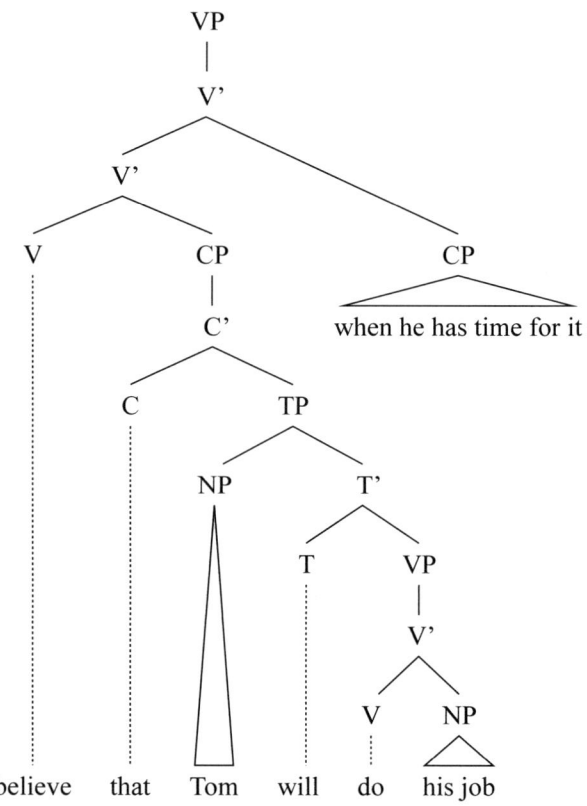

제 5 편

변형(transformation)의 도입

제1장	구절구조 규칙의 한계성
제2장	변형 규칙의 형식
제3장	변형 규칙의 유형
실전예상문제	

| 단원 개요 |

제5편에서는 변형생성문법의 핵심 개념 중 하나인 변형에 대하여 배우게 된다. 심층구조와 표층구조 사이에서 변형이라는 개념이 왜 도입되었는지 제시하고, 여러 유형의 변형 규칙을 소개한다. 이동, 삭제, 삽입, 대체 규칙의 네 가지 유형별로 어떤 변형 규칙들이 존재하는지 배운다.

| 출제 경향 및 수험 대책 |

제5편에서는 네 가지 유형의 변형 규칙이 나열되고, 각 규칙의 개념을 배우기 때문에 상대적으로 암기할 양이 많은 편이다. 하지만 단순히 암기하기보다는 각 변형 규칙이 무엇인지 개념을 잘 이해한 후 암기해야 문제 풀이에 도움이 될 것이다.

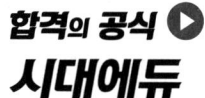

자격증·공무원·금융/보험·면허증·언어/외국어·검정고시/독학사·기업체/취업
이 시대의 모든 합격! 시대에듀에서 합격하세요!
www.youtube.com → 시대에듀 → 구독

제1장 구절구조 규칙의 한계성

변형이란 변형생성문법의 가장 큰 특징 중 하나로서, 문법 규칙을 기술하는 데 **심층구조**(deep structure)를 도입하였다. 이 심층구조는 **변형 규칙**(transformational rules)에 의해 **표층구조**(surface structure)로 변형된다. 변형 규칙은 변형 전후를 가정하는 상태에서 가능한데, 촘스키의 변형생성문법에서는 모든 문장은 변형 규칙을 통해 생성된다고 가정한다.

다음 예문을 보자. 문장 (a)는 (b)의 구(절)구조 규칙에 의하여 생성된다고 하였으나, 문장 (c)는 규칙 (b)로 설명될 수 없다. 그 이유는 조동사(Aux, Would)가 문두에 있기 때문이다. 그렇다면 새로운 구구조 규칙을 만들면 되지 않느냐고 생각할 수 있지만, 그렇게 하면 보이는 모든 문장에 대한 매우 많은 규칙들이 생겨날 것이다. 문장 (a), (b)에서 직관적으로 알 수 있는 것처럼 두 문장은 사실상 내용이 같으며, 내용을 진술하느냐 묻느냐의 차이만 존재한다. 따라서 새로운 규칙을 만드는 것은 이러한 직관적인 유사성을 무시하는 것이 될 것이다.

(a) Tom would do his assignment.
(b) S → NP Aux VP
(c) Would Tom do his assignment?

변형생성문법에서 제시한 해결책은 이러한 차이점을 **변형**(transformation)이라는 개념을 가정하여 변형 전의 문장구조를 심층구조, 변형 후의 문장구조를 표층구조로 설명하는 것이다. 즉, (a)는 (c)의 심층구조이며 조동사의 '이동'(movement)이라는 변형 규칙을 통해 (c)의 표층구조로 된다는 것이다.

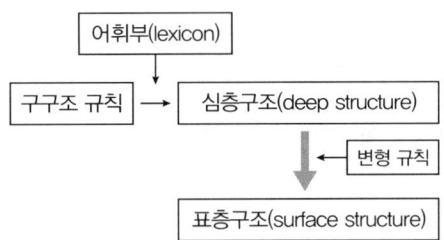

요약해 보면 위 그림처럼 문장이 구구조 규칙을 통해 만들어지면 이를 그 문장의 심층구조라고 하며, 다양한 이유로 변형이 가해지면 문장의 구조가 바뀌게 되는데 이를 그 문장의 표층구조라고 한다. 문장 (a)의 심층구조와 표층구조는 동일하게 자기 자신으로 볼 수 있으며, 문장 (c)의 심층구조는 문장 (a)의 심층구조와 동일하다고 볼 수 있다. 예문 (c)의 심층구조와 표층구조를 수형도로 나타내면 각각 다음 그림의 좌측, 우측과 같다.

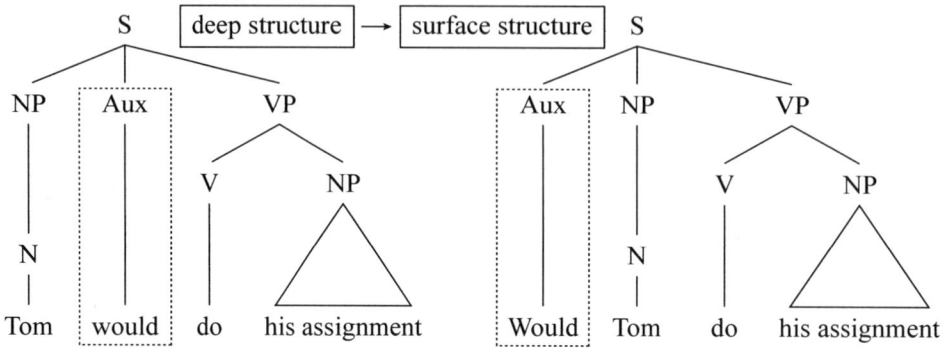

핵계층이론에 따라 수형도를 그리면, 조동사는 시제를 포함하고 있으므로 시제(T)범주로 보고 다음과 같이 좌측에 심층구조를 표현할 수 있으며, 우측의 표층구조에서 조동사는 보문절(보충절)의 보문소 자리로 변형 규칙에 따라 이동한다.

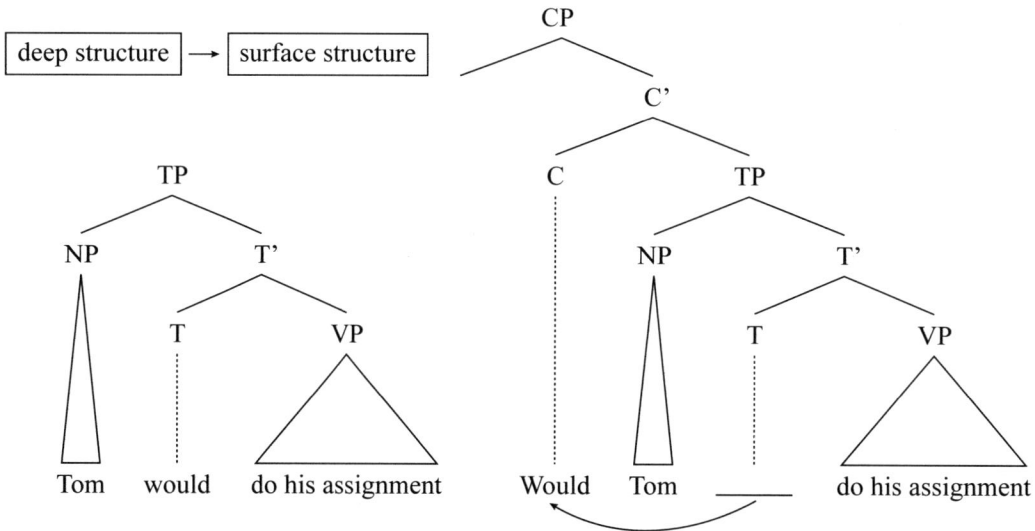

제 2 장 | 변형 규칙의 형식

변형 규칙을 매번 수형도로 표시하지 않고 범주 기호와 숫자 등 기호를 이용하여 간단하게 나타내는 경우도 있다. 규칙 적용 이전의 상태를 **구조기술**(SD, structural description)이라 하고, 통사범주를 순서대로 나열하면서 각 통사범주 아래에 일련번호를 붙여 표시하며, 그 아래에 규칙 적용 이후의 상태를 표시하는 **구조변화**(SC, structural change)를 나타내는데 변화된 통사범주의 순서를 번호로 표시하여 비교할 수 있도록 한다. 조동사가 문두로 이동하는 변형 규칙을 구조기술과 구조변화로 표시하면 다음과 같다.

```
구조기술 :  NP  -  Aux  -  VP
             1       2      3
구조변화 :  2+1     Ø       3
```

구조기술 부분에서 보듯이 주어(NP), 조동사(Aux), 서술어(VP)가 통사범주의 형태로 순서대로 배열되어 있고, 그 아래에는 이들의 순서가 일련번호로 붙여져 있다. 구조변화 부분에서는 변형 규칙이 적용된 후의 상태를 나타내는데, 조동사가 주어 앞으로 이동하여 어순이 바뀌었고(2 + 1), 원래의 조동사 자리는 비어 있으며(Ø), 서술어가 이어서 나오고 있다.

불변화사(particle, 다음 그림에서 Prt) 이동 규칙을 구조기술과 구조변화로 나타내면 다음과 같다. 불변화사 이동 규칙은 그 아래 예문에서 보듯이, 복합동사(stand up)의 일부인 불변화사(up)가 목적어(my date, 대명사인 경우는 예외)의 전후로 자유롭게 이동하는 경우를 말한다.

```
구조기술 :  X  -  V  -  Prt  -  NP  -  Y
             1     2      3       4      5
구조변화 :   1     2      Ø     4+3    5
```

(a) I will stand up my date tonight.
(b) I will stand my date up tonight.

구조변화 이전을 나타내는 구조기술 부분을 보면 X, Y는 변항(variables)으로 굳이 나타낼 필요가 없는 구성성분을 표시한다. 규칙 표기에 필요한 부분은 동사, 불변화사, 목적어 명사구인데, 변화된 후의 상태를 나타내는 구조변화 부분을 보면 3번 불변화사가 있던 자리에는 아무것도 없고(Ø 기호로 표시), 불변화사가 목적어 자리 뒤로 이동하여 4가 4 + 3으로 바뀐 것을 알 수 있다.

제 3 장 | 변형 규칙의 유형

제1절　이동 규칙(movement rules) 중요

문장의 구성성분 일부가 본래의 위치를 벗어나 다른 곳으로 이동하는 변형 규칙을 말한다. 영어는 이동 규칙의 언어라 할 만큼 이동 규칙의 수가 많다.

1 불변화사 이동(particle movement)

구성성분을 이루는 일부 단어가 그 구성성분에서 나와 다른 곳으로 이동하여 이전 구성성분의 연속성을 깨뜨리며 구조를 변경시키는 경우가 있는데, 불변화사(particle)가 동사와 결합된 소위 복합동사(complex verbs)에서 그런 경우가 발생한다. 복합동사 stand up(바람맞히다)은 다음 예문 (a)에서 보듯이 목적어 앞에 놓이기도 하고, (b)처럼 목적어를 사이에 두고 분리되기도 한다. 하지만 미국영어에서 목적어가 대명사인 경우, 불변화사는 (d)처럼 반드시 목적어 뒤로 이동 분리되어야만 정문이 된다.

> (a) I will stand up my date tonight.
> (b) I will stand my date up tonight.
> (c) *I will stand up him tonight.
> (d) I will stand him up tonight.

이동하기 전의 복합동사 stand up은 하나의 구성성분을 이루지만, 이동 후에는 복합동사가 분리되어 불연속 구조를 보인다. 이러한 규칙을 불변화사 이동 규칙이라고 한다. 이를 구조기술과 구조변화로 표시하면 다음과 같다(불변화사는 Prt).

구조기술:	X	–	V	–	Prt	–	NP	–	Y
	1		2		3		4		5
구조변화:	1		2		Ø		4+3		5

2 외치변형(extraposition)

구성성분의 일부가 이동하는 또 다른 경우로 외치변형이 있다. 다음 예문 (a)는 밑줄 친 주어가 너무 커서 때때로 예문 (b)처럼 쓰이기도 한다. 이때 주어 NP의 일부인 형용사절 S'인 when you will be sorry for it이 술어 뒤로 이동한 것을 알 수 있다. 이처럼 구성성분(NP)의 한 요소(S')를 구성성분에서 이탈시켜 문장 끝으로 이동시키는 규칙을 외치변형이라고 한다.

> (a) The time when you will be sorry for it will come.
> (b) The time will come when you will be sorry for it.

외치변형을 구조기술과 구조변화로 표현하면 다음과 같다.

구조기술:	X	–	NP[(Det) N	–	S']	–	Y
	1		2		3		4
구조변화:	1		2		Ø		4+3

3 화제문화(topicalization)

문장 중 어떤 NP를 문두로 이동시켜 화제어(topic)를 만드는 방식을 말한다. 화제문에는 보이지는 않지만 문법적으로 빈자리가 있으며, 화제어가 된 명사구는 그 빈자리와 문법적 기능이 같다. 화제문화 규칙은 다음과 같다.

구조기술:	X	–	NP	–	Y
	1		2		3
구조변화:	2+1		Ø		3

> (a) Tom, I can put up with _____.
> (b) The Hawaiian islands, she said _____ were warm at this time of year.
> (c) Prices going down, I'm counting on _____.
> (d) That, I can understand _____.

(a)에서 Tom은 with의 목적어이고, (b)에서 The Hawaiian islands는 보문절의 주어이며, (c)에서 Prices going down은 전치사 on의 목적어이고, (d)에서 That은 동사 understand의 목적어이다.

4 여격 이동(dative movement)

소위 목적어를 두 개 취할 수 있는 give, send, mail, buy, make, sell, show, build, lend 등의 수여동사들은 문장의 의미가 같은 3형식과 4형식 구문이 모두 가능한 경우가 많다. 여격 이동이란 3형식의 전치사구에 들어 있는 명사구(NP)를 간접목적어로 만들어 4형식 구조의 문장이 되게 만드는 것을 말한다. 심층구조는 3형식 문장이고 표층구조는 4형식 문장이다.

> (a) Mary gave a book to Tom.
>   → Mary gave Tom a book.
> (b) Mary bought a book for Tom.
>   → Mary bought Tom a book.
> (c) Mary asked a question of Tom.
>   → Mary asked Tom a question.
> (d) Kate mailed it to Jerry.
>   → *Kate mailed Jerry it.

위 예문 (d)에서 보듯이 3형식 문장에서 목적어가 대명사(자질 [+pron] 소유)인 경우는 여격 이동이 불가능하다. 따라서 여격 이동 규칙을 기술할 때 NP가 [−pron]임을 명시해야 한다. 여격 이동 규칙은 다음과 같이 표현될 수 있다.

구조기술:	X	−	V	−	NP [−pron]	−	{to/for/of}	−	NP	−	Y
	1		2		3		4		5		6
구조변화:	1		2		5+3		Ø		Ø		6

5 비주어 상승(tough movement)

영어 문장 중 It ··· (for ···) to ··· 구문에서 to-부정사구(보문구)의 목적어 명사구(대체로 동사/전치사의 목적어이며 주어가 아니므로 비주어라고 부름)가 상위문의 가주어인 it 자리로 이동하는 변형 규칙을 말한다. 목적어-주어 상승(object-to-subject raising)이라고도 부른다. 특히 상승(raising)이란 용어는 인상으로 바꾸어 쓰기도 한다. 대체로 형용사가 tough, (im)possible, hard, easy, difficult, (un)pleasant, exciting 등과 같은 경우일 때 나타나기 때문에, 이 서술어들에 [+tough]란 자질을 부여한다. 자질 이름이 tough인 이유는 이러한 문장구조 분석이 매우 어렵고(tough), 예문으로 자주 사용되는 문장이 This sentence is tough to analyze.와 같이 서술어가 tough인 경우가 많기 때문이다. 추가적인 예문은 비주어 상승 전후를 보여준다.

(a) It is impossible to accept the proposal.
    → The proposal is impossible to accept _____.
(b) It is hard to please him.
    → He is hard to please _____.
(c) It is pleasant to discuss the subject.
    → The subject is pleasant to discuss _____.
(d) It is easy to talk to Linda about politics.
    → Linda is easy to talk to _____ about politics.

비주어 상승문의 특징은 보이지는 않지만 문장의 어느 곳에 문법적으로 빈자리가 있고, 주어 자리에 있는 명사구는 주어가 아니며, 이 빈자리가 갖는 문법적 기능(목적어)을 갖고 있다는 것이다. 비주어 상승문이 되려면 to-보문구처럼 시제가 없어야 한다. 만일 다음 예문처럼 that-보문절이 되어 시제가 있으면 비주어 상승이 불가능하다.

(e) The wine is hard for everyone to enjoy _____.
(f) *The wine is hard that everyone would enjoy _____.

비주어 상승 규칙은 다음과 같이 표현될 수 있다.

구조기술:	It	–	VP [+tough]	–	S'[(for NP)	to	–	vp[X	–	NP	–	Y]]
	1		2		(3)	4		5		6		7
구조변화:	6		2		(3)	4		5		∅		7

6 주어-주어 상승(subject-to-subject raising)

주어-주어 인상으로 불리기도 한다. 다음 예문은 표층구조는 다르지만 의미상으로는 동일한 문장으로 볼 수 있는데, 그 이유는 심층구조가 동일하기 때문이다. 예컨대 (a)의 내포절(종속절)의 주어인 NP(Tom)가 주절의 주어(It)로 이동하는 현상을 주어-주어 상승이라고 한다.

(a) It seems that Tom is sleeping.
  → Tom seems to be sleeping.
(b) It happens that Ted is working.
  → Ted happens to be working.
(c) It is likely that Susan survives.
  → Susan is likely to survive.

이러한 현상은 주로 seem 유형의 동사인 appear, happen, be likely, be certain, turn out 등에서 발생한다. 규칙을 나타내면 다음과 같은데, 내포절의 주어 NP가 주절의 주어 자리로 이동한다.

구조기술:	X	[__]	VP	s'[for	s[NP	Y]]
	1	2	3	4	5	6
구조변화:	1	5	3	4	Ø	6

7 주어-목적어 상승(subject-to-object raising)

주어-목적어 인상으로 불리기도 하며, 내포절의 주어 자리에 위치한 NP가 주절의 목적어 자리로 이동하는 현상이다. 다음 예문처럼 believe 유형의 동사인 assume, know, find, prove, understand, expect, show 등에서 발생하는데, 이 동사들이 취하는 내포절이 to-부정사 구문일 때 일어난다.

(a) She believes that he is diligent.
  → She believes him to be diligent.
(b) His teacher expects that he will finish it soon.
  → His teacher expects him to finish it soon.

규칙을 구조기술과 구조변화로 나타내면 다음과 같으며, 내포절의 주어 NP가 주절의 목적어 자리로 이동한다.

구조기술:	X	V	[__]	s'[for	s[NP	Y]]
	1	2	3	4	5	6
구조변화:	1	2	5	4	Ø	6

8 주어-조동사 도치(subject-aux inversion)

영어의 yes/no 의문문을 생성할 때 평서문의 조동사가 문두로 이동하는데, 이러한 규칙을 주어-조동사 도치라고 한다.

(a) Tom would do his homework.
   → Would Tom _____ do his homework?
(b) He should have done the work.
   → Should he _____ have done the work?

주어-조동사 도치는 다음과 같이 표현될 수 있다.

```
구조기술 : NP  -  Aux  -  VP
          1      2       3
구조변화 : 2+1    Ø       3
```

9 수동(문)화(passivization)

능동문과 수동문은 전통적으로 서로 깊이 연관되어 있다고 생각된다. 다음 예문에서처럼 능동문 (a)의 목적어가 수동문 (b)의 주어가 되고, 능동문의 동사는 수동문에서 be + 과거분사 형태로 바뀌며, 능동문의 주어는 수동문에서 by + 목적격으로 바뀌게 된다.

(a) He ate the red apples.
   → (b) The red apples were eaten by him.

능동문의 수동문화는 다음과 같이 표현될 수 있다.

```
구조기술 : NP  -  Aux  -  V  -  NP  -  X
          1      2       3     4      5
구조변화 : 4    2 be+3+en       Ø      5  by+1
```

수동문이 능동문에서 변형을 거쳐 수동문화되는지, 아니면 심층구조에서부터 수동문의 구조를 갖추었는지는 이론에 따라 다를 수 있다. 자세한 내용은 후에 배운다.

제2절 삭제 규칙(deletion rules) 중요

구성성분 일부가 없어지는 규칙을 삭제 규칙이라고 한다. 명령문에서 주어 you를 삭제하는 경우나, 동일한 명사구나 동사구의 반복을 피하기 위해서 뒤에 나오는 명사구, 동사구를 삭제하는 경우가 여기에 해당된다.

1 명령문화(imperativization)

명령문화는 심층구조의 주어인 you를 삭제하는 규칙이다. 표층구조에는 없는 명령문의 주어가 심층구조에서 you라는 증거들 중 세 가지를 살펴보자. 첫째, You, get out! Don't you do that!의 경우처럼 때때로 강조하기 위하여 명령문의 주어가 표층구조에서도 드러나는 경우가 있다. 둘째, 평서문의 부가의문문 Jane is a doctor, isn't she?의 경우처럼 부가의문문에서 문장의 주어가 반복되는데, 명령문 Come again, won't you?의 경우를 보면 드러나지 않은 주어가 you라는 것을 알 수 있다. 셋째, 주어와 주어의 신체 일부를 동시에 언급하는 동사가 쓰인 문장 He cleared his throat.를 보면 소유격이 주어의 정체를 반영하게 되는데, 명령문 Clear your throat!에서 보듯이 your가 주어 you를 반영하는 것을 알 수 있다. 명령문화 규칙은 다음과 같이 표현될 수 있다.

구조기술:	You	–	VP
	1		2
구조변화:	Ø		2

2 동일명사구/동사구 삭제(equi-NP/-VP deletion)

같은 구성성분(명사구 혹은 동사구)이 반복될 때, 그중 뒤의 것을 삭제하는 규칙이다.

> (a) Tom did his homework and (Tom) watched TV for a while.
> (b) Ted didn't help him because he didn't want to (help him).
> (c) Tom cleans it much faster than Susan (cleans it).

위 문장 (a)의 경우처럼 반복된 명사구 중 뒤의 것을 삭제하는 규칙을 동일명사구(equi-NP) 삭제 규칙이라고 하며, (b)와 (c)처럼 반복되는 뒤의 동사구를 삭제하는 규칙을 동일동사구(equi-VP) 삭제 규칙이라고 한다. 동일명사구 삭제 규칙에 의해 유도된 표층구조 문장의 예를 더 살펴보자.

> (d) Tom wants to marry Joan. / Tom promised Ted to marry Joan. (Tom, Joan이 결혼)
> (e) Tom let Ted to marry Joan. / Tom allowed Ted to marry Joan. (Ted, Joan이 결혼)

동사의 종류(want, promise 등 / let, ask, persuade, allow, force 등)에 따라 생략된 동일명사구가 상위문의 주어일 수도 있고 혹은 목적어일 수도 있다. 앞서 배운 내용인 to-부정사 보문절의 비외현적 주어(non-overt PRO)가 주절의 주어로 해석되는지(주어 통제), 목적어로 해석되는지(목적어 통제)와 같은 내용이며, 바라보는 관점만 다르다. 이들 문장의 의미상의 주어(아래첨자 i는 동일인을 나타냄)를 밝힌 심층구조를 살펴보자.

> (d') Tom$_i$ wants [for Tom$_i$ to marry Joan]. / Tom$_i$ promised Ted [for Tom$_i$ to marry Joan].
> (e') Tom let Ted$_i$ [for Ted$_i$ to marry Joan]. / Tom allowed Ted$_i$ [for Ted$_i$ to marry Joan].

to-부정사 보문절의 동일명사구와 더 이상 필요 없는 for를 삭제하면 표층구조가 된다. 보문절의 동일명사구가 상위문의 주어와 같든, 목적어와 같든 두 가지 모두를 나타내는 삭제 규칙을 표현하면 다음과 같다.

구조기술 :	X	–	NP$_i$	–	Y	–	s'[for NP$_i$	– VP]
	1		2		3		4	5
구조변화 :	1		2		3		Ø	5

제3절 삽입 규칙(insertion rules) 중요

심층구조에 없던 구성성분이 표층구조에 삽입되는 규칙으로, 대표적으로 there 삽입과 do 첨가가 있다.

1 there 삽입(there insertion)

심층구조에서 주어가 비한정(indefinite, [−definite]) NP이고 동사가 존재/발생([+existential]) V인 경우에만, 주어 자리에 there가 삽입되고 원래 주어는 동사 뒤로 이동하여 표층구조를 이룬다. 존재/발생동사는 sit, stand, lie, live, stay, remain, occur, ensure, arise, come, appear 등이 있다.

주어가 비한정 명사구인 경우여야 한다(*는 한정 명사구라서 비문임).

(a) A book is on the table.
　→ There is a book on the table.
(b) Many books are on the table.
　→ There are many books on the table.
(c) The lady was in the house.
　→ *There was the lady in the house.
(d) Tom was in the cabin.
　→ *There was Tom in the cabin.

동사가 존재/발생동사인 경우여야 한다(*는 그렇지 않은 경우라서 비문임).

(e) A wind came like a bugle.
　→ There came a wind like a bugle.
(f) A debate on the subject arose.
　→ There arose a debate on the subject.
(g) A man laughed in the classroom.
　→ *There laughed a man in the classroom.
(h) Many soldiers died in the war.
　→ *There died many soldiers in the war.

이 규칙을 구조기술과 구조변화로 표시하면 다음과 같다.

구조기술:	NP [−def.]	−	VP [+exist.]	−	X
	1		2		3
구조변화:	There		2+1		3

2 do 첨가(do insertion)

주로 (yes/no) 의문문, 부정문, 강조문을 형성할 때 일어난다. 의문문을 만들 때 다음 예문에서 조동사가 있는 (a)의 경우는 조동사를 문장 앞으로 이동시키지만, 일반동사가 있는 (b)의 경우는 동사와 시제가 분리되어 시제만 문두로 도치된 다음 문두에 do가 첨가되어 시제를 취한다. 남아 있는 일반동사는 시제가 없이 원형으로 존재한다. 부정문을 만들 때도 조동사가 있는 (c)의 경우는 조동사 뒤에 not을 추가하지만, 일반동사가 있는 (d)의 경우는 동사와 시제가 분리된 후 do가 동사 앞에 첨가되어 시제를 취하고 그 뒤에 not을 추가한다. 일반동사를 강조하는 (e)의 경우는 동사와 시제가 분리된 후 do가 동사 앞에 첨가되어 시제를 취한다.

(a) Tom would follow you.
   → Would Tom _____ follow you?
(b) Tom followed you.
   → Did Tom follow you?
(c) Tom can swim well.
   → Tom cannot swim well.
(d) Tom reported the case.
   → Tom did not report the case.
(e) Tom reported the case.
   → Tom did report the case.

일반동사 yes/no 의문문의 규칙은 다음과 같이 표현될 수 있다.

구조기술:	X	–	NP	–	VP [tense]	–	Y
	1		2		3		4
구조변화:	DO [tense]	1	2		3		4

일반동사 부정문의 규칙은 다음과 같이 표현될 수 있다.

구조기술:	X	–	NP	–	VP [tense]	–	Y
	1		2		3		4
구조변화:	1		2	do+not [tense]	3		4

일반동사 강조문의 규칙은 다음과 같이 표현될 수 있다.

구조기술:	X	–	NP	–	VP [tense]	–	Y
	1		2		3		4
구조변화:	1		2	do [tense]	3		4

제4절 대체 규칙(substitution rules) 중요

대치 규칙이라고도 한다. 한 문장 안에 동일한 명사구가 두 개 있을 때, 동일명사구 삭제 규칙에 의해 이 중 하나가 삭제될 수 있음은 앞서 배웠다. 하지만 때때로 둘 중 하나가 재귀대명사(reflexive pronouns)나 대명사(pronouns)로 대치될 수 있다. 대표적인 대치 규칙인 재귀대명사화와 대명사화에 대해 살펴보자.

1 재귀대명사화(reflexivization)

영어에서 재귀대명사는 인칭대명사와 상보적 분포(즉, 동시에 위치하며 정문을 이룰 수 없음)를 이루는데 다음 예문을 보면 알 수 있다. 한 문장에 두 명사구(인칭 NP)가 같은 지시 대상을 가리키는 표현(즉, 동일지시체)일 때, 뒤에 오는 NP는 앞의 NP(선행 명사구)와 인칭/성/수가 일치하는 재귀대명사(자질 [+reflexive] 소유)를 반드시 사용해야 하며, 그렇지 않으면 비문이 된다.

(a) I washed myself.
    *I washed me.
(b) You washed yourself.
    *You washed you.
(c) He washed himself.
    *He washed him.
(d) They washed themselves.
    *They washed them.

좀 더 긴 문장들을 살펴보자. 다음 예문 (e)에서 보면 재귀대명사는 Tom, Susan 모두를 지칭하는 것이 가능하다. 하지만 예문 (f)를 보면 재귀대명사는 Susan만을 지칭할 수 있고, that을 넘어서는 Tom을 지칭할 수는 없다.

(e) Tom talked to Susan about himself.
    Tom talked to Susan about herself.
(f) Tom said that Susan loved herself.
    *Tom said that Susan loved himself.

결국 동일체를 지칭하는 선행사와 재귀대명사 두 NP가 같은 절 안에 있어야 한다(최소동일절 조건)는 것을 알 수 있다. 이것을 모두 설명할 수 있는 재귀대명사화 규칙은 다음과 같다. NP 앞뒤로 X, Y 변항을 사용함으로써 두 NP가 동일절에 있으면 그 문법적 기능이 주어이든 목적어이든 뒤 NP를 재귀대명사화하면 된다.

```
구조기술 :  X  -  NPᵢ  -  Y  -  NPᵢ  -  Z
            1      2     3      4      5
구조변화 :  1      2     3      4      5
                                [+ref.]
* 조건 : 두 NP는 동일절에 있어야 한다.
```

위 예문 (e), (f)에 해당하는 표층구조를 수형도로 나타내면 다음과 같다. 내포절(종속절)을 포함한 경우 동일절 영역을 점선으로 나타냈다.

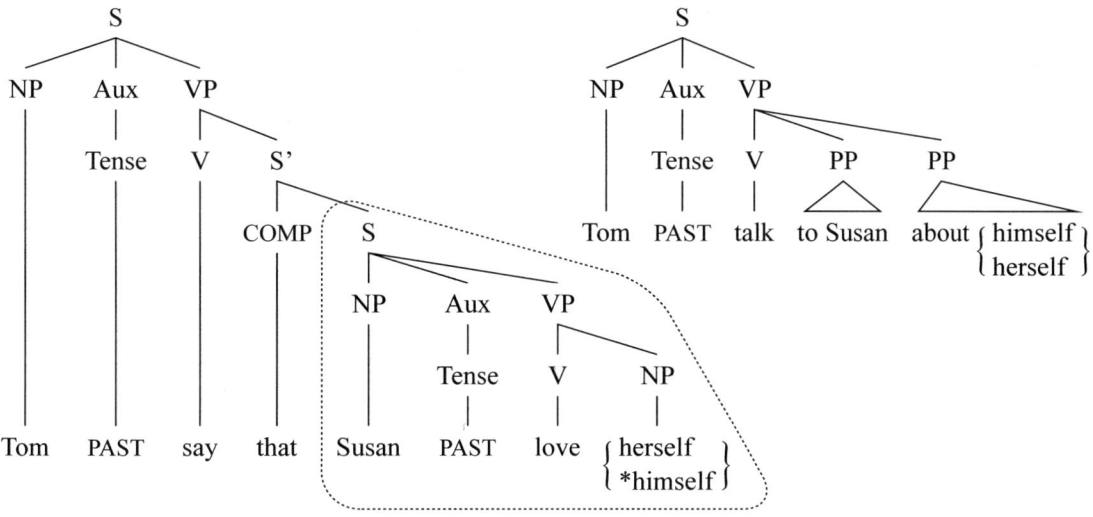

2 대명사화(pronominalization)

모든 변형 규칙이 구조에 의존하는데, 영어의 대명사화는 그중에서도 특히 구조의존성이 높은 경우이다. 다음 예문을 보자.

(a) Tomᵢ left school when heᵢ was young.
(b) When heᵢ was young, Tomᵢ left school.
(c) When Tomᵢ was young, heᵢ left school.
(d) *Heᵢ left school when Tomᵢ was young.

예문 (a), (b), (c)는 Tom = he의 관계가 성립하여 정문이지만, (d)는 그러한 관계가 성립하지 않아 비문이 된다. 예문 (d)가 정문이 되려면 he는 Tom이 아닌 다른 사람이어야 한다. 대명사가 있는 문장의 정문/비문 여부를 판단하려면 문장을 이루는 구성성분들 간의 성분통어(앞서 배운 부분을 복습하기 바람) 관계를 알아야 한다.

대명사화 규칙은 NP_b가 NP_a를 선행하면서 동시에 성분통어하는 경우에는 NP_b가 NP_a의 대명사가 될 수 없고, 나머지 경우에는 대명사가 될 수 있다는 것을 말한다.

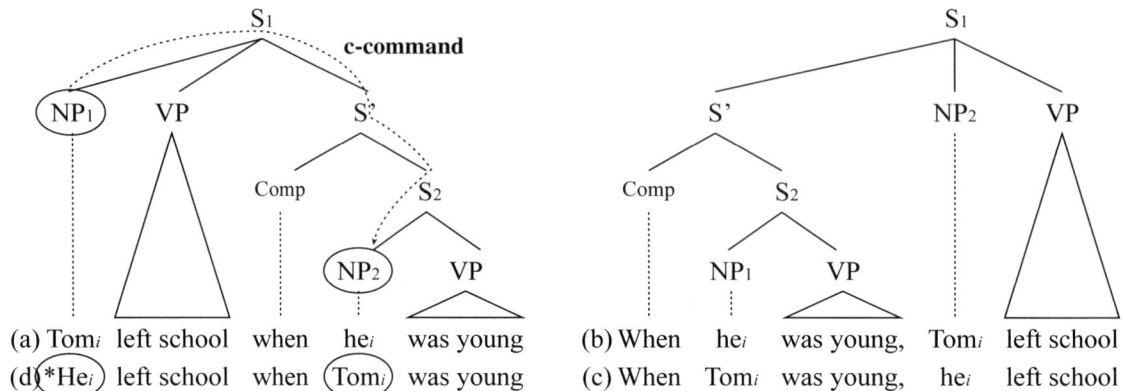

예문의 수형도를 보면 (d)의 경우에만 He가 선행하면서 동시에 Tom을 성분통어하기 때문에 대명사가 될 수 없다. 이에 반해 (b)는 he가 선행하지만 Tom을 성분통어하지 않으므로 대명사 관계가 정문이 된다. 나머지 두 경우도 모두 대명사 관계가 올바른 정문이다.

다음 예문과 수형도를 보고 대명사 관계를 파악해 보자.

(e) Mary told Tom_i who liked him_i.
(f) *Mary told him_i who liked Tom_i.

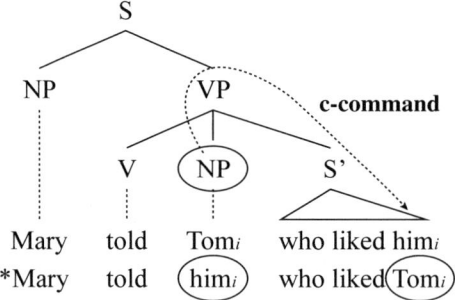

비문의 경우 대명사 him이 선행하면서 동시에 Tom을 성분통어하기 때문에 대명사 관계가 성립하지 않는다.

> **더 알아두기**
>
> **그 외의 대치 규칙**
>
> 반복되는 단어(집단)가 대명사, 대동사, 부사 등으로 대치되는 추가적인 경우를 다음 예문으로 확인해 보자.
>
> > (a) I saw the accident but he didn't do so.
> > (b) We were sitting in the balcony, and they were sitting there, too.
> > (c) I saw Tom yesterday, and she saw Fred then, too.
>
> see the accident, in the balcony, yesterday는 모두 대치 가능한 구성성분이며, 실제로 VP, PP, Adv의 구 범주 혹은 어휘범주인 구성성분이 된다.

제 5 편 | 실전예상문제

제1장 구절구조 규칙의 한계성

01 수동태는 문장의 심층구조상에 존재하는 목적어 NP의 이동 변형 규칙이 적용돼서 생성될 수 있다.

01 다음 중 변형 규칙을 통해 생성된 문장은?

① Tom would love the girl.
② The book was given to him.
③ I fell in love with him.
④ The ball was green.

02 제시된 구구조 규칙으로는 문장 (a)만을 생성할 수 있다.

02 다음 예문과 구구조 규칙에 대한 설명으로 가장 적절한 것은?

> (a) Tom would do his assignment.
> (b) Would Tom do his assignment?

> S → NP Aux VP

① 문장 (a)는 구구조 규칙으로 직접 생성이 가능하다.
② 문장 (b)는 구구조 규칙으로 직접 생성이 가능하다.
③ 구구조 규칙으로 문장 (a), (b)를 생성할 수 없다.
④ 구구조 규칙은 (a)가 (b)로 바뀌는 것을 설명할 수 있다.

정답 01 ② 02 ①

03 다음 중 변형 규칙에 대한 설명으로 가장 적절하지 않은 것은?

① 심층구조는 구구조 규칙을 통해 만들어진다.
② 심층구조에 변형 규칙이 적용된다.
③ 표층구조에 변형 규칙이 적용된다.
④ 심층구조와 표층구조는 각각 deep structure와 surface structure라 불린다.

03 심층구조에 변형 규칙이 적용되어 표층구조가 만들어진다.

04 다음은 조동사의 이동 변형 규칙을 수형도로 표시한 것이다. 빈칸에 들어갈 말로 올바르게 짝지어진 것은?

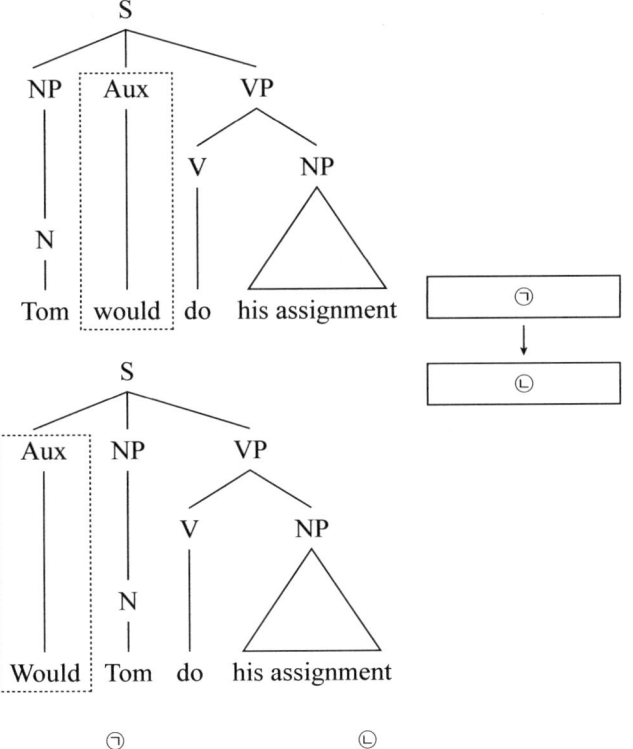

	㉠	㉡
①	surface structure	deep structure
②	표층구조	심층구조
③	표상구조	기저구조
④	deep structure	surface structure

04 심층구조(deep structure)가 조동사 이동 변형을 통해 표층구조(surface structure)로 바뀌는 현상을 나타낸 수형도이다.

정답 03 ③ 04 ④

01 **정답**
The boy would meet the little girl tomorrow.
해설
이동 변형 규칙을 통해 문두로 이동한 표층구조의 조동사를 심층구조의 원래 자리로 복귀시키면 된다.

02 **정답**
조동사가 이동할 자리는 보문소 위치이므로 보문절(보충절) CP와 문장 TP를 이용하여 다음과 같이 수형도를 그릴 수 있다. 문장의 심층구조에서 시제(T)범주에 있던 조동사 would는 CP의 보문소 자리로 이동 변형하여 표층구조가 만들어진다.
[문제 하단에 수형도 제시]

주관식 문제

01 다음 문장의 심층구조를 나타내시오.

> Would the boy meet the little girl tomorrow?

02 다음 문장의 조동사 이동 변형을 핵계층이론에 근거한 수형도로 설명하시오.

정답

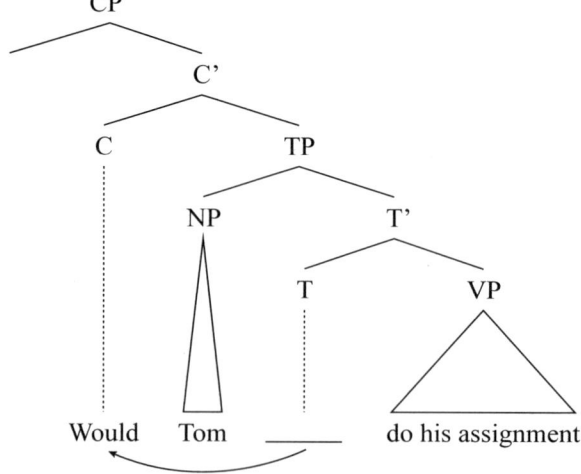

제2장 변형 규칙의 형식

01 변형 규칙을 범주와 숫자로 표시할 때에 대한 설명으로 옳지 않은 것은?

① 변형 규칙 적용 이전과 이후를 표시할 수 있다.
② 범주 사이의 직접 지배와 자매 관계를 표시한다.
③ 일련번호로 표시된 범주의 순서로 규칙을 표현한다.
④ 규칙 적용 이전의 상태를 구조기술, 이후의 상태를 구조변화라고 한다.

01 지배와 자매 관계는 수형도에서 나타나는 것이다.

02 다음 변형 규칙에 대한 설명으로 가장 적절하지 않은 것은?

구조기술:	NP	–	Aux	–	VP
	1		2		3
구조변화:	2+1		Ø		3

① 심층구조는 주어, 조동사, 술어로 구성된다.
② 심층구조의 두 번째 요소가 문두로 이동한다.
③ 심층구조는 구조변화에 나타난다.
④ 표층구조의 조동사는 문두에 있다.

02 심층구조는 구조기술에 나타난다.

정답 01 ② 02 ③

03 X, Y 등은 변항(variables)으로서 굳이 표시할 필요가 없는 범주를 나타낸다.

03 다음 변형 규칙에 대한 설명으로 가장 적절하지 않은 것은?

구조기술 :	X	–	V	–	Prt	–	NP	–	Y
	1		2		3		4		5
구조변화 :	1		2		Ø		4+3		5

① 불변화사 이동 규칙을 나타낸다.
② 기호 Ø는 이동하고 난 빈자리를 나타낸다.
③ 4 + 3은 4번 범주 바로 뒤에 3번 범주가 이동한 것을 나타낸다.
④ X, Y는 핵계층이론의 핵어를 의미한다.

01 **정답**
변형 규칙 적용 이전의 심층구조는 구조기술이라고 불리며, 통사범주를 일렬로 나열하고 그 밑에 일련번호를 붙여 순서를 나타낸다. 규칙 적용 이후의 표층구조는 구조변화라고 불리는데, 순서가 변화된 일련번호를 나열하여 나타낸다.

정답 03 ④

주관식 문제

01 변형 규칙을 범주와 일련번호로 나타내는 방식을 심층구조, 표층구조와 연관시켜 서술하시오.

제3장 변형 규칙의 유형

01 다음 중 tough movement가 적용된 구문은?

① Tom sent a gift to Jane.
② The pen was given to Ted.
③ The proposal is impossible to accept.
④ It is hard to do the homework.

02 다음 중 변형 규칙이 나머지 셋과 <u>다른</u> 하나는?

① My teacher expected me to do it.
② The book is hard to read.
③ The idea is impossible to accept.
④ Ben is easy to talk to about religion.

03 다음 중 여격 이동이 적용된 문장은?

① Tom gave a gift to Ted.
② Tom asked me a question.
③ A book was given to Jane.
④ The offer is impossible to accept.

---

01 비주어 상승(tough movement)은 to-부정사구의 목적어가 주절의 주어로 이동하는 경우를 말한다.
④는 The homework is hard to do.가 되어야 비주어 상승 현상이 적용된 것으로 볼 수 있는데, 이동을 하지 않았다.

02 ①은 My teacher expected that I will do it.에서 내포절의 주어 I가 주절의 동사 expected의 목적어로 변형되는 주어-목적어 상승 구문이다.
나머지는 비주어 상승 구문이다. ② It is hard to read the book. ③ It is impossible to accept the idea. ④ It is easy to talk to Ben about religion.에서 read, accept, 전치사 to의 목적어가 주절의 주어인 It 자리로 이동하므로 비주어(목적어) 상승 구문이다.

03 여격 이동은 소위 3형식 문장이 4형식 문장으로 변형되는 것이므로, 4형식 문장을 찾으면 된다. 3형식 문장의 전치사구 내부의 NP가 4형식 문장의 간접목적어가 되는 변형이다.
④는 비주어 상승 구문이다.

정답 01 ③ 02 ① 03 ②

04 Tom eats it faster than Susan (eats it).에서 괄호 부분이 삭제되었다.
①·③은 비주어 상승 구문, ②는 주어-목적어 상승 구문이다.

04 다음 중 삭제 규칙이 적용된 문장은?

① The letter is hard to read.
② He expects me to do it.
③ Your idea is pleasant to discuss.
④ Tom eats it faster than Susan.

05 there 삽입 규칙이 적용되었다.
①은 비주어 상승 구문, ②는 주어-목적어 상승 구문, ④는 주어-조동사 도치 구문이다.

05 다음 중 삽입 규칙이 적용된 문장은?

① My phone screen is hard to read.
② Her superior expects her to finish it.
③ There are coins in my pocket.
④ Could you read the book for me?

06 내포절 that Susan loved himself에서 himself를 동일지칭하는 선행사가 없으므로 비문이 된다.
②에서 her는 재귀대명사가 아니므로 굳이 My mother와 her가 동일인일 필요는 없으므로 정문이다.

06 다음 중 최소동일절 조건을 위반한 문장은?

① Tom loved himself.
② My mother likes her.
③ Tom talked to Susan about himself.
④ Tom said that Susan loved himself.

정답 04 ④ 05 ③ 06 ④

07 다음 문장에 대한 설명으로 가장 적절한 것은? (i는 동일지시체를 가리킴)

> Tom$_i$ hoped that Bill would rescue himself$_i$.

① 선택제약 위반으로 비문이다.
② 동일지시체 조건 위반으로 비문이다.
③ 최소동일절 조건 위반으로 비문이다.
④ 하위범주화 요건 위반으로 비문이다.

07 재귀대명사 himself$_i$의 선행사 Tom$_i$은 같은 절에 있어야 한다. 그런데 내포절(that ~ himself) 안에 있지 못하므로 최소동일절 조건 위반으로 비문이다.

08 다음 중 화제문화가 적용된 문장은?

① That, I can do.
② Could you do it?
③ I gave him a book.
④ I expect him to do it.

08 I can do that.에서 목적어가 화제문화되어 문두로 이동하였다.
②는 주어-조동사 도치 구문, ③은 여격 이동 구문, ④는 주어-목적어 상승 구문이다.

09 다음과 같은 구조변화를 겪은 문장은?

구조기술 :	It	– VP	– s'[(for NP)	to – vp[X	– NP	– Y]]
		[+tough]				
	1	2	(3)	4	5 6	7
구조변화 :	6	2	(3)	4	5 Ø	7

① The gift was given to him.
② Susan sent a present to Tom.
③ Tom asked me a question.
④ Ted is easy to talk to.

09 목적어-주어(혹은 비주어) 상승 구문이다.
①은 수동문화 구문, ②는 여격 이동 이전의 문장, ③은 여격 이동 후의 문장이다.

정답 07 ③ 08 ① 09 ④

주관식 문제

01 다음 문장의 심층구조를 쓰고, 변형의 유형을 설명하시오.

> Tom seems to be working.

01 정답

심층구조는 It seems that Tom is working.이다. 표층구조는 주어-주어 상승 구문이 적용된 것이다. Tom은 심층구조에서 내포절(that Tom is working)의 주어 자리에서 생성되어 표층구조의 주어 자리로 이동한다.

02 다음 문장의 생성 과정을 서술하시오.

> His mother believes him to be smart.

02 정답

His mother believes that he is smart.에서 내포절(that he is smart)의 주어인 he가, 주절의 동사인 believes의 목적어 자리로 이동하여 His mother believes him to be smart.가 되는 주어-목적어 상승 구문이다.

03 다음 두 문장의 차이를 서술하시오.

> (a) Tom is easy to talk to.
> (b) Tom is eager to learn.

03 **정답**
(a)는 It is easy to talk to Tom.에서 전치사 to의 목적어 Tom이 주절의 주어로 이동한 목적어-주어 상승(비주어 상승) 구문이지만, (b)는 비주어 상승 구문이 아니다.

04 다음 두 문장의 차이를 서술하시오.

> (a) My father believes me to be honest.
> (b) My father persuaded me to come.

04 **정답**
(a)는 My father believes that I am honest.에서 내포절의 주어 I가 상위문인 주절 동사 believes의 목적어 me로 상승하는 주어-목적어 상승 구문이다. (b)는 My father persuaded me PRO to come.에서 비외현적 주어 PRO가 목적어인 me로 해석되는 목적어 통제 구문이다. 동사 believes, persuaded의 관점에서 보면 believes는 me를 믿는 것이 아니라 '내가 정직하다'(me to be honest)라는 사실을 믿는 것인 반면, persuaded는 설득하는 대상이 me이지 '내가 돌아오다'(me to come)라는 사실을 설득하는 것이 아니다. 따라서 두 문장은 구조적으로 다르다.

05 다음 문장의 정문/비문 여부를 밝히고, 이유를 쓰시오. (i는 동일 지시체를 가리킴)

> My sister$_i$ loved her$_i$.

05 **정답**

주어진 문장은 비문(*)이다. 동일절 내부에서 동일지시체인 두 NP가 있을 때, 뒤에 오는 NP는 앞의 NP와 인칭/성/수가 일치하는 재귀대명사로 변경해야 한다. 즉, My sister loved herself.라고 해야 정문이 된다.

제 6 편

변형(A)

제1장	NP 이동
제2장	조동사, be동사 이동
제3장	Wh-이동
제4장	α-이동(move-α)
실전예상문제	

| 단원 개요 |

제6편에서는 앞서 배운 네 가지 유형의 변형 규칙들 중에서 특히 주목해야 할 규칙들을 이동의 주체 관점에서 NP 이동, 조동사 이동, wh-이동, α-이동이란 주제로 배운다. 그리고 각 이동의 동기나 유사점과 차이점 등을 비교적 자세하게 배운다.

| 출제 경향 및 수험 대책 |

제6편은 앞서 개념 위주로 간략하게 배웠던 변형 규칙들을 주로 이동의 주체 관점에서 비교적 자세하게 다루기 때문에 다소 어렵게 느껴질 수 있다. 개별적인 변형 규칙들에 있어서 이동의 주체가 무엇인지 꼼꼼하게 이해해야 하고, 여러 규칙들을 통합하려는 시도도 하는데 그 동기나 이유가 무엇인지도 잘 이해해야 한다.

제 1 장 | NP 이동

앞서 변형 규칙을 네 가지 유형(이동 규칙, 삭제 규칙, 삽입 규칙, 대체 규칙)으로 분류하여 다양한 변형 규칙이 존재함을 배웠다. 이동 변형 규칙인 불변화사 이동, 외치변형, 화제문화, 여격 이동, 비주어 상승, 주어-주어 상승, 주어-목적어 상승, 주어-조동사 도치, 수동(문)화 중에서 특히 수동문화와 인상 구문은 이동하는 항목이 명사구(NP)라는 공통점이 있다. 여기에서는 이 두 가지 변형에 대하여 자세히 살펴보게 된다.

제1절 수동 구문

NP 이동에 있어서 수동 구문은 능동 구문과 밀접한 관계를 맺고 있는데, 이는 변형생성문법의 발전에 있어서도 중요한 의의를 지닌다. 바로 표준이론이 확대표준이론으로 수정되고 발전되는 계기가 되었기 때문이다. 어떤 사연이 있는지 알아보자.

1 표준이론(Standard Theory) vs. 확대표준이론(EST, Extended Standard Theory)

변형생성문법의 표준이론에 의하면, 문장은 구구조 규칙과 어휘목록(혹은 어휘부, lexicon)의 작용으로 심층구조로 형성되며, 심층구조에서 의미가 완료된다고 가정한다. 그래서 심층구조에 다양한 변형 규칙이 적용되어 표층구조로 바뀌어도, 심층구조에서 확정된 의미는 변화가 없다고 주장한다.

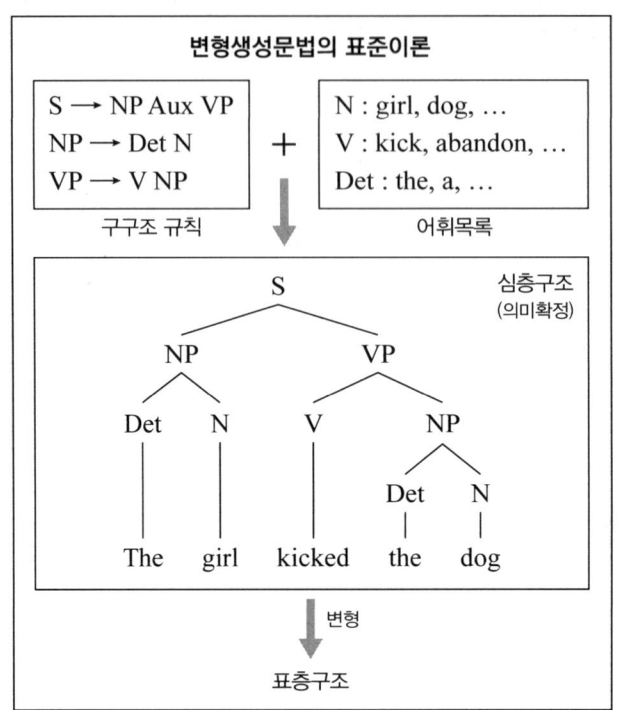

수동문의 경우를 살펴보면, 표준이론에서는 다음 예문과 같이 능동문 (a)가 심층구조에서 생성되고 변형을 통해 표층구조에서 수동문 (a')가 완성된다고 보았다. 중요한 사실은 수동문의 의미는 능동문인 심층구조에서 완성되었기 때문에 변형에 의해 수동문의 표층구조로 바뀐다 하더라도 의미 변화는 있을 수 없다는 것이다. 사실상 의미가 같은 예문 (a), (a')를 보면 이러한 주장이 옳게 보인다.

(a) Tom ate apples.   (변형)   (a') Apples were eaten by Tom.

이러한 주장은 많은 학자들에 의해 검증받기 시작했고, 학자들은 많은 종류의 구문에 수동문화 변형을 적용하여 분석하기 시작했다. 그런데 표준이론에 대한 반증이 될 수 있는 구문이 발견되었다. 의미가 확정되었다고 믿었던 심층구조 능동문이 표층구조 수동문으로 바뀌자 능동문에 없었던 의미가 생겨나는 것을 목격한 것이다. 표준이론을 폐기하거나 수정해야만 하는 상황에 이르렀던 것이다. 다음 예문을 보자.

(b) Every student speaks at least two languages. (모든 학생이 최소 2개 국어는 한다.)
(b') At least two languages are spoken by every student. (최소 2개 국어는 모든 학생이 한다.)

표준이론에 의하면 심층구조인 (b)가 표층구조인 (b')로 변형되어도 심층구조에서 확정된 의미는 표층구조에서 바뀌면 안 된다. 즉, 두 예문의 의미가 동일해야만 표준이론이 정상 작동한 것이라고 볼 수 있다. 하지만 능동문 (b)의 경우, 예컨대 A 학생은 영어와 프랑스어를 하고, B 학생은 독일어와 러시아어를 하는 것 등으로 이해할 수 있다. 수동문 (b')는 정해진 두 언어(예컨대 일본어, 중국어)에 대해서 모든 학생들이 동일하게 그 두 언어를 한다는 뜻을 지니고 있다. 따라서 변형이 의미 변화를 일으키지 않는다는 표준이론은 수정되어야만 했고, 그 결과 탄생한 확대표준이론(EST)에서는 심층구조뿐 아니라 표층구조도 의미 결정에 관여한다고 수정되었다.

확대표준이론이 생겨나게 된 원인이 되는 수동문을 살펴보면 공통적으로 every, few, many 등 양화사 (quantifiers)가 있는 문장이다. 양화사들이 있는 문장은 능동태, 수동태 등 태가 바뀔 때 의미 변화가 생길 수 있던 것이었다. 이러한 문제점을 확대표준이론에서는 여러 해결책으로 보완했는데, 그중 하나는 수동문의 심층구조를 능동문으로 가정하지 않고, 다음 수형도처럼 주어 자리가 비어 있는 수동문 자체로 가정하는 것이다. 수형도의 세부 사항은 이론에 따라 다소 다를 수 있다.

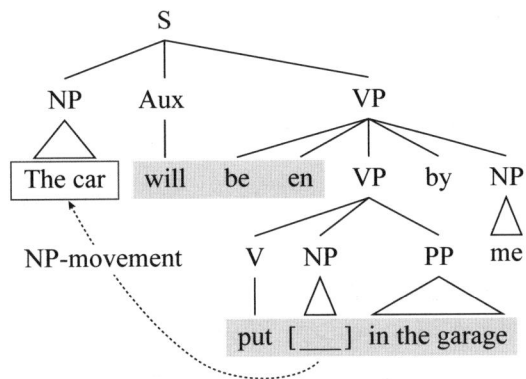

(c) _____ will be -en put [the car] in the garage.
→ The car will be put _____ in the garage.

위 예문에서 보듯이, 주어가 비어 있는 심층구조에서 NP 이동에 의해 최종 수동문이 만들어진다.

2 수동문에서 NP 이동의 증거

수동문에서 NP가 이동했다는 증거를 다음과 같이 네 가지 측면에서 찾을 수 있다.

(1) 하위범주화(subcategorization) 증거

서술어 put의 경우 보충어에 대한 하위범주화 조건은 NP 목적어와 PP 부사구(형태는 전치사구)라고 할 수 있는데, 다음 예문 (a)~(d)를 보면 조건이 충족된 (a)만 정문이고 나머지는 모두 비문이 된다. 그런데 (e)는 put이 들어간 수동문의 형태인데 이 문장이 정문인 것을 보면 서술어 put의 하위범주화 조건이 충족되어 있다는 근거가 된다. (e)에서 보듯이 put 뒤에 NP 목적어 자리가 비어 있는데도 (c)처럼 비문이 아니라 정문이라는 사실은, 목적어가 그 자리에서 생성되어 하위범주화 조건을 만족시킨 후에 주어 자리로 이동했다는 간접 증거가 될 수 있다.

> (a) Tom will put the car in the garage.
> (b) *Tom will put the car _____.
> (c) *Tom will put _____ in the garage.
> (d) *Tom will put _____ _____.
> (e) The car will be put _____ in the garage.

(2) 목적어 관용 표현(object idiom chunks) 증거

다음 예문에서 밑줄 친 동사와 목적어가 관용적 표현으로 쓰이는 숙어의 경우, 각 동사는 하위범주화 조건을 넘어서 반드시 그 NP 목적어와 쓰여야만 정문이 된다. 만일 목적어 자리가 아닌 다른 자리에 있으면 (a')에서처럼 비문이 된다.

> (a) The FBI keeps tabs on the spy's activities.
> (a') *The tabs won't affect me.
> (b) Please pay heed to what I say to do now.
> (c) The minister paid lip service to the President.
> (d) The team leader paid homage to the dead.
> (e) Don't forget to take note of what I said.
> (f) They took advantage of the exact location.

그런데 이러한 능동문을 수동문으로 변형해 보면, 다음 (g)~(k)에서 보듯이 NP가 목적어 자리에 있지 않고 주어 자리에 있는데도 모두 정문인 것을 알 수 있다. 이 말은 NP가 목적어 자리(빈칸 부분)에서 생성되어 동사의 목적어로서의 숙어 조건을 충족시킨 후에 주어 자리로 이동했을 것이라는 간접 증거가 될 수 있는 것이다.

(g) Close tabs were kept _____ on all suspects.
(h) Little heed was paid _____ to her proposal.
(i) Due homage was paid _____ to the deceased.
(j) Little note was taken _____ of what I said to the kids.
(k) Little advantage was taken _____ of the situation.

(3) 의미역 관계(thematic relations) 증거

술어의 논항들은 술어로부터 의미역을 할당받는다. 예문 (l)에서 술어 rolled는 목적어 the ball에게 대상역(Theme)을, 예문 (m)에서 술어 gave는 목적어 Mary에게 목표역(Goal)을 할당한다. 이들 능동문이 수동문으로 바뀐 (l'), (m')을 보면 모두 정문인 것을 알 수 있는데, 이는 술어 rolled, given이 각각의 목적어(빈칸 부분)에 필요한 의미역을 할당하고 나서 NP가 주어 자리로 이동했다는 간접 근거가 될 수 있다.

(l) They rolled the ball down.
  → (l') The ball was rolled _____ down.
(m) They gave Mary a book.
  → (m') Mary was given _____ a book.

(4) 선택제약(selectional restrictions) 증거

다음 예문에서 보듯이, 술어 wear가 자신의 목적어 논항에 가하는 의미적 선택제약은 능동문 (n)과 수동문 (p)에서 동일하다. 즉, '입을 수 있는 무엇'이어야 한다. 예문 (p)가 정문이라는 말은 술어 worn이 자신의 목적어 논항(빈칸 부분)에 가하는 선택제약이 만족되었다는 것을 의미하고, 이후에 목적어 NP가 주어 위치로 이동하였다는 근거가 될 수 있다.

(n) Susan will wear a beautiful dress.
(o) *Susan will wear a beautiful theory.
(p) A beautiful dress will be worn _____ at the meeting.
(q) *A beautiful theory will be worn _____ at the meeting.

3 NP 이동의 범위

능동문의 목적어 NP는 문장 범주인 S 혹은 TP 범주를 가로질러 주어 NP 자리로 이동할 수 있다. 다음 수형도를 보면 능동문의 NP_2가 TP 내부에서 수동문의 주어 자리로 이동하면서 be가 추가되고 동사는 과거분사 형태로 바뀐다. 또한 능동문의 목적어 NP 자리는 수동문에서 by-전치사구(PP)로 바뀐다.

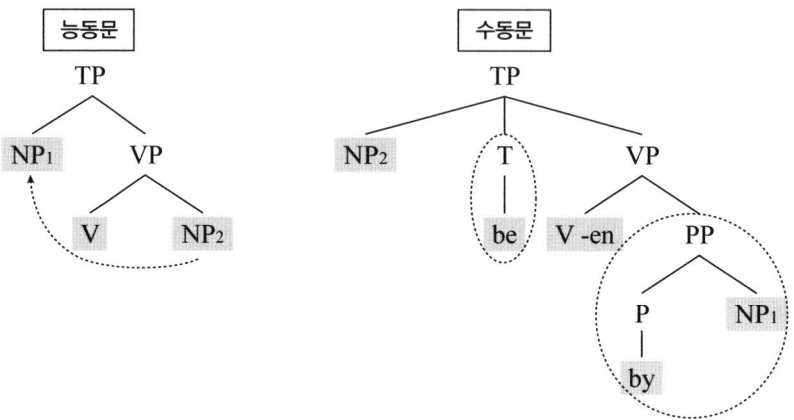

능동문과 수동문의 핵계층이론에 근거하여 표현해 보면 다음 수형도와 같다. 능동문에서 V와 자매 관계인 NP_2가 수동문에서 TP의 좌측에 직접 지배를 받는 주어 자리로 이동하며, T 범주에는 be 추가가 이루어지고, V와 자매 관계인 PP가 삽입된다.

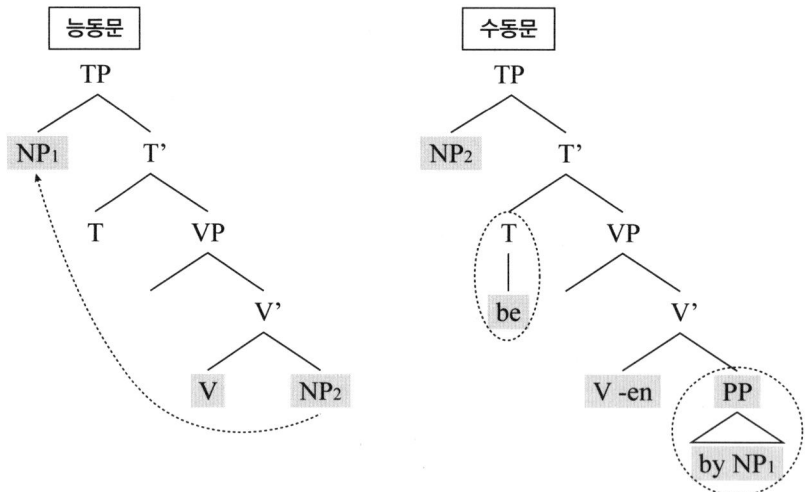

다음 예문을 살펴보자. 능동문 (a)에서 수동문 (b)로 변형될 때, 내포절(Tom to be honest)의 주어인 Tom은 (b) 예문 주절의 주어 자리로 이동한다. 이때도 예문 (c)에서 보듯이 내포절(TP : Tom to be honest)에 있는 Tom이 주절(TP : ____ is considered Tom to be honest)의 주어 자리로 이동하는데, 앞서 설명한 바와 같이 다음 그림에서 동그라미로 표시된 문장(TP) 경계를 가로질러 이동하는 것을 볼 수 있다.

> (a) They consider Tom to be honest.
>   → (b) Tom is considered ____ to be honest.
> (c) [TP [NP ____] is considered [TP Tom to be honest]].
>   → [TP [NP Tom] is considered [TP ____ to be honest]].

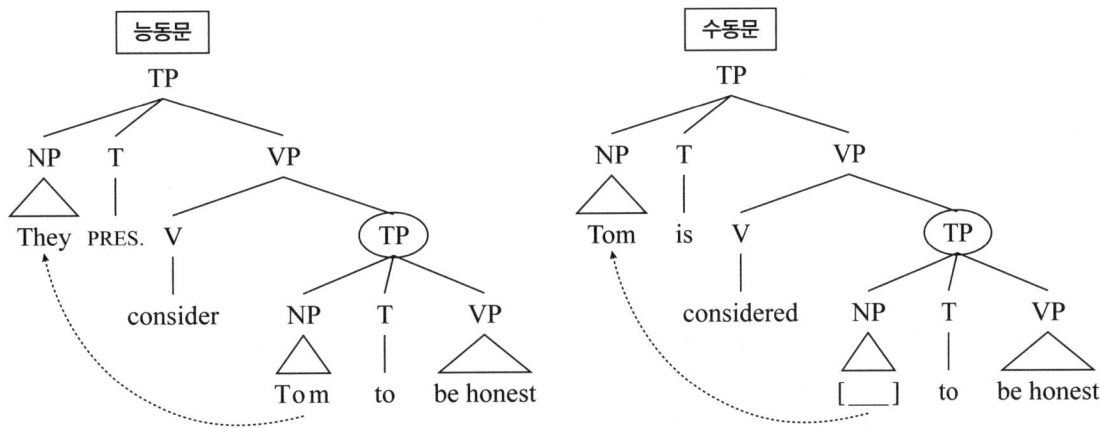

다음 예문 (d), (e)와 수형도에서 보듯이, 소절(small clause)의 주어인 NP(the criminal)도 수동화를 통해 (e)처럼 주절의 주어 자리로 이동한다. 수동문의 심층구조인 (f)를 보면 소절(SC : the criminal guilty of the charges)의 주어 NP(the criminal)이 주절의 비어 있는 자리로 이동한다. 따라서 수동화는 문장(TP) 혹은 절(clause)의 경계를 가로지르는 현상으로 이해할 수 있다.

> (d) The judge found the criminal guilty of the charges.
>   → (e) The criminal was found ____ guilty of the charges.
> (f) [TP [NP ____] was found [SC the criminal guilty of the charges]].
>   → [TP [NP the criminal] was found [SC ____ guilty of the charges]].

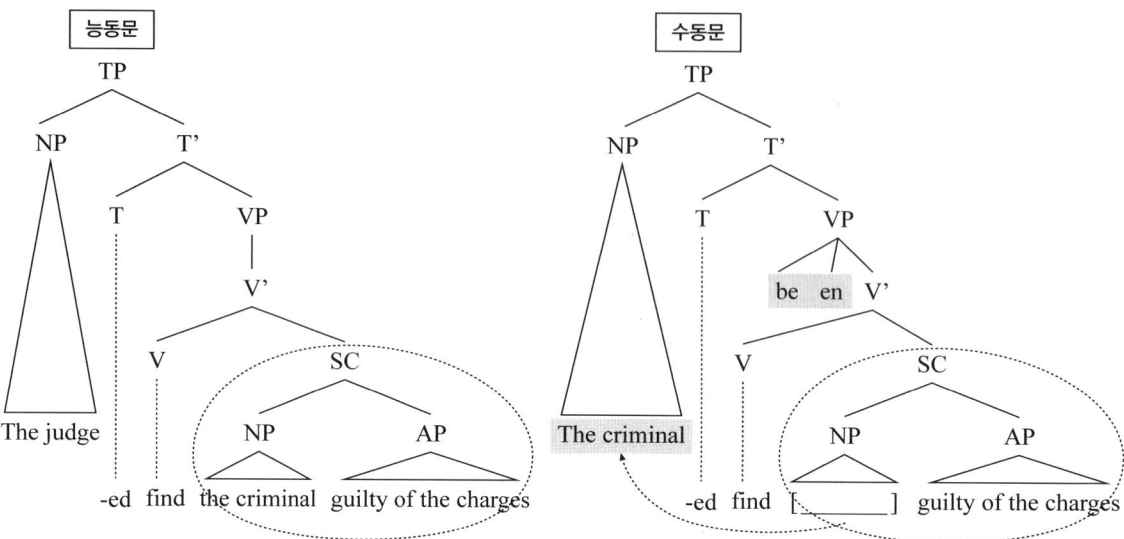

하지만 다음 예문 (g), (h)와 수형도에서 보듯이, 수동화는 보문소를 포함한 보문절(다음 수형도에서 점선으로 된 원 모양의 S' 혹은 CP) 범주에서는 가능하지 않다. CP(혹은 S') 범주의 내포절의 주어 NP는 보문소(C)가 채워져 있는 상태에서 그것을 건너뛰어서 주절의 주어 자리로 이동할 수 없다.

(g) It was alleged [s' that Tom was a con].
  → *Tom was alleged [s' that _____ was a con].
(h) It is forbidden [s' for you to smoke here].
  → *You are forbidden [s' for _____ to smoke here].

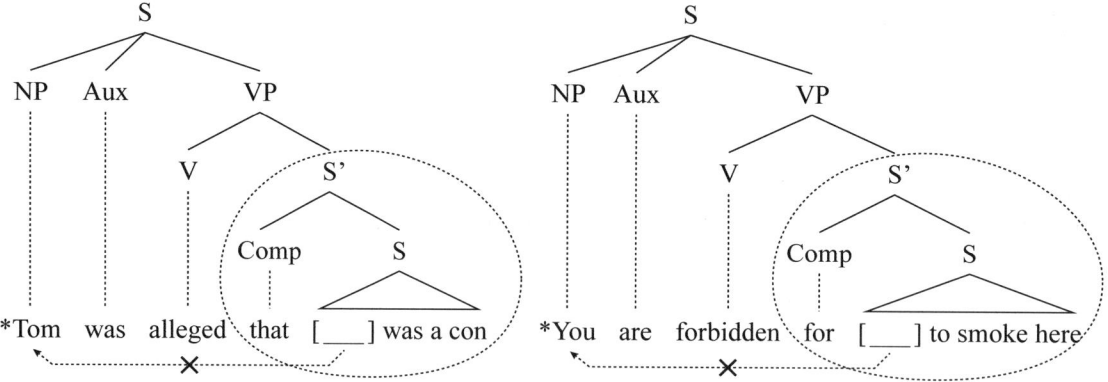

4 동사와의 인접성

(1) 수동화 허용 조건

수동화 허용 조건은 동사와 인접한 NP여야 한다는 것이다. 능동문에서 수동문으로 수동화가 적용되는 4형식 문장의 경우, 이동할 수 있는 목적어 NP는 동사 바로 뒤에 있는 소위 간접목적어 NP만 가능하다. 다음 예문에서 (a)는 동사와 인접한 NP가 이동하는 (b)의 경우에만 수동화가 가능하고, (c)는 문장의 구조를 바꾸지 않는 한 불가능하다. 하지만 문장구조가 3형식으로 바뀌는 (d)의 경우에는 가능하다. Susan이 to Susan으로 전치사 to가 추가되어 3형식으로 바뀔 때만 가능하고, to가 추가되지 않는 (c)의 경우는 불가능하다.

> (a) Tom gave Susan the book.
> (b) Susan was given the book.
> (c) *The book was given Susan.
> (d) The book was given to Susan. (to 추가 후 문장구조 바뀜)

(2) 전치사의 목적어의 수동화

전치사의 목적어 NP도 수동화를 거쳐서 주어 자리로 이동할 수 있다. 다음 예문에서 보듯이, 능동문에서 구동사로 쓰이는 agree on, ask for, depend on, shout at, talk to 등은 전치사 뒤의 NP를 수동문의 주어 자리로 분리 이동시킬 수 있다. 그러나 중요한 사실은 수동문에서 전치사의 목적어 NP는 분리되지만, 동사와 전치사(V + P)는 분리되지 않는다는 것이다.

> (e) The committee agreed on nothing.
>   → Nothing was agreed on _____ by the committee.
> (f) The boss asked for the document.
>   → The document was asked for _____ by the boss.
> (g) We can depend on him for good.
>   → He can be depended on _____ for good.
> (h) Tom shouted at her.
>   → She was shouted at _____ by Tom.
> (i) A stranger talked to him.
>   → He was talked to _____ by a stranger.

이러한 구동사들은 다음 예문에서와 같이 관계사절 구조에서도 동사와 분리되어 이동이 가능하다. 여기에서 중요한 사실은 다음 예문은 모두 능동문이라서 V와 P가 분리 가능하다는 사실이다.

(j) There was nothing on which the committee could agree.
(k) The document for which they are asking is missing.
(l) He is someone on whom we can depend for good.
(m) She is someone at whom Tom sometimes shouted.
(n) He is someone to whom we can talk freely.

구동사의 특성 중 하나는, 능동문에서는 동사와 전치사 사이에 (동사를 수식하는) 부사(구)가 삽입되어 분리가 가능하지만, 수동문에서는 분리가 불가능하다는 것이다. 수동문에서도 정문이 되려면 부사(구)의 앞 혹은 뒤에 동사구가 분리되지 말고 나란히 위치해야 한다. 여기에서도 앞서 설명한 것처럼 동사와 전치사(V + P)는 능동문에서는 분리 가능하지만, 수동문에서는 분리 불가능하다는 것에 주목하자.

(o) The committee agreed unanimously on the agenda.
　→ (o') *The agenda was agreed unanimously on ＿＿ by the committee.
(p) The boss asked continuously for the document.
　→ (p') *The document was asked continuously for ＿＿ by the boss.
(q) We can depend entirely on his skills.
　→ (q') *His skills can be depended entirely on ＿＿ by us.
(r) Tom shouted angrily at Susan.
　→ (r') *Susan was shouted angrily at ＿＿ by Tom.
(s) A stranger talked about food to my brother.
　→ (s') *My brother was talked about food to ＿＿ by a stranger.

이와 유사한 구동사의 또 다른 특성은, 능동문에서 동사 뒤 전치사는 right/straight와 같은 (전치사를 수식하는) 부사의 수식을 받아 분리가 가능하지만, 수동문에서는 분리가 불가능하다는 것이다. 다시 말해, 위에서 보았듯이 능동문에서는 V와 P가 분리 가능하고, 수동문에서는 분리가 불가능하다.

(t) Most people turned right against her.
　→ (t') *She was turned right against ＿＿ by most people.
(u) Everybody looked straight at the huge guy.
　→ (u') *The huge guy was looked straight at ＿＿ by everybody.

(3) 재분석

수동문 동사와 전치사는 하나의 동사처럼 분석한다. 앞서 능동문에서는 구동사의 V와 P가 분리 가능하고, 수동문에서는 분리 불가능한 현상을 수동문, 전치사 포함 관계사절, 부사(구) 포함 수동문의 사례를 통해 살펴보았다. 이러한 근거를 통해 알 수 있는 사실은 수동문에서 동사 + 전치사(V + P)는 별도의 단어들이 아니라 마치 융합된 하나의 동사처럼(v') 행동한다는 것이다. 능동문에서 두 개의 단어로 된 구동사(v)가 수동문에서는 내부 구조가 '재분석'(reanalysis)되어 하나의 동사(v')로 바뀐다고 볼 수 있다.

(v) They looked(1) at(2) him.
→ (v') He was looked at(1) by them.

능동문과 수동문에서 쓰이는 구동사를 수형도로 표현하면 다음과 같다. 능동문에서는 VP의 직접 지배를 받는 V와 PP에 V와 P가 분리되어 위치한다. 수동문에서는 전치사의 목적어 NP(him)가 VP의 직접 지배를 받는 동사 V의 목적어 NP로서 별도로 존재하고, 전치사 P는 V와 자매 관계로 둘이 합쳐져서 새로운 복합어로서의 동사(look at)가 되어 마치 한 단어인 것처럼 존재하게 된다.

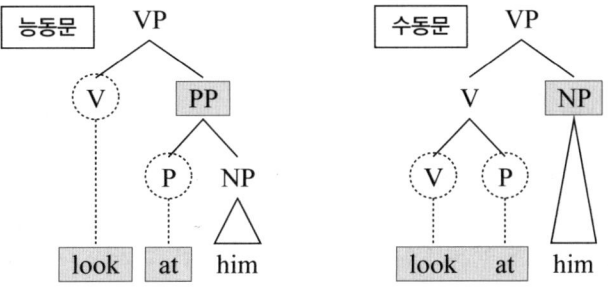

수동화에 있어서 중요한 사실 하나는, 구동사의 수동화는 전치사구가 구동사의 보충어일 때만 가능하며, 부가어일 때는 불가능하다는 사실이다. 다시 말하면, 보충어 PP의 핵어 P만이 동사 V와 재분석을 통해 하나의 동사가 될 수 있다. 다음 예문을 보자.

(w) Tom traveled with Mary.
→ (w') *Mary was traveled with ____ by Tom.
(x) Most of us lived in Paris.
→ (x') Paris was lived in ____ by most of us.
(y) Some of us died in Italy.
→ (y') *Italy was died in ____ by some of us.

위 예문에서 서술어 live만이 PP(in Paris)를 하위범주화하므로 PP는 보충어이다. 서술어 travel, die 뒤에 있는 PP(with Mary, in Italy)는 부가어이므로 수동문화가 불가능하여 (w'), (y')는 비문이 된다.

서술어 뒤에 명사가 올 경우, 동사의 보충어로서 목적어 NP가 올 때는 수동문화가 가능하지만, 동사를 수식하는 부가어로서 부사구 NP가 올 때는 수동문화가 불가능하다. 다음 예문을 통해 확인해 보자.

> (z) Few kids played soccer/all afternoon.
> → (z') Soccer was played by few kids.
> → (z") *All afternoon was played by few kids.
> (a) Tom played the wrong music/the wrong way.
> → (a') The wrong music was played by Tom.
> → (a") *The wrong way was played by Tom.

위 예문 (z)에서 동사 played의 목적어 NP(soccer)는 보충어이고, 수식어 NP(all afternoon)는 부가어이다. 따라서 (z')는 수동문화가 가능하여 정문이고, (z")는 수동문화가 불가능하여 비문이다. 마찬가지로 위 예문 (a)에서 동사의 목적어 NP(the wrong music)는 보충어이고, 수식어 NP(the wrong way)는 부가어이기 때문에 (a')는 정문이고, (a")는 비문이다.

5 동사적 수동문 vs. 형용사적 수동문

수동문은 동사 뒤의 보충어에 있는 NP가 이동하여 만들어지지만, 겉으로 보기에만 수동문처럼 보이고 실제로는 수동화 과정을 겪지 않은 문장들이 있다. 다음 예문에서 형용사로 쓰인 unimpressed, frightened, sunken, depraved, interested, annoyed 등은 동사가 수동화를 거친 동사적 (과거)분사가 아니라, 원래부터 형용사인 단어들, 즉 형용사적 (과거)분사인 것이다.

> (a) They were unimpressed by his efforts.
> (b) Tom is a frightened man.
> (c) He had sunken cheek bones.
> (d) He is depraved and funny.
> (e) They were very interested in my opinion.
> (f) Tom seemed angry/annoyed.

이러한 단어들을 동사(동사적 분사)가 아니라 형용사(형용사적 분사)로 보는 이유는 다음과 같다.

(1) 접두어 un-은 형용사에 첨가되는 접사이므로 (g')와 같이 정문/비문이 된다.

> (g) His efforts were impressive/unimpressive. (형용사)
> (g') His efforts impressed/*unimpressed us. (동사)

(2) 명사를 수식하는 전형적인 형용사 자리에 위치한다. 위 예문 (b)에서 frightened는 형용사 위치에 있다.

(3) 서술어 sink의 동사적 분사는 sunk이고, 형용사는 sunken이므로 위 예문 (c)에서 sunken은 형용사이다. 동사의 과거분사는 다음 예문 (h)처럼 sunk이다.

> (h) The military ship has been sunk/*sunken by a Korean destroyer.

(4) 등위접속 시에는 동일한 범주끼리 연결된다. 위 예문 (d)에서 형용사 funny와 등위접속된 depraved도 형용사(형용사적 분사)이다.

(5) 부사 very는 동사가 아니라 형용사를 수식한다. 위 예문 (e)에서 interested는 형용사이다.

(6) 동사 seem 뒤에는 형용사가 위치할 수 있다. 위 예문 (f)에서 angry가 형용사인 것처럼 annoyed도 형용사(형용사적 분사)이다.

(7) 형용사적 수동문은 명사구의 이동 현상이 존재하지 않으므로, 동사적 수동문을 보여주는 다음 예문 (j), (m)처럼 심층구조에서 비어 있는 자리가 없다. 그래서 다음 예문 (k), (n)처럼 허사 There를 넣으면 비문이 된다.

> (i) We knew there to be opposition in the pension reform. (능동문)
> (j) [＿＿] was known there to be opposition in the pension reform. (동사적 수동문)
>   → There was known ＿＿ to be opposition in the pension reform. (명사구 이동)
> (k) *There was unknown to be opposition in the pension reform. (형용사적 수동문)
> (l) We expected there to be a massive strike at Seoul Station. (능동문)
> (m) [＿＿] was expected there to be a massive strike at Seoul Station. (동사적 수동문)
>   → There was expected ＿＿ to be a massive strike at Seoul Station. (명사구 이동)
> (n) *There was unexpected to be a massive strike at Seoul Station. (형용사적 수동문)

제2절 인상 구문(raising construction) 중요

NP 이동 중에서 인상(혹은 상승) 구문에는 앞서 배운 비주어(목적어-주어) 상승, 주어-주어 상승, 주어-목적어 상승의 세 가지가 있다. 여기에서는 주어-주어 인상 구문을 통해 상승 구문으로 분석하는 근거를 살펴보고, 주어-목적어 인상 구문의 내부 구조도 알아보자.

1 주어-주어 인상 구문

다음 예문 (a)에서 NP(Tom)는 심층구조에서 내포절(S)의 주어 자리에서 생성된다. 이후 주절의 주어 자리로 이동하여 표층구조 (a')가 완성되는데, 이러한 현상을 주어-주어 인상(subject-to-subject raising) 구문이라고 한다.

(a) [NP _____] seems to me [S Tom to be happy]. (심층구조)
(a') [NP Tom] seems to me [S _____ to be happy]. (표층구조)

심층구조와 NP 이동을 수형도로 보면 다음과 같다.

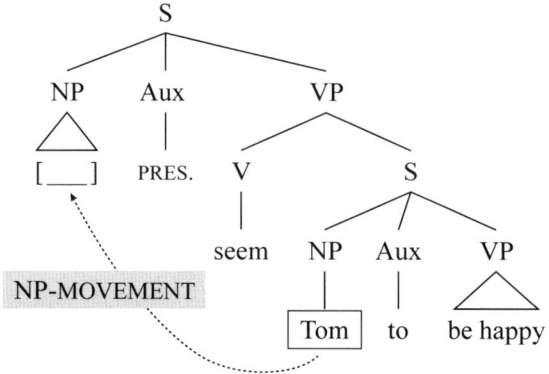

2 주어-주어 인상의 근거

주어-주어 인상 구문에서 내포절의 NP가 주절의 주어로 이동했다는 근거를 다음과 같이 세 가지로 나누어 살펴볼 수 있다.

(1) 재귀대명사(reflexives)

앞서 재귀대명사는 자신과 동일지칭(co-indexing)되는 선행사가 동일절 내에 위치해야 한다고 배웠다. 기억을 상기시켜 보면, 다음 예문 (a), (b)는 동일한 절 내에 동일지칭되는 밑줄 친 선행사가 존재하므로 정문이고, 예문 (c)는 동일절(that-절) 내에 동일지칭되는 선행사가 존재하지 않으므로 비문이다.

> (a) I washed myself.
> (b) Tom talked to Susan about himself.
> (c) *Tom said that Susan loved himself. (선행사가 동일지칭 안 되므로 비문)

그러면 다음 예문을 보자. 예문 (d)에서 Tom과 himself는 동일지칭되지만 Tom이 내포절 밖에 있어서 비문이 되어야 할 것 같다. 하지만 비외현적 주어 PRO가 주절의 목적어 통제를 따르므로 사실상 주어 PRO가 himself와 동일절 내에서 선행사 기능을 수행하고 있어서 정문이다.

> (d) I consider Tom [PRO to be too sure of himself].
> (e) Tom seems to me [___ to be too sure of himself].
> (f) ___ seems to me [Tom to be too sure of himself]. (심층구조)
> (g) *Tom$_i$ seems to me [___ to be too sure of myself$_i$].

위 예문 (e)의 경우도 Tom과 himself는 동일지칭되지만 Tom이 내포절 밖에 있어서 비문이 되어야 할 것 같지만 정문이다. 그 이유는 (f)의 심층구조에서 내포절의 주어 Tom이 동일지칭되는 himself의 선행사로서 역할을 한 다음, 명사 이동에 의해서 주절의 주어 자리로 이동했기 때문이다. 따라서 (e)가 정문이라는 사실은 재귀대명사 요건을 충족시키기 위해 주어가 내포절에서 생성된 후 주절의 주어 자리로 이동하는 주어-주어 인상 현상이 이루어졌다는 근거가 된다. 같은 이유로 (g)는 내포절에서 선행사 Tom과 myself가 동일지칭 요건을 만족시키지 못해 비문이 된다.

(2) 수 일치(number agreement)

내포절에서 주어가 생성되어 주절의 주어로 상승되는 주어-주어 인상 구문이라면 내포절에서 주어와 보어는 그 수에 있어서 일치해야 할 것이다. 따라서 다음 예문 (h)에서 목적어(Tom) 통제가 되는 비외현적 주어 PRO가 주어인 내포절에서 보어는 한 사람(a fool)이어야 정문이 된다. (i)의 경우, 내포절에서 생성된 주어는 여러 사람들(fools)이어야 정문이 된다.

> (h) I consider Tom [$_S$ PRO to be a fool/*fools]. (Tom = a fool)
> (i) They seem to me [$_S$ ___ to be fools/*a fool]. (They = fools)

(3) 주어 관용 표현

영어에서 주어 명사와 술어로 된 관용어구가 의도된 특정 의미로 해석되기 위해서는 반드시 주어 자리에 있어야 한다. 예를 들어, 다음 예문 (j)에서 고양이가 비밀이라는 뜻을 갖기 위해서는 주어와 술어 관계에 있어야 하는 것이다. 예문 (k), (l)도 주술 관계가 있어야 한다.

> (j) The cat is out of the bag. (The cat = secret) '비밀이 탄로 났다.'
> (k) The cat got your tongue? '왜 말이 없어?'
> (l) The fur will fly. '한바탕 소동이 일어날 것이다.'
> (m) The cat seems [s _____ to be out of the bag].

그런데 위 예문 (m)을 보면 The cat이 내포절 to be out of the bag의 주어 자리에 위치하고 있지 않은데도 문장이 의도한 뜻을 지니고 있는 정문이 된다. 주어 The cat이 내포절의 주어 자리에서 생성되어 관용 표현의 의도된 의미 요건을 충족시킨 후 주절의 주어 자리로 이동했기 때문에 가능한 것이다.

주어-주어 인상 구문은 seem류의 동사인 appear, turn out, happen, be likely에서 나타나는데, 이 동사는 주어에 의미역을 부여하지 못하기 때문에 심층구조에서 문장이 생성될 때 주어 자리에 의미 있는 NP가 위치하지 못한다. 따라서 다음 예문 (n)처럼 주어 자리가 허사인 It으로 채워져 내포절이 한정절인 문장이 생성되거나, (n')처럼 내포절의 서술어(studying)에 의해 의미역을 부여받은 주어(Tom)가 주절의 주어 자리로 상승한다. 상승을 마치면 (n'')처럼 정문이 완성된다.

> (n) It seems that Tom is studying.
> (n') _____ seems [Tom to be studying].
> (n'') Tom seems [_____ to be studying].

수형도를 통해 심층구조에서 인상 구문을 살펴보자. 수형도에서 내포절(S)의 주어(Tom)가 주절의 주어 자리로 이동하였다.

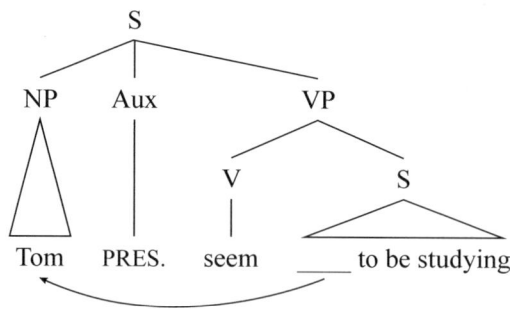

3 주어-목적어 인상 구문

주어-목적어 인상 구문은 내포절의 주어 자리에 위치한 NP가 주절의 목적어 자리로 이동하는 현상으로, 이동 결과 목적격을 갖게 된다. 다음 예문 (a), (a')와 (b), (b')에서 내포절의 형태가 각각 정형절(한정절), 비정형절(비한정절)로 다르지만 의미는 동일하다고 볼 수 있다.

(a) My father believes that I am diligent.
(a') My father believes me to be diligent.
(b) My teacher expects that I will finish my homework today.
(b') My teacher expects me to finish my homework today.

수형도를 통해 심층구조에서 인상 구문을 살펴보자. 수형도에서 내포절(S)의 주어(me)가 주절의 목적어 자리로 이동하였다.

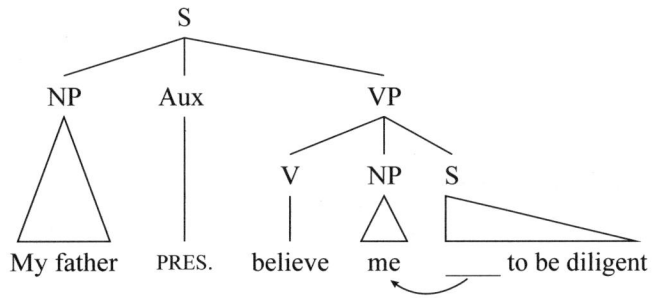

주어-목적어 상승 현상은 주절의 동사가 believe류인 believe, expect, consider, intend, want 등으로, 동사가 취하는 내포절이 to-부정사 구문일 때 일어남을 기억하자.

제 2 장 | 조동사, be동사 이동

앞서 문장 혹은 절을 한정절과 비한정절로 나누는 기준은 시제(T, Tense)의 유무로 판단하므로 시제가 최대로 투사된 문장을 구범주 TP(Tense Phrase)로 본다고 배웠다. 조동사 중에서 법조동사(modal auxiliaries)에 속하는 can, may, shall 등은 그 자체로 시제를 포함하므로 T 범주에 속하는 것으로 표현하기도 한다. 조동사의 시제에 따른 활용은 굴절(I, Inflection)의 일종이므로 문장을 굴절의 최대투사인 범주 IP(Inflection Phrase)로 보기도 한다. 굴절은 굴절소라고 불리기도 한다.

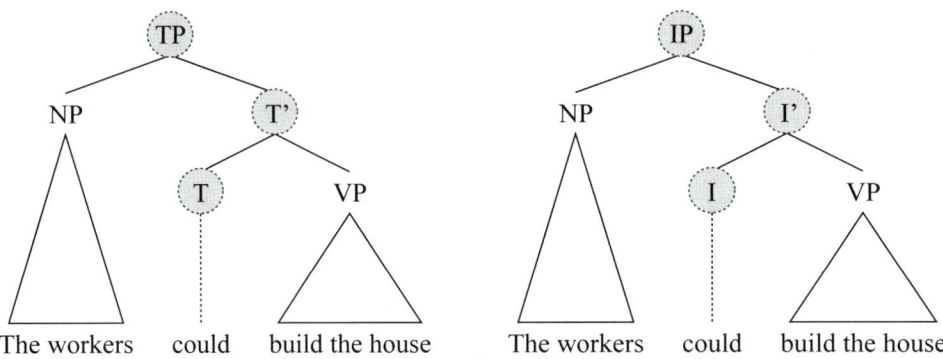

제1절 조동사 이동

의문문 중에서 yes-no 의문문은 조동사를 문두로 이동시키는데 보문소(C, Complementizer) 위치로 이동한다. 조동사가 없는 일반동사 문장을 의문문으로 만들 경우에는 조동사 do를 T 범주에 삽입시켜 이동한다.

(a) The workers could build the house.
  → (a') Could the workers build the house?

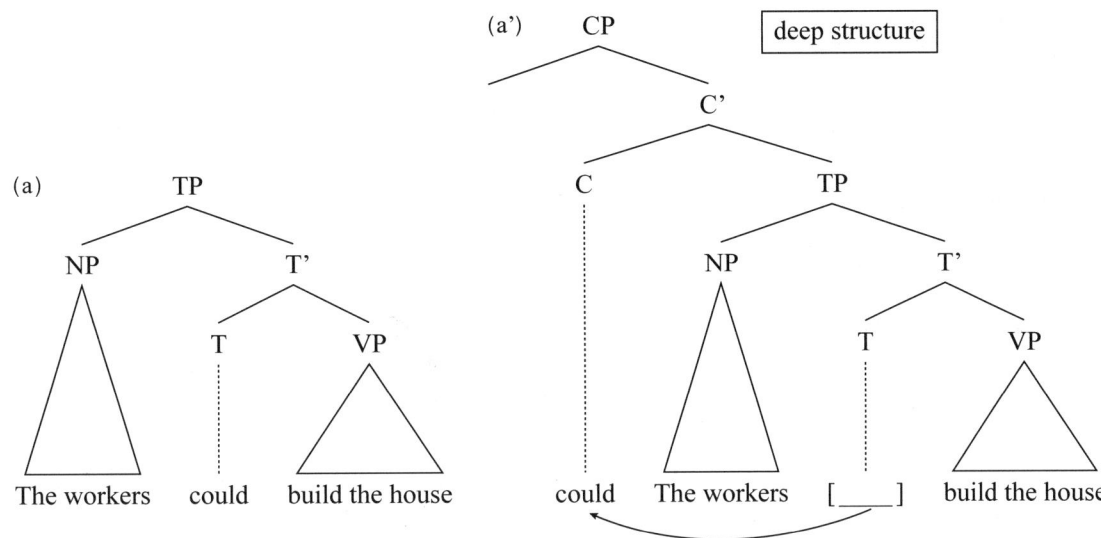

(b) The workers built the house.
→ (b') Did the workers build the house?

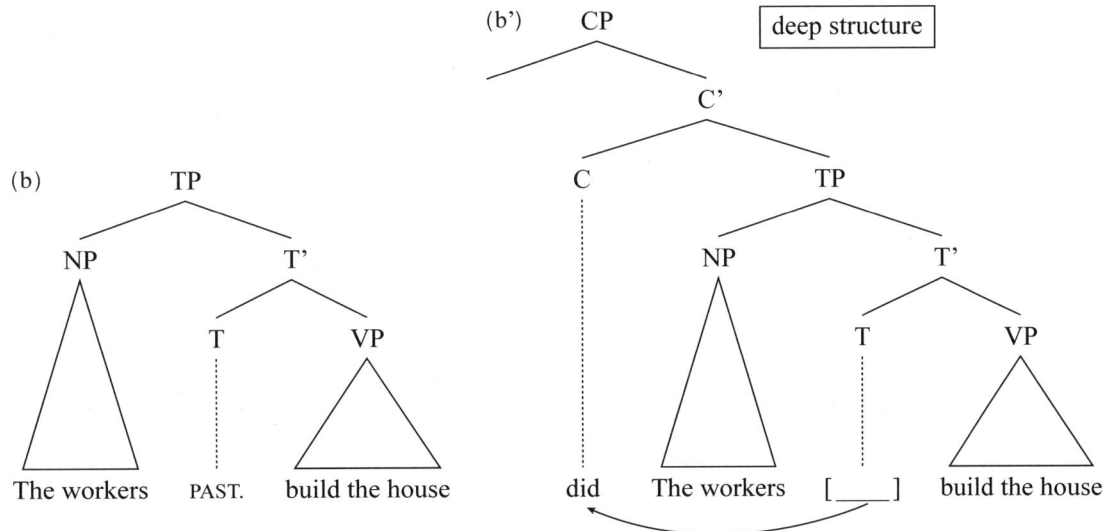

제2절 be동사 이동

문장에서 be-동사(copula *be*)가 쓰여 yes-no 의문문이 되는 경우를 세 가지로 나누어 보면 다음과 같다.

[1] The boy is running home.
  → [1'] Is the boy running home?
[2] The apples were eaten by the boy.
  → [2'] Were the apples eaten by the boy?
[3] The boy was very famous.
  → [3'] Was the boy very famous?

위 예문 [1]의 경우 소위 진행형 문장으로서 be동사가 진행상(progressive aspect)을 나타내는 조동사(auxiliary)로 쓰이는 경우이고, [2]는 수동태 문장으로서 be동사가 수동태(passive voice)를 나타내는 조동사로 쓰이는 경우이며, [3]은 be동사가 본동사(copula *be*)로 쓰이는 경우이다. 각각의 경우에 의문문으로 변형되기 전의 심층구조를 수형도로 보면 다음과 같다.

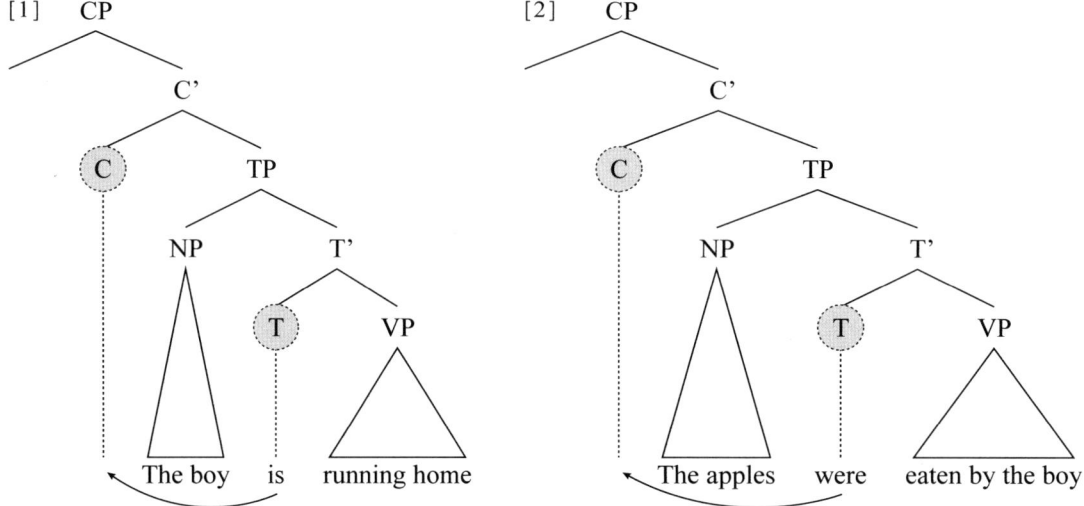

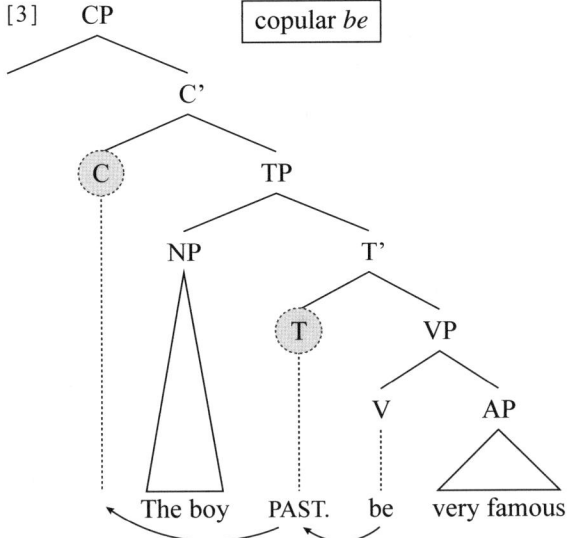

[1]과 [2]의 공통적인 특징은 be동사가 모두 T 범주에서 생성되어 보문소(C)의 위치로 이동한다는 점이다. [3]의 경우 be동사는 VP의 좌측 직접 지배를 받는 V 범주에서 생성되어 T 범주를 거쳐 시제와 통합된 후 역시 C 범주 위치로 이동한다.

제 3 장 | Wh-이동

제1절 wh-의문사 이동 중요

의문문 중에서 wh-의문사를 이용한 의문문의 경우, 다음 예문 (a)에서 보듯이 겉으로 보면 의문사가 문두에 가장 왼쪽에 위치하고 있다. 이는 의문사가 밑줄 친 문장(S 혹은 TP) 범주의 외부에 존재한다는 말이다. 하지만 여러 가지 근거를 살펴보면 이 의문사는 문장의 내부에서 생성되어 문장 밖으로 이동했다고 볼 수밖에 없는데, 다섯 가지의 근거를 살펴보자.

> (a) When did you finish your work?

1 wh-이동의 근거

(1) 격 표시(case marking)

wh-의문사의 격(who-whom) 표시에 유의하면서 다음 예문들을 보자. 괄호는 삽입절로서 주절의 구조와는 직접적으로 관련이 없다. 괄호를 제외한 주절의 구조를 보면 예문 (b)에서 who는 서술어 admire의 주어 자리에 있음을 알 수 있는데, 같은 자리에 (b')처럼 주격이 아니라 목적격 의문사 whom을 넣으면 비문이 된다. 여기서 의문사에도 격이 있음을 알 수 있다.

> (b)   Who (do you think) would admire Noam Chomsky?
> (b') *Whom (do you think) would admire Noam Chomsky?
> (c)   Who (do you think) Nim Chimpsky would admire _____?
> (c') Whom (do you think) Nim Chimpsky would admire _____?

예문 (c)의 주절의 구조를 보면, 서술어 admire가 하위범주화 요건으로 필요한 목적어 NP가 없음을 알 수 있고 내용상 who가 그 NP임을 알 수 있다. 예문 (c')에서처럼 같은 자리에 목적격 의문사 whom을 넣어도 정문인 것을 알 수 있는데, 이는 문두의 의문사 자리의 격이 목적격이라는 사실을 알려준다. 이 말은, 의문사 whom이 서술어 admire의 보충어인 목적어로서 생성되어 하위범주화 요건을 충족시킨 후 문두로 이동하여 의문문을 완성하였다는 근거가 되는 것이다. 또 (c)의 who는 목적격 의문사라는 것도 알 수 있다. 즉, 영어에서 who 의문사는 주격이 who, 목적격은 who와 whom의 두 개이다.

(2) wanna 축약 불가

영어에서 want to는 흔히 wanna로 축약되는데, 아무 때나 다 되는 것이 아니며 축약이 불가능할 때가 있다. 불가능한 경우는 want와 to 사이에서 의문사가 생성되어 문두로 이동한 경우인데, 이동이 되어 비어 있는 것을 청자에게 표시하기 위하여 wanna 축약을 허용하지 않는다. 다음 예문 (d)처럼 보고 싶은 대상인 see의 목적어 자리에서 who가 생성되어 문두로 의문사가 이동하는 경우, want와 to 사이에 축약을 방해할 만한 요소가 아무것도 없기 때문에 (d')처럼 want to가 wanna로 축약되어도 정문이다.

> (d) Who do you want to see _____?
> (d') Who do you wanna see _____?
> (e) Who do you want _____ to win?
> (e') *Who do you wanna win?
> (e") Who do you want _____ PRO to win?

그러나 예문 (e)에서와 같이 want의 목적어이면서 내포절 _____ to win의 주어 자리에서 의문사 who가 생성되어 문두로 이동한 경우에는 want와 to 사이에 이동 후 빈자리가 생기게 된다. 해석상으로는 '누가 이기기를 원하느냐'로 해석된다. 빈자리이기는 하지만 문법적으로 문두의 who와 연관되어 있기 때문에 want와 to 사이에 존재하면서 둘의 축약을 방해하는 요소가 된다. 앞서 배운 비외현적 주어 PRO가 서술어 want의 목적어(문두로 이동한 who)로 해석되는 목적어 통제의 경우라고 볼 수 있다(e"). 이러한 사례는 의문사 who가 문장 내의 내포절에서 생성되어 문두로 이동했다는 근거가 된다.

(3) 재귀대명사(reflexives)

재귀대명사가 올바르게 사용되려면 동일절에 동일지칭이 되는 선행사가 있어야 된다고 배웠다. 다음 예문 (f)가 정문인 이유는 동일절(Susan washed herself)에서 선행사 Susan과 재귀대명사 herself가 동일인 지칭이기 때문이다.

> (f) Tom said you thought Susan washed herself.
> (f') Who did Tom say you thought _____ washed herself?

예문 (f')에서 herself의 동일지칭 선행사가 내포절 _____ washed herself에 없음에도 불구하고 정문인 이유는, 선행사인 who가 내포절 주어 자리에서 생성되어 재귀대명사 요건을 충족시킨 후 문두로 이동하였다는 근거가 된다.

(4) 구조적 중의성(structural ambiguity)

문장이 구조적인 중의성을 지니고 있어서 두 가지 이상의 뜻으로 해석되는 경우가 있는데, 의문사 who를 지닌 의문문 중에서도 이러한 경우가 발견된다. 의문사가 문장 내에서 생성되어 문두로 이동했다고 가정하지 않으면 설명이 힘든 경우가 있는데, 이것이 바로 의문사 이동의 근거가 된다. 다음 예문 (g)를 보면, 등장하는 세 사람(You, Tom, Susan) 중에서 talk는 Tom과 Susan 사이에서 이루어진다. 그런데 예문 (h)에서는 세 사람(You, Bill, Tom) 중에서 say는 You와 Bill 사이에서 이루어진다. to-전치사구(to Susan, to Bill)가 주절과 내포절 중 어디에 있느냐에 따라 의미가 달라지는 것이다.

> (g) You said that Tom was talking to Susan. (Tom – Susan 사이에 talk)
> (h) You said to Bill that Tom was talking. (You – Bill 사이에 say)
> (i) To whom did you say that Tom was talking? (구조적 중의성 지님)
> (g') To whom did you say that Tom was talking _____? (Tom – Susan 사이에 talk)
> (h') To whom did you say _____ that Tom was talking? (You – Bill 사이에 say)

그런데 두 문장의 전치사구에 대하여 wh-의문문으로 만들면 각각 의문문이 만들어지는 것이 아니라, 하나의 의문문 (i)가 된다. 즉, 중의성을 지닌 문장이 되는 것이다. 어디에 있는 전치사구가 의문사로 바뀌느냐에 따라 의미가 달라지기 때문에 구조적 중의성을 지녔다고 볼 수 있는 것이다. 예문 (g)의 to Susan을 to whom으로 바꾸어 의문문을 만들면 (g')에서처럼 Tom과 Susan 사이에 talk가 이루어진다는 의미가 되며, 예문 (h)의 to Bill을 to whom으로 바꾸어 의문문을 만들면 (h')에서처럼 You와 Bill 사이에 say가 이루어진다는 의미가 된다. 빈칸 부분이 전치사구가 있던 원래 위치인데, 하나의 의문문 (i)가 두 개의 의미로 해석된다는 말은 의문사가 각자 다른 위치를 지닌 심층구조에서 생성된 후 문두로 이동했다는 근거로 볼 수 있다.

(5) 의미역 할당(theta-role assignment)

서술어는 자신이 필요로 하는 논항들에 의미역(theta-roles)을 할당한다고 배웠다. 다음 예문에서 서술어 wear는 주어(Tom)와 목적어(the yellow cap) 논항에 각각 행위자역(agent role), 대상역(theme role)을 할당한다.

> (j) Tom wore the yellow cap.
> (j') Which cap did Tom wear?

위 예문 (j')에서 동사 wear의 우측에 의미역을 할당할 목적어가 없음에도 불구하고 문장은 정문이다. 결국 목적어인 Which cap이 심층구조에서 wear의 목적어 보충어로서 대상역을 할당받고 그 후에 문두로 이동했다는 근거가 된다.

2 wh-이동에서 이동하는 항목과 착지점(landing site)

위의 다섯 가지 근거에 따라, wh-의문사는 심층구조의 문장 내부에서 생성된 후 문두로 이동한 것으로 볼 수 있다. 그러면 구체적으로 어느 위치로 의문사가 이동하는지 추측하기 위해 조동사의 위치를 먼저 점검해 보자.

> (k) You will do your homework.
> (k') What will you do?

위 예문 (k)에서 조동사 will은 시제 범주(T) 혹은 굴절소 범주(I)에 속하고, yes-no 의문문에서 조동사는 보문소 (C) 위치로 이동한다는 것을 앞서 배웠다. 그렇다면 조동사의 앞으로 의문사가 이동할 착지점 자리는 보문절 (CP)의 지정어(specifier) 자리가 타당할 것이다. 수형도로 확인해 보자.

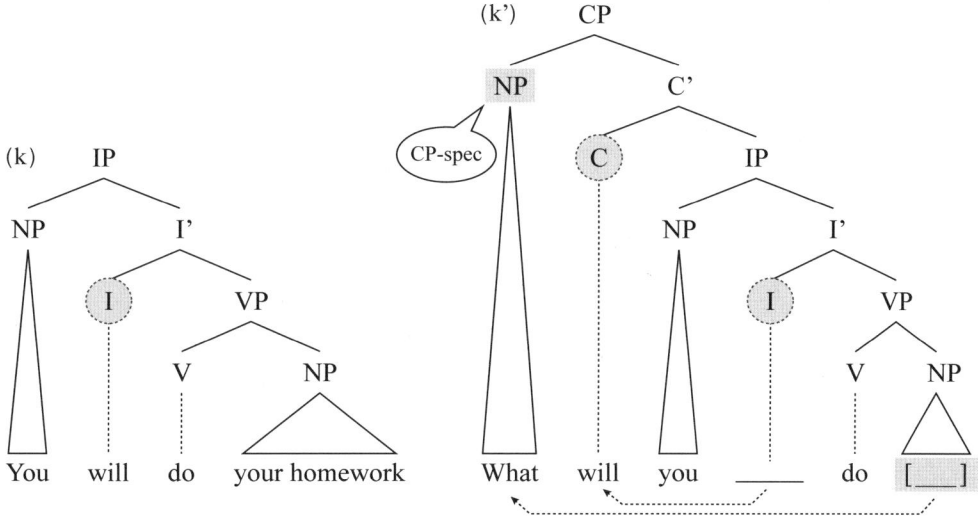

(1) 등위접속(coordination)

의문사가 포함된 문장에서 등위접속되는 부분은 C-bar 범주인데, CP-spec(CP의 지정어) 위치가 비어 있으므로 이곳에 의문사가 위치하게 된다. 수형도를 통해 확인하자.

> (1) What can I do or can anyone do?

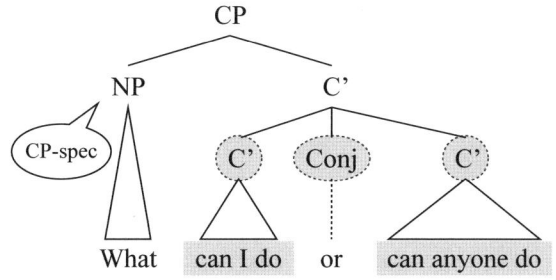

(2) wh-이동 제약 : 다중 wh-의문사

의문사 이동의 착지점이 보문절의 지정어 자리라면 그 위치에는 하나의 구성소가 들어갈 수 있을 것이다. 무엇(what)을 어디(where)에 두었느냐는 뜻의 다음 예문에서 보듯이, 두 개의 의문사가 이동할 경우에는 비문이 된다.

> (m) Tom has put what where.
> (n) What has Tom put where?
> (n') *What where has Tom put?
> (o) Where has Tom put what?
> (o') *Where what has Tom put?

심층구조 (m)과 의문사가 하나씩 이동한 (n), (o)를 수형도로 살펴보자. 서술어 put의 두 보충어인 what과 where가 하나만 이동하여 CP-spec 착지점에 이동한 경우에는 정문이 된다.

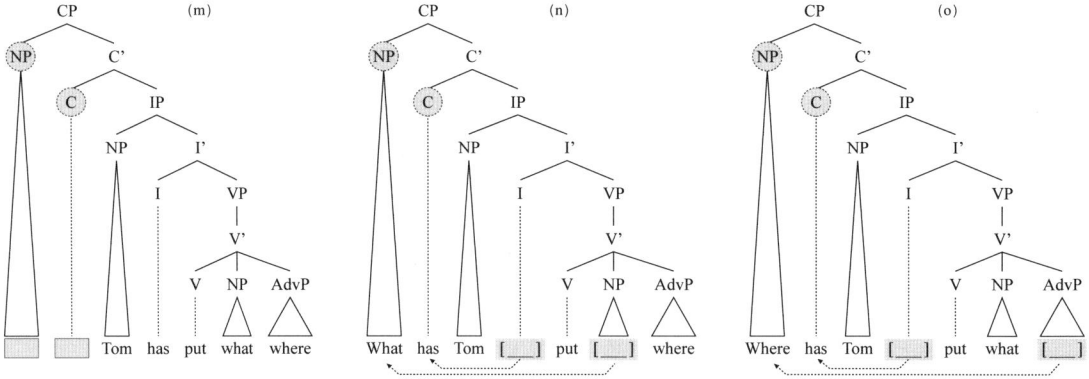

그러나 예문 (n'), (o')에서처럼 보충어 두 개가 연이어 보문절 지정어 자리로 이동하려고 하면 이미 이동한 의문사 때문에 빈자리가 없어서 아예 이동이 불가(수형도에 X로 표시)하게 되고 억지로 이동하면 결국 비문이 된다.

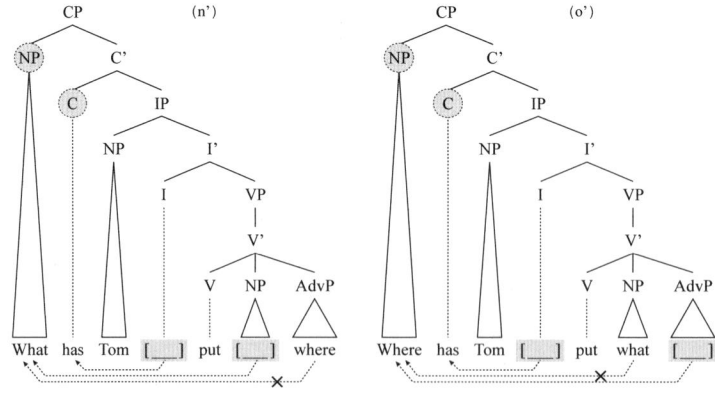

(3) wh-이동 제약 : 주어, 부가어 내부의 wh-의문사

심층구조에서 생성된 wh-의문사가 아무 위치에서나 다 이동이 가능한 것은 아니다. 의문사가 보충어의 내부에 있을 경우에는 이동이 가능하지만, 주어나 부가어의 내부에 있을 경우에는 이동이 불가능하다.

> (p) Tom caused <u>the loss of his dog</u>. (보충어 : 목적어 내부)
> (p') Who did Tom cause <u>the loss of ____</u>?
> (q) <u>The loss of our dog</u> caused great grief. (주어)
> (q') *Who did <u>the loss of ____</u> cause great grief? (*주어 내부의 wh-의문사)
> (r) They broke up <u>after the loss of their dog</u>. (부가어 : 부사구)
> (r') *Who did they break up <u>after the loss of ____</u>? (*부가어 내부의 wh-의문사)

위 예문 (p)에서 서술어 caused의 보충어이자 목적어인 NP 내부에 존재하는 his dog을 wh-의문사로 바꾸어 문두로 이동시켜 의문문을 만드는 것은 가능하다. 하지만 (q)에서처럼 주어 NP의 일부를 의문사로 바꾸거나, (r)에서처럼 서술어 break와 의미적으로 무관한 부가어인 전치사구이자 부사구 내부의 일부를 의문사로 바꾸어 의문문을 만드는 것은 wh-이동 제약을 위반했기 때문에 불가능하다.

(4) wh-이동 제약 : 복합명사구 제약(complex NP constraint)

보문절 지정어 자리로의 wh-이동은 하나의 문장이나 절에만 적용되는 것이 아니라, 이 규칙이 적용되는 데 장애물이 없는 한 계속하여(successively) 보문절 지정어 노드를 따라 이동한다. 한 개의 문장 경계를 가로질러 이동하는 사례는 다음 예문과 같다.

> (s) [TP The boy believes [TP Tom to teach tonight]].
> (s') [CP Who [C' does [TP the boy believe [CP [TP ____ to teach tonight]]]]? (Tom = Who)

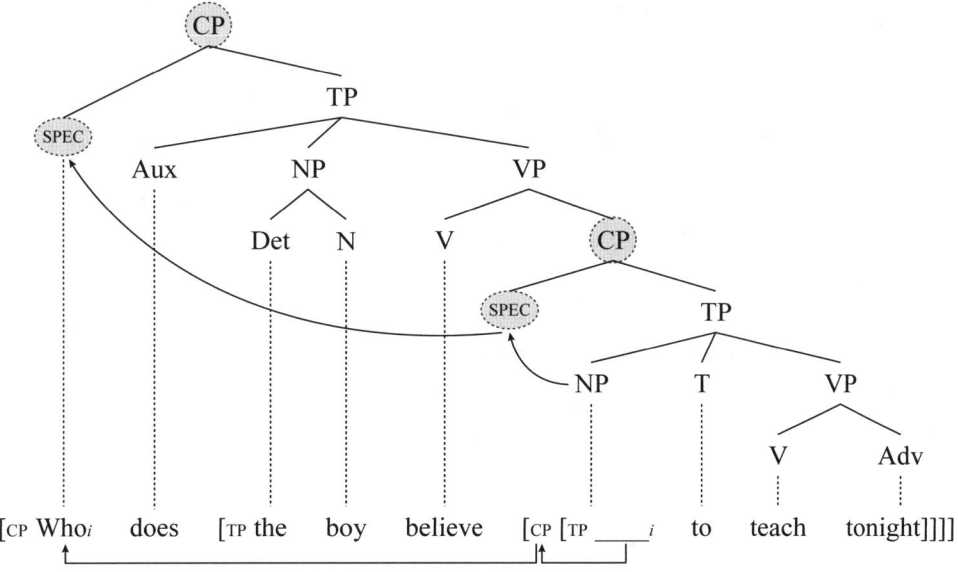

이번에는 두 개의 문장 경계를 가로질러 이동하는 사례를 살펴보자. 다음 예문 (t)의 NP(the bug)가 (t')에서 의문사로 바뀌어 두 개의 문장 경계를 가로질러 이동하고 있으며, 의문사는 연속되는 보문절 지정어를 거쳐 최상위에 있는 보문절 지정어에 착지한다.

(t) [TP Your mother did say [TP she thought [TP you found out the bug]]].
(t') [CP What [C' did [TP your mother say [CP [TP she thought [CP [TP you found out _____]]]]]]? (the bug = What)

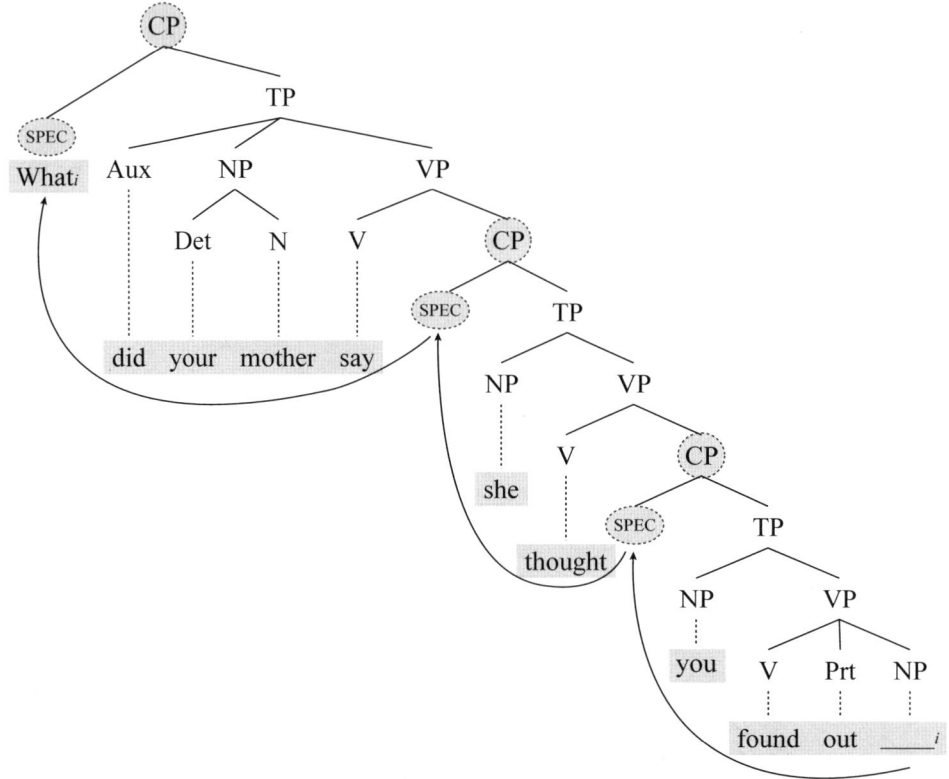

wh-의문사의 이동 방식을 수형도로 이해했으니, 이제는 wh-이동 제약 중 하나인 복합명사구 제약(complex NP constraint)에 대하여 살펴보자. 복합명사구를 내포한 문장에서 wh-의문사를 이동시키면 비문이 되는데, 이러한 경우는 대체로 the fact that ~, the claim that ~ 형태의 동격절이나 선행사와 관계사 수식절을 포함한 경우가 된다.

(u) The boy believes the fact that Tom is coming.
(u') *Who does the boy believe the fact that is coming? (Who = Tom)

위 예문 (u)에서 the fact that ~ 부분은 다음 수형도에서 보면 NP-CP의 연속된 범주인데, 이 부분에서 Tom을 의문사로 바꾸어 (u')에서처럼 CP-spec을 거쳐 최상위 CP-spec으로 이동하려고 해도 중간에 NP 때문에 이동이 불가능하여 비문이 된다. 그 이유는 점선으로 표시된 복합명사구(complex NP)가 의문사가 이동할 수 없는 장벽처럼 작용하기 때문인데, 이러한 제약을 wh-이동에 있어서의 복합명사구 제약이라고 부른다.

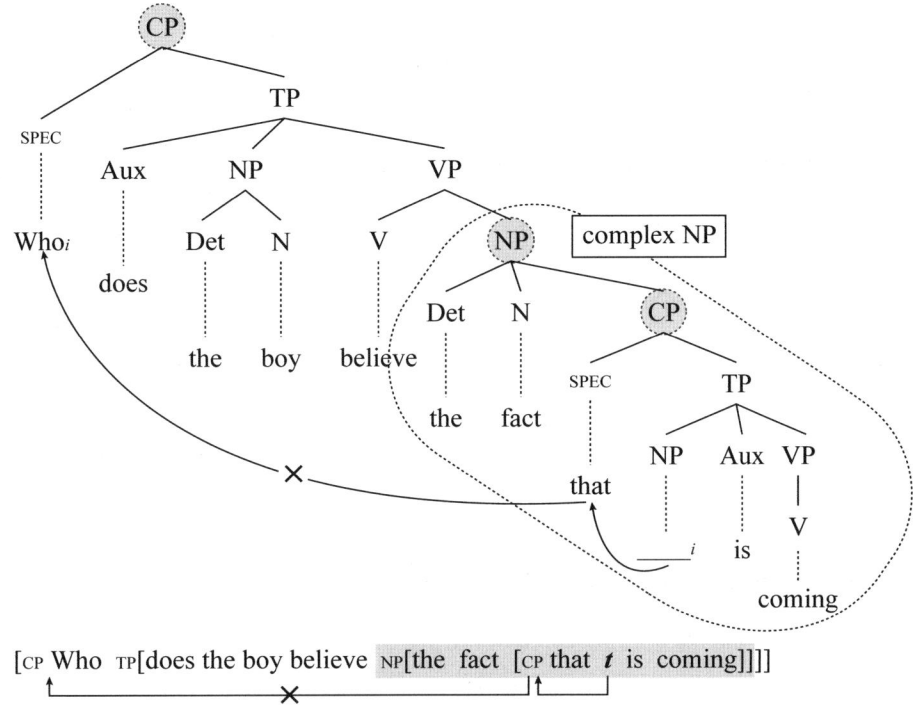

[CP Who TP[does the boy believe NP[the fact [CP that *t* is coming]]]]

다음 예문 (v)에서도 the fact that ~ 부분은 NP-CP의 복합명사구인데, the truth를 의문사로 바꾸어 (v')에서처럼 이동하려고 해도 NP-CP 영역을 벗어나는 것은 이동 규칙 위반이므로 비문이 된다.

(v) Your mother said the fact that you found out the truth.
(v') *What did your mother say the fact that you found out? (What = the truth)

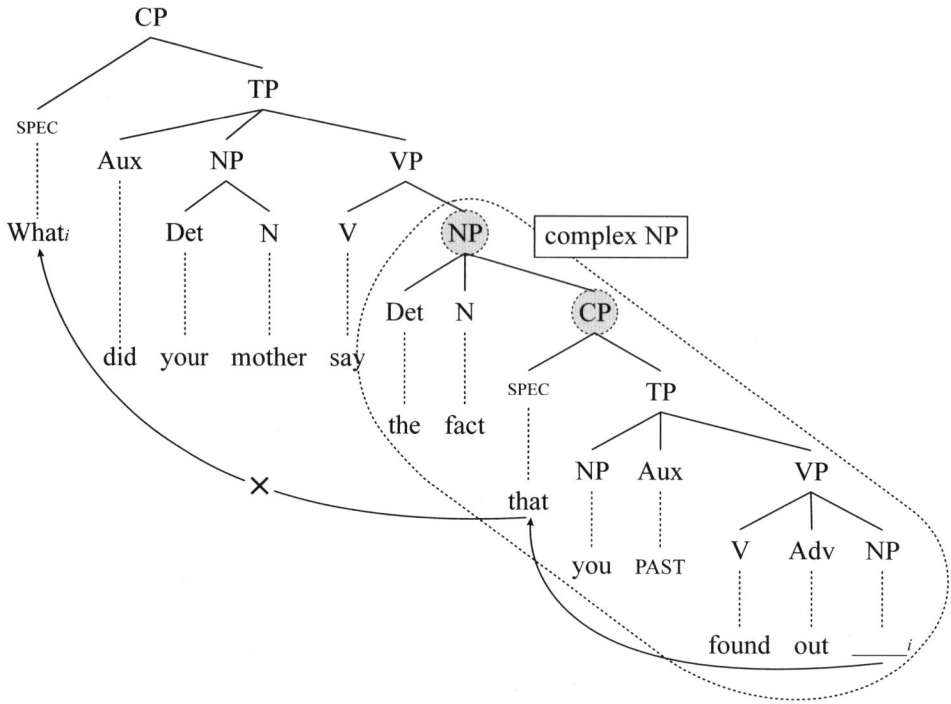

(5) wh-이동 제약 : wh-섬 제약(wh-island constraint)

앞서 다중 wh-의문사 제약에서 다음 예문에서처럼 의문사의 착지점인 보문절의 지정어 자리가 이미 다른 의문사에 의하여 채워져 있다면, 또 다른 의문사가 들어갈 수 없고, 억지로 두 개를 지정어 자리에 넣으면 비문이 된다고 배웠다.

> (w) What has Tom put where?
>   → *What where has Tom put?
> (x) Where has Tom put what?
>   → *Where what has Tom put?

이와 유사한 wh-섬 제약(wh-island constraint)에 대하여 알아보자.

> (y) You said that Tom could solve the problem mysteriously. (mysteriously = How)
> (y') How did you say that Tom could solve the problem _____?

위 예문 (y)에서 mysteriously를 how로 바꾸어서 (y')처럼 의문문을 만들면 다음 수형도에서 보듯이 CP-spec 자리를 두 번 이동하여서 최상위 CP-spec 자리로 착지하여 정문을 만든다.

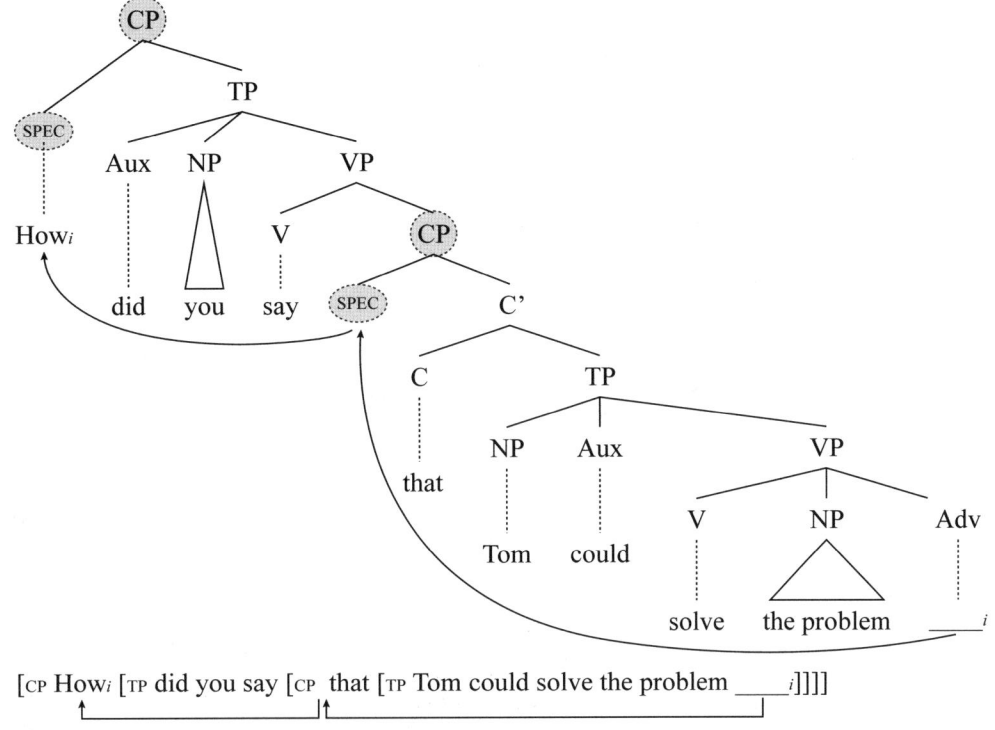

[CP How$_i$ [TP did you say [CP that [TP Tom could solve the problem ___$_i$]]]]

그러나 다음 예문 (z)에서 추가적으로 the problem을 의문사 what으로 바꾸고, 두 개의 의문사 how와 what을 모두 이동시키려 한다면 (z')에서처럼 비문이 된다.

(z) You said that Tom could solve the problem mysteriously. (the problem = what)
(z') *How$_i$ did you say what$_k$ Tom could solve ___$_k$ ___$_i$?

비문이 되는 이유는 다음 수형도에서 보듯이, 하위 CP-spec에 의문사 what이 이미 자리를 채우고 있으므로, 의문사 how를 이동시키려고 할 경우 같은 하위 CP-spec 자리를 일단 거쳐야 하기 때문에 다중 wh-의문사 제약을 위반하게 되어 비문이 된다. 의문사 how의 이동은 첫 단계(수형도에 X로 표시된 부분)부터 불가능하다. 만일 how가 먼저 최상위 CP-spec으로 이동하고 나면 하위 CP-spec이 비어 있으니 what이 그곳으로 이동할 수 있지 않느냐고 생각할 수 있지만, wh-이동에는 후에 배울 엄밀순환조건(strict cyclic condition)이라는 제약이 있어서 이러한 이동은 불가능하다.

이러한 제약은 하나의 wh-의문사가 이동하는 과정에 다른 wh-의문사가 있다면 그 지역은 섬과 같아서 (수형도에서 실선 네모 부분) 섬을 벗어날 수 없듯이 이동할 수 없다는 비유를 써서 wh-섬 제약이라고 부른다.

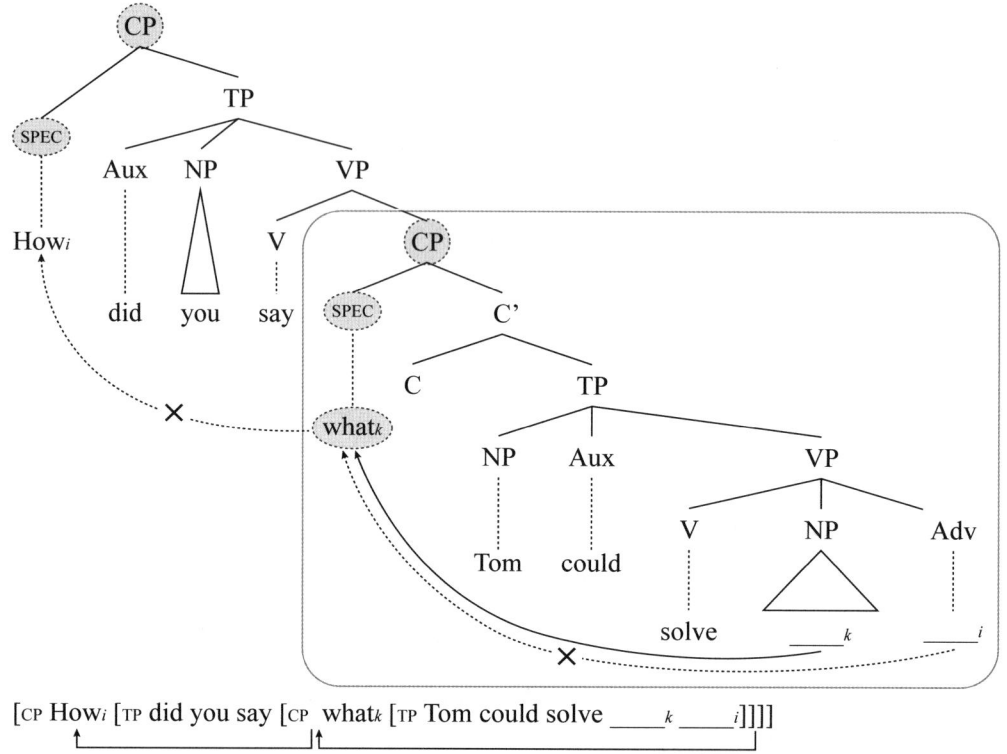

제2절 wh-관계사 이동

이번에는 wh-관계사의 이동에 대하여 알아보자. 관계사절(relative clauses)은 크게 두 가지 유형으로 나눌 수 있는데, 관계사 앞에 선행사(선행하는 명사구)가 존재할 때와 선행사가 없을 때로 구분한다. 선행사가 있을 경우는 또 세부적으로 두 가지로 나눌 수 있는데, 선행사를 수식하고 제한하는 제한적 관계사절과 선행사에 대한 후보충적인 생각을 표현하는 동격 관계사절로 구분한다. 마지막으로 관계사와 -ever가 합쳐져서 선행사가 없이 사용되는 자유 관계사절이 있다. 따라서 관계사절은 모두 세 가지로 나누게 되는데 다음에서 하나씩 살펴보자.

1 관계절 유형(types of relative clauses)

(1) 제한적 관계사절(restrictive relative clauses)

다음 예문에서 밑줄 친 부분이 관계사절인데 앞에 오는(선행하는) 명사구 NP의 성질을 제한적으로 수식하므로 제한적 관계사절이라고 한다. 제한적 관계사절은 관계대명사(relative pronouns)인 (a) who 계열(who-whose-whom), (b) which 계열(which-whose-which)이나 (c) 보문소 that이 이끌 수 있고 때로는 생략되는데, 생략될 경우 이들을 (d) 비외현적(non-overt) 관계대명사 혹은 비외현적 보문소라고 부른다. 특히 제한적 관계사절은 (e) 외치(extraposition)를 통해 선행사와 멀리 떨어져 분리가 가능하다.

> (a) I met a foreigner who lives next door in my shop. (선행사 foreigner)
> (b) I saw a pretty table which has a glass top in a furniture outlet. (선행사 table)
> (c) The chair that I borrowed from you was very comfortable. (선행사 chair)
> (d) I really liked your song (which/that) you wrote for me last month. (선행사 song)
> (e) Someone came to see you who said he was with the FBI. (선행사 someone)

예문 (a)를 수형도로 나타내면 다음과 같다. 제한적 관계사절은 핵계층이론 수형도에서 N-bar(점선 동그라미 부분)의 우측 직접 지배를 받는 보문절(CP)이며, 심층구조 내포절(who lives next door)에서 생성된 관계대명사(who)가 보문절 지정어(CP-spec) 자리로 이동하여 완성된다. 특히 부가어인 PP(in my shop)는 최상위 V-bar의 우측 직접 지배를 받으며 어순으로 보면 문장의 맨 뒤에 위치한다. 주의할 점은 CP의 핵어인 C(보문소)는 비어 있기 때문에 수형도에서 C'(C-bar) 노드를 표시하지 않고 생략되어 바로 TP를 연결하였다는 것이다.

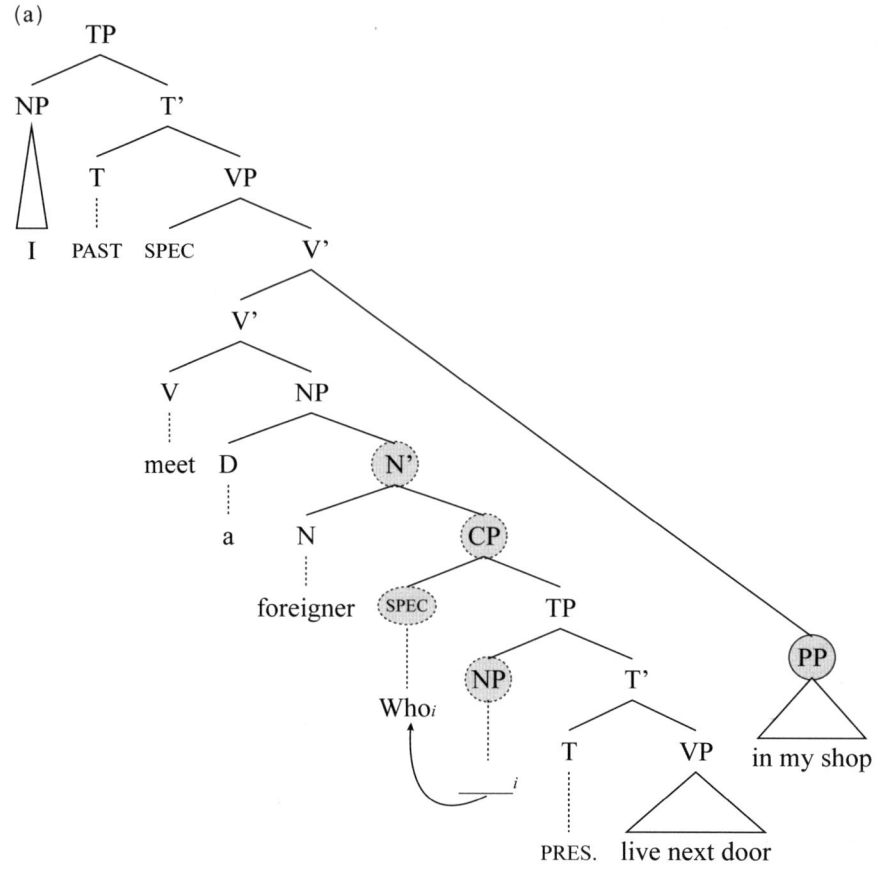

[TP I [V' met [NP a foreigner [CP who*i* [TP ___*i* lives next door]]] in my shop]]

예문 (c)의 주어 부분에 포함된 보문소(that)가 이끄는 관계사절을 수형도로 나타내면 다음과 같다. CP 노드는 핵어 C에 보문소가 있으므로 C-bar 범주까지 확장하여 표시하였다.

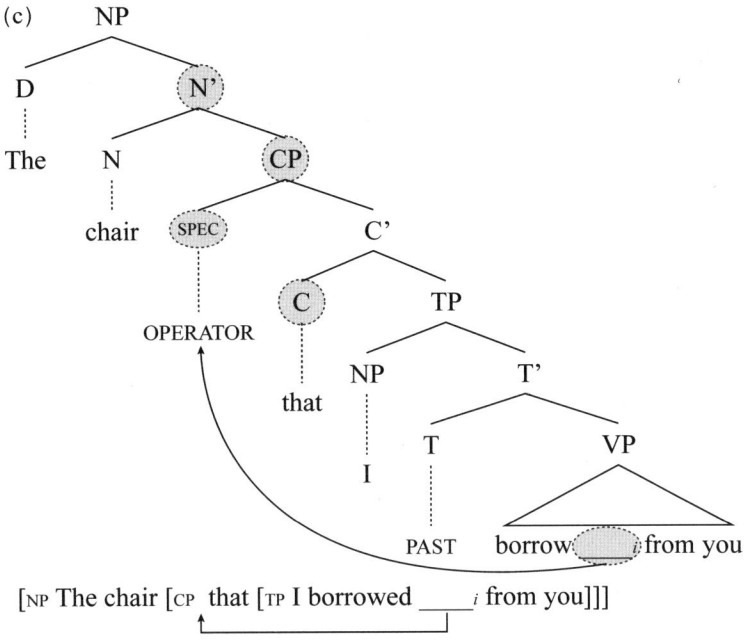

[NP The chair [CP that [TP I borrowed ___i from you]]]

다른 부분은 관계대명사가 포함된 관계사절과 비슷하지만, 차이점은 심층구조 내포절(that I borrowed from you)의 보문소(C) 자리에 that이 생성되고, 또 내포절에서 생성된 관계대명사는 눈에 보이지 않는 영운용자(null operator)라고 불리는 비외현적 관계대명사이며 눈에 보이는 관계대명사처럼 보문절 지정어 자리로 이동한다는 것이다.

(2) 동격 관계사절(appositive relative clauses)

선행사에 대한 후보충적 생각을 표현하는 동격 관계사절에는 선행사에 대한 묘사나 설명, 생각, 느낌 등 추가적인 보충 설명이 들어 있다고 보면 된다. 따라서 동격 관계사절(밑줄 친 부분)은 다음 예문에서 보듯이 괄호, 쉼표, 하이픈 등으로 표시하고 그 사이에 위치하는 경우가 대부분이다.

> (f) Tom (who was in Seoul with me at the time) is still my best friend. (괄호 사용)
> (g) I just met your father, who was very upset about you. (쉼표 사용)
> (h) Jane left home with no money - which was a shock for her parents. (하이픈 사용)

동격 관계사절은 제한적 관계사절과는 달리, 다음 예문에서 보듯이 보문소 that의 사용이나 비외현적 관계대명사의 사용이 불가능하고, 관계사절의 외치변형도 불가능하다. 특히 (k)의 경우 밑줄 친 외치변형된 관계사절은 A Tom(Tom이라는 어떤 사람)에 대한 보충 설명이 되지 못해 비문이 되며, 정문이라 가정한다면 외치변형이 없이 바로 앞에 있는 you에 대한 보충적 설명이 되어 버려 문장구조는 정문일지언정 내용은 얽혀 버려 이상한 문장이 된다.

(i) *Tom, that was with me at home, is still a nice guy. (보문소 that 불가)
(j) *Tom, _____ you met the other day, is our new teacher. (비외현적 관계대명사 불가)
(k) *A Tom came to see you, who said he was with the FBI. (관계사절 외치변형 불가)

(3) 자유 관계사절(free relative clauses)

관계사와 -ever가 합쳐져서 선행사가 없이 사용되는 자유 관계사절의 예는 다음과 같다.

(l) Whatever you say cannot be trusted.
(m) I will love whoever I see first today.
(n) You can have whichever you choose from the list.
(o) I will follow you wherever you go.

2 관계사절에서 wh-이동

제한적 관계사절에서 관계사절 내부에서 생성된 관계사가 어떻게 이동하는지에 대하여 세 가지 유형별로 알아보자.

(1) 관계사의 이동

첫째, 관계대명사 혹은 관계부사가 있는 경우는 앞서 수형도에서 확인하였듯이 심층구조 내의 TP에서 관계사가 생성되어 관계사절의 CP-spec(보문절 지정어) 자리로 이동하였다고 볼 수 있다.

(a) the boy [$_{CP}$ whom$_i$ [$_{TP}$ I met _____$_i$ yesterday]]
(b) the note [$_{CP}$ which$_i$ [$_{TP}$ I got _____$_i$ from my secretary]]
(c) the day [$_{CP}$ when$_i$ [$_{TP}$ they arrived in Seoul _____$_i$]]
(d) the hotel [$_{CP}$ where$_i$ [$_{TP}$ they stayed _____$_i$ during their visit]]
(e) the reason [$_{CP}$ why$_i$ [$_{TP}$ she refused to see him _____$_i$]]

둘째, 다음 예문과 같이 관계사가 존재하지 않고 보문소 that만 존재하는 경우에는, 심층구조에서 보문소는 원래부터 C 자리에서 생성되고, 심층구조 TP 내에서 눈에 보이지 않는 비외현적 관계사가 생성되어 CP-spec 자리로 이동하였다고 본다.

(a') the boy [CP ___i [C' that [TP I met ___i yesterday]]]
(b') the note [CP ___i [C' that [TP I got ___i from my secretary]]]
(c') the day [CP ___i [C' that [TP they arrived in Seoul ___i]]]
(d') the hotel [CP ___i [C' that [TP they stayed ___i during their visit]]]
(e') the reason [CP ___i [C' that [TP she refused to see him ___i]]]

비외현적 관계사와 함께 보문소 that이 있는 제한적 관계사절이 아니라, 그냥 접속사 that만 있는 경우(소위 that-절)라면 다음 예문처럼 CP-spec 자리가 비어 있게 된다.

(f) We think [CP ___ [C' that [TP the earth is round]]].

셋째, 관계사와 보문소 둘 다 비외현적 요소인 경우, 다음 예문에서 보듯이 비외현적 관계사(i)와 비외현적 보문소(k)가 각각 CP-spec과 C 자리에 생성된다.

(g) We liked the song [CP ___i [C' ___k [TP you wrote for us]]].

(2) 관계대명사 vs. that

관계대명사와 보문소 that을 비교하여 보면, 전치사의 보충어인 관계대명사는 TP절에서 생성되어 보문절의 CP-spec 위치로 이동할 때에 (h)처럼 전치사와 함께 혹은 (h')처럼 전치사 없이 홀로 이동할 수 있다.

(h) the boy about whom I talked
(h') the boy whom I talked about

그러나 다음 예문 (i), (i')와 수형도에서 볼 수 있듯이, TP 내부에서 전치사 about의 보충어로 비외현적 관계대명사가 생성되고, CP의 C 노드에 that 보문소가 생성된다면, 비외현적 관계대명사(operator)가 CP-spec으로 이동한 후에는 그 노드가 꽉 차 있게 된다(수형도의 O 부분). 따라서 그 후에 전치사 about은 이미 자리가 꽉 찬 CP-spec으로 이동할 수가 없다(수형도의 X 부분). 따라서 전치사가 이동하지 않는다면 예문 (i)에서처럼 정문이 되지만, 만일 이미 자리가 차 있는 CP-spec으로 억지로 about을 이동한다면 (i')에서처럼 비문이 된다.

(i) the boy that I talked about
(i') *the boy about that I talked

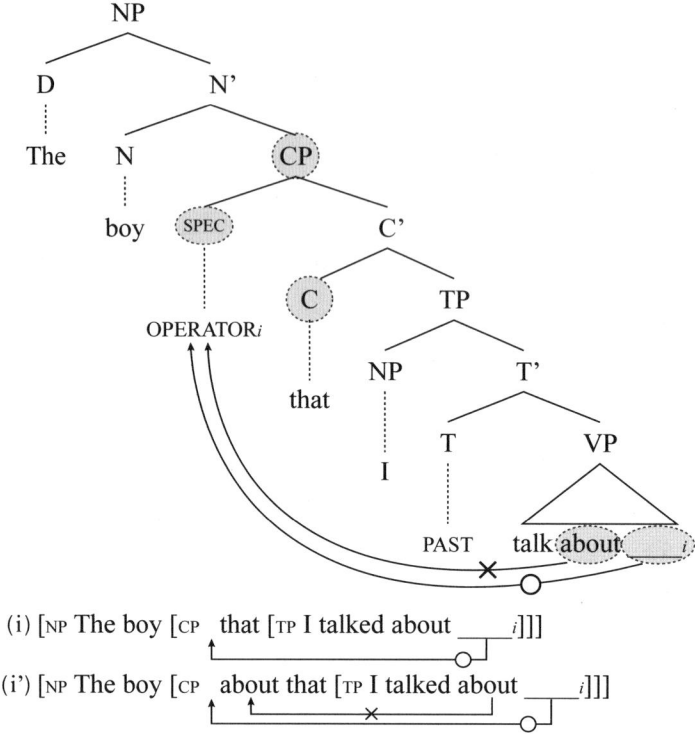

(i) [NP The boy [CP that [TP I talked about ___i]]]
(i') [NP The boy [CP about that [TP I talked about ___i]]]

또한 관계대명사는 whose와 같은 소유격(genitive case)이 가능하지만, 보문소 that은 소유격 형태가 불가능하다.

(j) the man whose/*that's sister is a teacher
(k) the dictionary whose/*that's cover is blue

마지막으로 관계대명사는 (h), (h'), (i)에서처럼 정형절(한정절)뿐만 아니라 (l), (m)에서처럼 to-부정사절에서도 사용 가능하지만, 보문소 that은 (n)에서처럼 오직 한정절에서만 사용할 수 있으므로 (n')는 비문이다.

(l) The student is not a person with whom to study.
(m) This is not a good tool with which to work.
(n) The student is not a person that you can study with.
(n') *The student is not a person that to study with.

(3) wh-이동 제약

앞서 심층구조에서 생성된 wh-의문사가 아무 위치에서나 다 이동이 가능하지 않고, 의문사가 목적어 보충어 내부에서 생성되면 이동이 가능하지만, 주어나 부가어 내부에서 생성될 경우에는 이동이 불가능하다고 배웠다. 그러면 wh-의문사에 해당되는 이런 내용이 wh-관계사에도 적용될 수 있는지 알아보자.

> (o) This is the staff$_i$. Tom caused the loss of the guy$_i$.
> (o') This is the staff who Tom caused the loss of ____ . (보충어 : 목적어 내부)
> (p) This is the staff. The loss of the guy caused great grief.
> (p') *This is the staff who the loss of ____ caused great grief. (*주어 내부)
> (q) This is the staff. They closed their shop after the loss of the guy.
> (q') *This is the staff who they closed their shop after the loss of ____ . (*부가어 내부)

위 예문에서 보듯이, wh-의문사 경우와 마찬가지로 wh-관계사의 경우도 목적어 보충어의 내부에서 생성된 경우는 이동이 가능하지만, 주어나 부가어 내부에서 생성될 경우 이동이 불가능하며, 이동하면 비문이 된다. 위 예문들에서 wh-관계사 자리를 보문소 that으로 바꿔 놓아도 같은 결과가 나온다.

3 wh-탈락(비외현적 관계사의 존재)

앞서 우리는 관계사가 who, which, where, when, why와 같이 눈에 보이는 외현적 wh-관계사도 있고, 우리 눈에는 보이지 않는 비외현적 wh-관계사도 있음을 배웠다. 다음 예문 (r)에서 동사 put의 목적어 보충어 자리에서 생성된 비외현적 관계사(Ø)는 보문소(that) 앞의 CP-spec 자리(빈칸 부분)로 이동한다고 볼 수 있다.

> (r) the pencil [$_{CP}$ [$_{SPEC}$ ____] [$_{C'}$ [$_C$ that] [$_{TP}$ I put Ø on the table]]]

앞서 배웠던 세 가지 유형의 제한적 관계사절의 경우 다음 예문에서처럼 외현적 혹은 비외현적 보문소는 모두 C 범주에서 생성되고, TP절에서 생성된 외현적 혹은 비외현적 wh-관계사는 모두 CP-spec 위치로 이동한다고 볼 수 있다. 수형도를 통해서도 확인해 보자.

> (s) the key which I put on the table (외현적 wh-관계사, 비외현적 보문소)
> (t) the key that I put on the table (비외현적 wh-관계사, 외현적 보문소)
> (u) the key I put on the table (비외현적 wh-관계사, 비외현적 보문소)

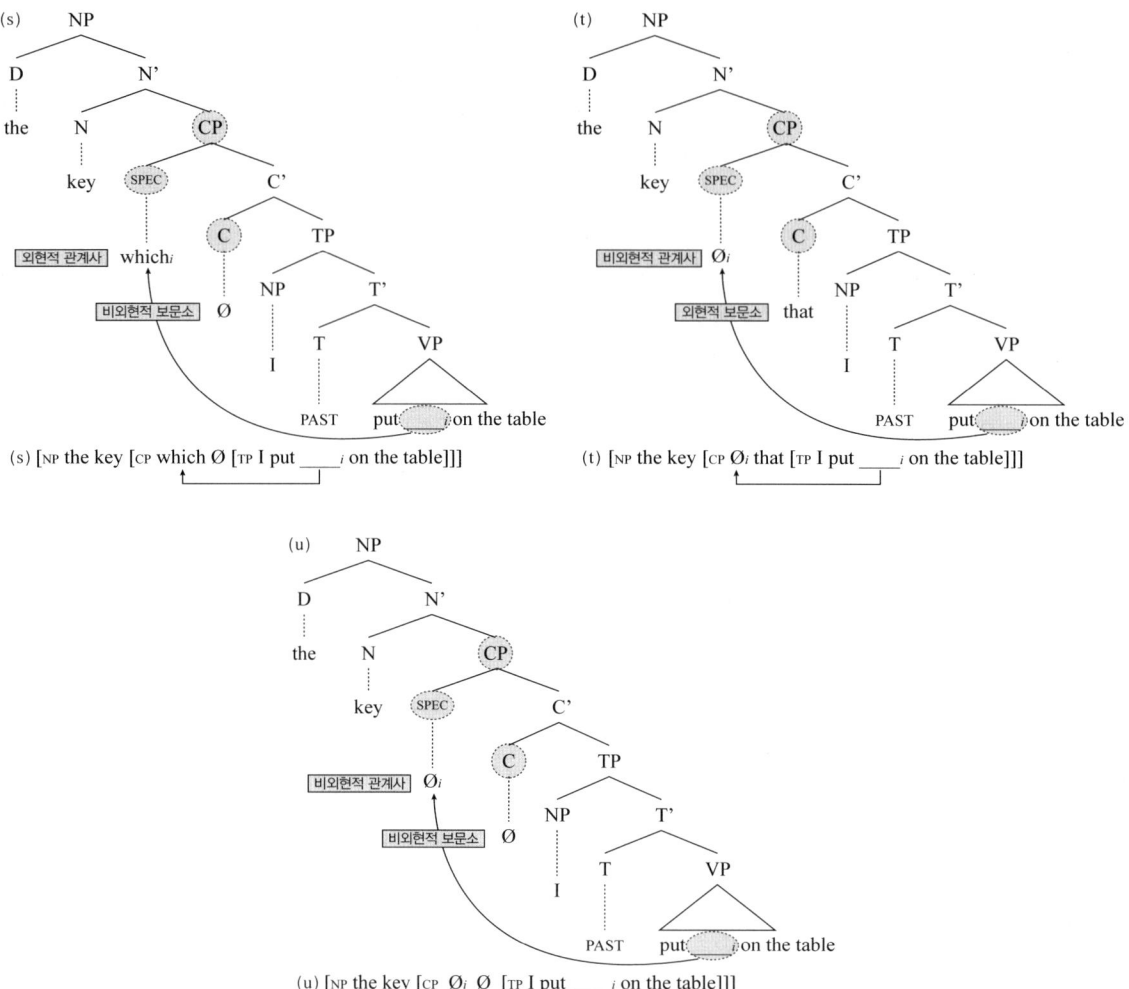

제3절 기타 wh-구조

앞서 wh-의문사와 wh-관계사가 wh-이동을 겪는다는 것을 배웠는데, 여기서는 wh-어휘가 포함된 다른 구문을 살펴보자.

1 분열문(cleft sentences)

다음 예문들은 영문법에서 소위 It is ~ that ~의 강조 구문(Tom을 강조)으로 불리는 구문인데, 통사론에서는 분열문(cleft sentences)이라고 부른다. 얼핏 보면 제한적 관계사절과 유사하게 보이지만 전혀 다른 성질을 지닌 구문이다.

(v) It is Tom who she really loves.
(v') It is Tom that she really loves.
(v") It is Tom she really loves.

앞서 제한적 관계사절에서는 선행사(NP)와 관계사절(CP)이 하나의 구성소 즉, 명사구(NP)로 기능을 한다는 것을 수형도에서 알 수 있었다. 하지만 분열문에서는 Tom과 그 이후의 절은 하나의 구성소가 아니다. 하나의 구성소라면 (w')에서 문두로 이동을 해도 정문이 되어야 하는데, 보다시피 비문이 되는 것이다. 대신 초점 혹은 강조를 받는 요소인 Tom만이 자유롭게 문두로 이동하여 (w)와 같이 정문이 된다. 결국 (v)에서 Tom은 내포절 (who ~ loves)의 선행사가 아닌 것이다. 이처럼 분열문은 관계사절과는 무관하다는 것을 알 수 있다.

(w) Tom it is who she really loves.
(w') *Tom who she really loves it is.

2 wh-감탄문

영어의 감탄문에서도 wh-구(wh-phrase) 부분에 wh-이동 규칙이 적용된다. 따라서 다음 예문에서 밑줄 친 부분이 CP-spec 자리로 이동한다고 볼 수 있다.

(x) What a pretty flower Tom's got _____!
(x') How brave the boy can be _____!

제4장 α-이동(move-α)

변형생성문법의 창시자였던 촘스키(N. Chomsky)는 매우 다양한 종류의 이동 현상을 연구하면서 서로 다른 이름을 지니고 있던 이동 현상들을 보편화된 하나의 이동 규칙으로 통합하고자 노력하였다. 즉, 모든 구성성분은 문장의 어느 곳이든 이동할 수 있다(move-α)고 가정하되, 그러한 이동을 불가능하게 하는 제약이나 규칙을 찾고자 하였다. α-이동에서 α(알파)는 구성성분을 가리키는 용어이다. 다음에서는 다양한 구성성분의 이동을 살펴본다.

제1절 부정어 전치(negative preposing)

부정어(few, little, no, rarely 등)를 포함하는 범주인 NP, PP, AdvP 등이 내포절의 IP에서 생성되면, 이들은 강조나 초점 등의 이유에 의해 주절의 CP-spec 자리로 이동이 가능하다. 이때 조동사도 같이 이동하는데 내포절 앞의 보문소 C 자리로 이동한다.

(a) I would trust [NP few people] with such a dishonorable career.
(a') [CP [NP Few people] [C' would [IP I trust ___ with such a dishonorable career]]].
(b) Students may cheat [PP under no circumstances].
(b') [CP [PP Under no circumstances] [C' may [IP students cheat ___]]].
(c) We find our ideal life partner [AdvP very rarely].
(c') [CP [AdvP Very rarely] [C' do [IP we find our ideal partner ___]]].

예문 (b)의 부정어 전치를 나타내면 다음과 같다.

```
              CP-SPEC    C
(b) [CP _____  [C' _____  [IP Students may cheat [PP under no circumstances]]]]
```

이 문장의 심층구조와 부정어 전치 경로를 수형도로 그려 보면 다음과 같다.

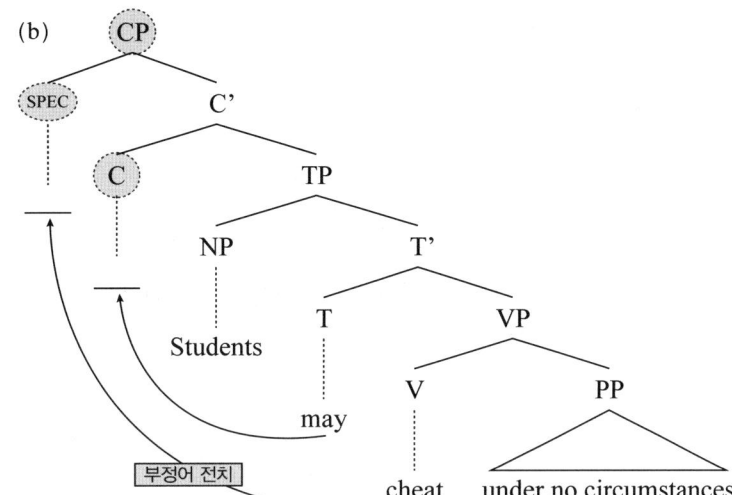

제2절 동사구 전치(VP preposing)

동사구도 IP 내부에서 생성되어 문두로 이동할 수 있는데, 이동하는 착지점은 역시 보문절의 지정어(CP-spec) 자리가 된다. 다음 예문 (d)의 접속사 but 이후의 문장에서 VP(find them)가 문두로 이동하였으므로 보문절 CP의 어디론가 착지했다는 것을 알 수 있고, 예문 (e')를 통해 조동사 do가 보문소 C 자리에 있으므로, VP(studying late at night)가 CP-spec 자리로 착지했다는 것을 알 수 있다. 따라서 동사구 전치의 경우에도 동사구의 착지점은 보문절 지정어임을 알 수 있다.

(d) Tom hoped that Susan could find her keys, but find them she could not _____.
(e) Do you think Tom was studying late at night?
(e') Studying late at night do you think Tom was _____?

예문 (e)의 yes-no 의문문이 만들어지고 난 후의 수형도를 그린 후 동사구 전치의 경로를 살펴보면 다음과 같다.

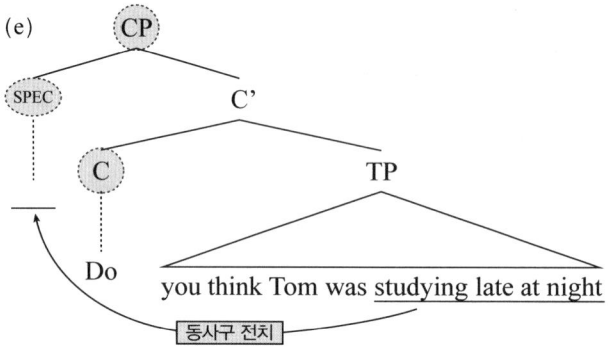

제3절 결과 전치(resultative preposing)

영문법에서 so/such ~ that ~의 원인과 결과 구문으로 알려진 구문에서 원인에 해당하는 부분인 NP, AP, AdvP 등이 문두로 전치될 수 있는데, 조동사는 C 자리를 차지하고 전치된 원인 부분은 역시 CP의 지정어 자리에 착지한다.

> (f) She would cry <u>so badly</u> that we could not say anything.
> (f') <u>So badly</u> would she cry _____ that we could not say anything. (AdvP 전치)
> (g) He showed <u>such pride</u> that everyone admired him.
> (g') <u>Such pride</u> did he show _____ that everyone admired him. (NP 전치)

제4절 주제화 전치(topicalization preposing)

화제문화라고도 불리는데, 문장 내에서 생성된 NP가 문두의 CP-spec 위치로 이동할 수 있다. 평서문 (h'), (i')에서 C는 비어 있는 것으로 볼 수 있는데, 의문문 (j')에서 조동사가 C 자리를 차지하기 때문이다.

> (h) I would have a cup of coffee while reading a book.
> (h') A cup of coffee I would have ____ while reading a book.
> (i) We'd have to get rid of our bad habit.
> (i') Our bad habit we'd have to get rid of ____.
> (j) Should we allow that kind of cheating in our school?
> (j') That kind of cheating should we allow ____ in our school?

지금까지 살펴본 다양한 이동 현상을 일반화하면 문장의 모든 구성성분(α)은 어느 곳에서 생성되든 이동을 할 수 있으며, 이를 알파-이동(α-이동, move-α)이라고 부른다.

제 6 편 | 실전예상문제

제1장 NP 이동

01 다음 중 확대표준이론에 대한 설명으로 가장 적절하지 <u>않은</u> 것은?

① 변형이 발생하더라도 의미에 영향을 끼치지 않는다.
② 문장은 구구조 규칙에 의해 만들어진다.
③ 심층구조와 표층구조로 구분한다.
④ 변형은 의미에 영향을 미친다.

01 양화사를 포함한 문장이 수동문화와 같은 변형을 거치면 의미에 영향을 끼칠 수 있다고 수정된 이론이 확대표준이론이다. 변형이 발생하더라도 의미에 영향을 끼치지 않는다는 이론은 기존의 표준이론이다.

02 다음 문장에 대한 설명으로 옳은 것은?

> The book will be put on the table.

① 하위범주화 조건을 위반했다.
② NP 'The book'이 이동했다.
③ put 뒤에 명사가 위치해야 한다.
④ NP 'the table'도 이동할 수 있다.

02 심층구조에서 put 뒤에 있는 보충어(목적어) NP 'The book'이 하위범주화 조건을 충족시킨 후에 주어 자리로 이동하였기 때문에 put 뒤에는 자리가 비어 있다. 부가어인 PP(on the table) 내부의 NP는 주어 자리로 이동이 불가능하다.

정답 01 ① 02 ②

03 다음 문장에 대한 설명으로 옳은 것은?

> Tom seems to me to be happy.

① Tom이 내포절의 주어 자리에서 이동하였다.
② 주어-목적어 상승 구문이다.
③ 비주어 상승 구문이다.
④ 선택제약 조건을 위반한 문장이다.

03 Tom이 내포절(to-부정사구)의 주어 자리에서 주절의 주어 자리로 이동한 주어-주어 상승 구문이다.

04 다음 중 주어-목적어 상승 구문에 해당하는 것은?

① Tom wants to marry Mary.
② My boss believes me to be honest.
③ Tom persuaded Ted to marry Mary.
④ Tom promised Ted to marry Mary.

04 believe류의 동사는 me가 내포절 주어 자리에서 주절의 목적어 자리로 이동하는 주어-목적어 상승 현상을 일으킨다.
나머지는 심층구조에서 생성되는 비외현적 주어 PRO가 주절의 주어/목적어로 해석(통제)되는 것과 관련된 문장이다.

05 다음 문장이 비문법적인 이유로 옳은 것은?

> *Tom seems to me to have deceived myself.

① 하위범주화 조건 위반이다.
② 선택제약 위반이다.
③ 내포절의 주어인 Tom과 myself가 동일지칭이 아니다.
④ 목적어-주어 인상 구문에서 명사구의 격이 다르다.

05 내포절의 주어인 Tom과 myself가 동일지칭이어야 한다.

정답 03 ① 04 ② 05 ③

06 다음 문장에서 a fool의 사용이 비문인 이유로 가장 적절한 것은?

> They seem to me to be fools/*a fool.

① 문장 주어인 They와 목적어 명사구인 a fool이 수 일치가 되어야 한다.
② 비외현적 주어인 They가 복수이다.
③ 비주어 상승 시에 a fool과 they가 인칭의 일치를 보여야 한다.
④ 이동 전 내포절의 주어인 They와 보어의 수 일치가 되어야 한다.

06 이동 전 내포절 주어인 They와 보어의 수 일치가 되어야 하므로 fools가 맞고, 이후 주절의 주어 자리로 이동하는 주어-주어 인상 구문이다.

07 다음 수동문 중에서 비문인 것은?

① Nothing was agreed on by the jury.
② He can be depended on for good advice.
③ Many hours were argued for.
④ He must be talked to by someone.

07 능동문에서 argue for many hours의 전치사구는 서술어 argue의 보충어가 아니라 부가어이므로 수동화가 불가능하다. 논쟁하는 내용이 아닌 이와 무관한 시간의 부사구이므로 부가어이다.

08 다음 중 NP 이동이 일어나지 않은 것은?

① I am interested in your idea.
② Tom seems to be happy.
③ Susan was given the job.
④ Tom is considered to be honest.

08 형용사적 분사(즉, 형용사)에 의한 수동문은 NP 이동이 없다.

정답 06 ④ 07 ③ 08 ①

주관식 문제

01 다음 문장의 수동문을 쓰고, 수동문 변형에 따른 의미의 변화가 있는지 설명하시오.

> Every student speaks at least two languages.

01 정답
수동문 : At least two languages are spoken by every student.
의미 변화가 있다. 능동문은 모든 학생이 각기 다른 최소 두 개의 언어를 말한다는 의미이지만, 수동문은 이미 정해진 최소 두 개의 동일한 언어를 모든 학생들이 말한다는 의미이다.

02 다음 문장의 심층구조를 나타내고, 간략하게 설명하시오.

> Susan will be given a book.

02 정답
[＿＿] will be given Susan a book.
이 심층구조의 동사 given의 가까운(인접한) 보충어 NP(Susan)가 비어 있는 주어 자리에 이동하여 Susan will be given a book의 표층구조가 만들어진다.

03 다음 문장의 심층구조를 나타내시오.

> Tom seems to me to have perjured himself.

03 정답
[＿＿] seems to me Tom to have perjured himself.

04 정답
내포절 주어인 me가 주절의 동사 뒤 목적어 자리로 이동하는 주어-목적어 상승 구문이다.

05 정답
주어진 문장은 비문(*)이다. Tom은 내포절의 주어 자리에서 생성되어 주절의 주어 자리로 상승했으므로, 재귀대명사 herself의 선행사가 되어야 하는데, Tom은 남성 이름이므로 비문이다. himself로 바꾸면 정문이 된다.

06 정답
(a)는 주어-목적어 인상 구문이고, (b)는 주어-주어 인상 구문이다. 즉, (a)는 내포절의 주어가 주절의 목적어로 상승한 주어-목적어 인상 구문이고, (b)는 내포절의 주어가 주절의 주어로 상승한 주어-주어 인상 구문이다.

---

04 다음 문장에서 내포절 주어의 이동 현상을 설명하시오.

> My boss expects me to finish the project soon.

05 다음 문장의 정문/비문 여부를 밝히고, 이유를 쓰시오.

> Tom appears to Mary to be bragging about herself.

06 다음 두 문장의 차이점을 서술하시오.

> (a) We believed him to be patient.
> (b) He seems to be studying.

07 다음 중 주어-주어 상승 현상을 일으키는 동사가 아닌 것을 고르고, 그 동사는 주로 어떤 현상을 일으키는지 쓰시오.

seem, appear, turn out, happen, consider

07 정답
consider는 주어-목적어 상승 현상을 일으킨다.

08 다음 두 문장의 심층구조를 나타내시오.

(a) He appears to be sleeping.
(b) We believe him to be wise.

08 정답
(a) ____ appears [he to be sleeping].
(b) We believe ____ [him to be wise].

제2장 　 조동사, be동사 이동

01 법조동사(can, may, shall 등)는 그 자체로 시제를 포함한다.

01 다음 중 법조동사(modal auxiliaries)에 대한 설명으로 가장 적절하지 않은 것은?

① Could는 Aux 범주에 속한다.
② 법조동사는 그 자체로 시제를 포함하지 않는다.
③ 법조동사는 T 노드에 연결된다.
④ Have 동사는 법조동사에 속하지 않는다.

02 법조동사는 yes-no 의문문에서 T 범주에서 생성되어 보문소인 C 범주로 이동한다.

02 다음 문장의 도출 과정에 대한 설명으로 옳지 않은 것은?

> Could you open the door for me?

① 조동사 could는 Aux 범주에 속한다.
② 조동사 could는 이동 후 보문소 자리에 위치한다.
③ 조동사 could는 주어 NP의 specifier 자리로 이동한다.
④ 조동사 could는 T 노드에서 생성 후 문두로 이동한다.

03 Is는 T 범주에서 생성되어 C 범주로 이동한다.

03 다음 문장에 대한 설명으로 옳지 않은 것은?

> Is the boy running home?

① Is는 T 범주로 이동한다.
② 심층구조에서 C는 비어 있다.
③ Is는 보문소 위치로 이동한다.
④ 시제는 T 범주에 있다.

정답　01 ②　02 ③　03 ①

04 다음 문장에 대한 설명으로 옳지 않은 것은?

> Was the boy very famous?

① be는 T 노드에서 시제와 통합된다.
② Was는 C 노드로 이동한다.
③ very famous는 VP에서 생성된다.
④ be는 T에서 생성된다.

04 be는 V에서 생성된 다음에 T 노드를 거쳐 C 노드로 이동하여 의문문이 된다.

주관식 문제

01 다음 의문문에서 법조동사 could가 이동하는 자리는 어디인지 쓰시오.

> Could you read this for me?

01 **정답**
yes-no 의문문에서 법조동사 could는 T 범주에서 C(보문소) 범주 자리로 이동한다.

02 다음 의문문에서 be동사가 생성되는 자리와 최종 이동하는 자리는 어디인지 쓰시오.

> Is the teacher very strict?

02 **정답**
VP의 좌측 직접 지배를 받는 V에서 be가 생성되어 T(시제) 범주로 이동하여 시제를 취한 후 C(보문소) 범주로 최종 이동한다.

정답 04 ④

제3장 Wh-이동

01 다음 문장에 대한 설명으로 옳은 것은?

> Which witness did you say you thought perjured himself?

① himself의 선행사가 동일절에 존재하지 않아 비문이다.
② which witness가 perjured의 주어 자리에서 생성되어 이동했다.
③ 주어-주어 상승 구문이다.
④ wh-이동 규칙 위반으로 비문이다.

01 which witness가 perjured의 주어 자리에서 생성되어 문두로 이동한 wh-이동이 적용된 문장이다.

02 다음 중 복합명사구 제약을 위반한 문장은?

① Who did he see last week?
② Who did John claim that he saw last week?
③ Who did John make the claim that he saw last week?
④ How could John solve the problem?

02 의문사 who는 복합명사구 the claim that he saw ___ last week에서 벗어나면 제약 위반으로 비문이 된다.

03 다음 문장에서 관계대명사가 위치하는 자리는?

> someone whom I met

① met의 목적어
② CP의 지정어 자리
③ TP의 핵어 자리
④ CP의 핵어 자리

03 wh-의문사/관계사는 CP의 지정어 (CP-spec) 자리로 이동한다.

정답 01 ② 02 ③ 03 ②

04 다음 문장에 대한 설명으로 옳지 않은 것은?

> It is Tom who she really loves.

① Tom은 내포절의 선행사 역할을 하지 않는다.
② Tom과 이후 절은 하나의 구성성분이 아니다.
③ Tom과 이후 절은 문두로 이동할 수 있다.
④ Tom은 초점을 받는 요소이다.

04 Tom과 이후 절은 하나의 구성소가 아니므로 문두로 이동할 수 없다.

05 다음 중 비문인 것은?

① What has he left where?
② Where has he left what?
③ What where has he left?
④ He has left what where.

05 이미 하나의 wh-의문사가 이동하여 자리가 꽉 찬 CP-spec에 또 다른 의문사를 이동시킬 수 없으므로 비문이다.

06 다음 중 wh-이동 제약을 위반한 문장은?

① I know a man who speaks French.
② Who did you see last night?
③ How do you think that Tom solved it?
④ This is the man whom Tom made the claim that he will invite.

06 복합명사구(the claim that he will invite ____)인 NP-CP 내부에서 생성된 wh-관계사는 이동이 불가능하여 비문이 된다.

07 다음 중 wh-이동이 적용된 문장은?

① Tom seems to have slept.
② Tom was treated badly.
③ The pen was put on the table.
④ That is the ink we need.

07 비외현적 wh-관계사가 이동한 문장이다.
① 주어-주어 상승 구문에서의 NP 이동이다.
②·③ 수동문에서의 NP 이동이다.

정답 04 ③ 05 ③ 06 ④ 07 ④

08 보문절(CP)의 핵어인 보문소(C) 자리에 조동사가 위치한다. 조동사나 be동사가 의문문이나 문두로 전치하는 구문에 존재할 경우, 의문사나 전치된 구가 보문절 지정어에 착지한다.

09 내포절의 주어 자리에서 생성된 wh-의문사는 주격 who를 써야 한다. 목적격 wh-의문사는 who, whom 모두 가능하다.

08 다음 중 문두에 위치한 노드가 보문절(CP) 지정어(specifier) 자리가 아닌 것은?

① Studying late do you really think she was?
② What are you looking for?
③ Could you open the window for me?
④ Few men could I like with a thick moustache.

09 다음 중 wh-의문사의 격 표시가 옳지 않은 문장은?

① Whom do you think would respect him?
② Who do you think would respect him?
③ Whom do you think she would respect?
④ Who do you think she would respect?

주관식 문제

01 다음 문장 (b)가 비문인 이유를 쓰시오.

(a) Who do you wanna beat?
(b) *Who do you wanna win?

01 **정답**
Who가 want와 to 사이에서 생성되어 문두로 이동한 wh-이동이 적용된 문장이므로 축약이 불가능하다. 정문이 되려면 Who do you want ____ to win?이 되어야 하며, 뜻은 "당신은 누가 이기기를 바랍니까?"가 된다. 여기서 who는 win의 목적어가 아니라 want의 목적어로서 내포절 ____ to win의 주어이다.

정답 08 ③ 09 ①

02 다음 문장의 정문/비문 여부를 밝히고, 이유를 쓰시오.

> How do you wonder which problem Tom could solve?

02 정답

주어진 문장은 비문(*)이다. How$_i$ do you wonder which problem$_k$ Tom could solve ___$_k$ ___$_i$?에서 의문사 how가 이동하면서 CP-spec 자리에 이미 which problem이 있으므로 wh-섬 제약을 위반하게 되어 비문이 된다.

03 다음 두 문장에서 why와 that의 위치 차이에 대하여 쓰시오.

> (a) the reason why I went there
> (b) the reason that I went there

03 정답

(a) 관계사 why는 CP의 지정어(specifier) 자리에, (b) 보문소 that은 CP의 C 자리에 위치한다.

04 다음 문장 (b)가 비문인 이유를 쓰시오.

> (a) It is Tom who she really loves.
> (b) *Tom who she really loves it is.

04 정답

분열문에서 초점을 받는 요소와 그 뒤의 절은 하나의 구성성분이 아니므로 문두로 이동하는 화제문화(topicalization)가 불가능하다.

05

정답

심층구조에서 생성되어 이동 후 CP-spec 자리에 착지한 To whom이 내포절의 동사 say 혹은 talking의 보충어로서 생성될 수 있기 때문이다.

05 다음 문장이 중의적인 이유를 쓰시오.

> To whom did you say that Tom was talking?

06

정답

심층구조에서 서술어 break up의 부가어인 after the loss of ____의 일부로 생성된 wh-의문사는 문두로 이동할 수 없다.

06 다음 문장이 비문인 이유를 쓰시오.

> *Who did they break up after the loss of?

07

정답

문장 (a)는 정문이지만 (b)는 비문인데, (b)는 복합명사구(NP-CP) 제약을 위반했기 때문이다. 복합명사구 (the claim that he met ____ last night) 내부에서 생성된 의문사는 문두로 이동할 수 없다.

07 다음 두 문장의 정문/비문 여부를 밝히고, 문법성 차이를 비교하여 서술하시오.

> (a) Who did Tom claim that he met last night?
> (b) Who did Tom make the claim that he met last night?

제4장 α-이동(move-α)

01 다음 중 주제화(화제문화) 전치가 적용된 문장은?

① These steps I used to sweep with a broom.
② So grave would the consequences have been that he would have had to resign.
③ Working late do you really think he was?
④ Few people would I trust with such a mission.

02 α-이동에 대한 설명으로 가장 적절한 것은?

① 화제문화의 다른 이름이다.
② α는 구성소를 가리킨다.
③ α는 보문소를 가리킨다.
④ 보문절의 내포절로의 이동을 가리킨다.

03 다음 중 부정어 전치 문장이 아닌 것은?

① Under no circumstances should you break the law.
② Rarely do I find time to study in the morning.
③ Few women would I trust to set up a blind date.
④ Studying late do you think he was?

04 다음 중 동사구 전치 문장이 아닌 것은?

① Find a perfect date he could not.
② Staying up at night she was.
③ Never would I trust that kind of men.
④ Let it be we cannot.

---

01 동사 sweep의 목적어인 NP(These steps)를 문두로 이동시킨 화제문화 전치 문장이다.
② 원인(So grave)을 전치시킨 결과 전치이다.
③ 동사구(working late) 전치이다.
④ 부정어(Few people) 전치 구문이지만 주제화 전치는 아닌데, 조동사가 C 자리에 있기 때문이다. 주제화 전치 구문이라면 … I would trust …가 되어야 한다.

02 α-이동은 모든 구성성분이 문장의 어느 곳이든 이동할 수 있음을 가리킨다. α-이동에서 α(알파)는 구성성분(구성소)을 가리키는 용어이다.

03 부정어 no, rarely, few 등을 찾는다. ④는 동사구(Studying late) 전치 문장이다.

04 ③은 부정어 전치 문장이다.

정답 01 ① 02 ② 03 ④ 04 ③

05 ①은 결과 전치 구문으로, 원인이 전치된 문장이다.

05 다음 중 주제화 전치 문장이 아닌 것은?

① Such pride did he show that we respect him.
② A glass of milk I'd like to have now.
③ Our law we should abide by.
④ That behavior should we tolerate in our group?

주관식 문제

01 **정답**
[CP ___ [C' ___ [TP You find the ideal partner very rarely]]].

01 다음 문장의 심층구조를 나타내시오.

Very rarely do you find the ideal partner.

02 **정답**
보문절의 지정어(CP-spec) 자리에 위치한다.

02 다음 문장에서 문두로 이동한 **so badly**는 수형도 구조상 어디에 위치하는지 쓰시오.

So badly would she cry that we could not say anything.

정답 05 ①

제 7 편

변형(B)

제1장	삭제
제2장	삽입
제3장	외치변형
실전예상문제

| 단원 개요 |

제7편에서는 변형 규칙들 중에서 삭제, 삽입, 외치변형과 관련된 내용을 상세하게 다루게 된다. 특히 동일명사구/동사구 삭제의 관점에서 보았던 변형 규칙을 전혀 다른 관점에서 비외현적 주어로 분석하게 되는데 그 이유가 무엇인지 배운다. 삽입과 외치변형에 있어서도 어떤 구조적 변화가 있는지 살펴본다.

| 출제 경향 및 수험 대책 |

제7편에서는 어떤 이유로 인해서 있던 것을 없애는 삭제 규칙이 안 보이는 것(비외현적 주어)이 생겨난 것으로 분석하게 되었는지 잘 이해해야 한다. 또한 삽입과 외치변형이 수형도상에서 어떤 구조적 변화가 생기는지도 시각적으로 잘 이해하는 것이 좋다.

제1장 삭제

앞서 삭제 변형 규칙에는 명령문화와 동일명사구 삭제(equi-NP deletion) 및 동일동사구 삭제(equi-VP deletion) 규칙이 있다고 배웠다. 여기서는 동일명사구/동사구 삭제의 분석과 관련하여, 동일 항목 삭제 관점의 분석이 어떻게 해서 비외현적 명사인 PRO를 중심으로 한 분석으로 변하게 되었는지에 관하여 자세히 배운다.

제1절 (동일)명사구/동사구 삭제(equi-NP/VP deletion)와 비외현적 주어 PRO 〔중요〕

앞서 동일명사구 삭제 규칙은 (a)처럼 반복되는 명사구 중에서 뒤의 것(밑줄 친 Tom)을 삭제하는 규칙임을 배웠다. 그리고 동일동사구 삭제 규칙은 (a')처럼 반복되는 동사구 중에서 뒤의 것(밑줄 친 cleans it)을 삭제하는 규칙임을 배웠다.

> (a) Tom did his homework and (Tom) watched TV for a while.
> (a') Tom cleans it much faster than Susan (cleans it).

또한 to-부정사구를 포함한 문장에서는 동사의 종류(want, promise, try, decide, prefer 등/let, ask, persuade, allow, force 등)에 따라 생략된 동일명사구(밑줄 친 부분)가 각각 (b) 상위문의 주어(Tom) 혹은 (b') 상위문의 목적어(Ted)라고 배웠다. 주절의 주어와 동일한 내포절의 주어(for Tom)를 삭제하는 규칙을 '주어 통제에 의한 동일명사구 삭제'라고 하며, 주절의 목적어와 동일한 내포절의 주어(for Ted)를 삭제하는 규칙을 '목적어 통제에 의한 동일명사구 삭제'라고 한다. 주어/목적어 통제라는 말은 '주어/목적어로 해석되는'의 의미이다.

> (b) Tom wants (for Tom) to marry Susan. (Tom, Susan이 결혼)
> (b') Tom persuaded Ted (for Ted) to marry Susan. (Ted, Susan이 결혼)

동일명사구/동사구 삭제 규칙을 구조기술(SD, structural description)과 구조변화(SC, structural change)로 표현하면 다음과 같다.

구조기술 :	X	–	NP_i	–	Y	–	s'[for NP_i	–	VP]
	1		2		3		4		5
구조변화 :	1		2		3		Ø		5

규칙을 수형도로 표시하면 다음과 같다.

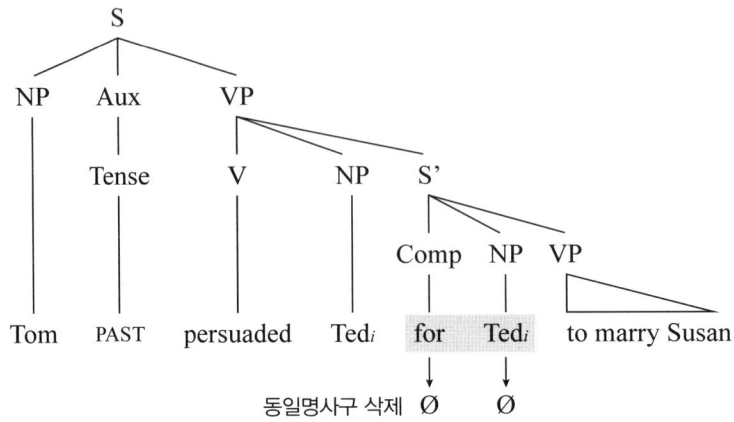

1 비외현적 대명사 PRO

위 예문 (b), (b')에서 for Tom, for Ted와 같은 의미상의 주어를 의도적으로 가정하였는데, to-부정사구에 실제로 눈에 보이지 않는 주어가 있는지 근거를 찾아보자.

(c) Tom should play the soccer game.
(c') *There should play the soccer game.

예문 (c)에서 보듯이, 동사 play는 주어와 목적어 두 개의 논항을 필요로 하고, 각 논항은 동사로부터 행위자역과 대상역을 할당받아 정문이 된다. 문장 (c')가 비문인 이유는 주어에 허사 there가 있는데 허사는 의미역을 할당받을 수 없는 요소여서 의미역 할당 기준을 충족시키지 못하기 때문이다.

(d) To play the soccer game would be wonderful.

그런데 예문 (d)를 보면 동사 play가 필요로 하는 주어와 목적어라는 두 개의 논항 중에서 주어 논항이 없는데도 문장은 정문인 것을 알 수 있다. 이는 주어 자리에 눈에 보이지는 않지만 주어 논항 기능을 수행하는 무언가가 존재하고, 그것에 의미역이 부여된다고 볼 수 있는 근거가 되는 것이다.

이렇게 눈에 보이지 않는 주어를 '비외현적 주어'(non-overt PRO)라고 부른다. 따라서 보는 각도에 따라서(다시 말하면 이론에 따라서), 심층구조에서 for Tom, for Ted와 같은 의미상의 주어가 있다고 가정할 수도 있고, 심층구조에서 for Tom, for Ted 대신에 그 자리에 비외현적 주어가 있다고 가정을 할 수도 있는 것이다. 예문 (b), (b')를 비외현적 주어(빈칸으로 표시)가 심층구조에서 생성된다고 가정하여 다시 써 보면 다음 예문 (e), (e')와 같다.

(e) Tom wants _____ to marry Susan.
(e') Tom persuaded Ted _____ to marry Susan.

혹은 비외현적 주어를 눈에 보이지 않는 주어를 대신하는 대명사 같다고 하여 대명사(pronoun)의 약자를 쓰되 대문자 PRO(big PRO라고 읽음)로 표시하여 다음과 같이 쓴다.

(f) Tom wants PRO to marry Susan.
(f') Tom persuaded Ted PRO to marry Susan.

2 주어 통제 PRO vs. 목적어 통제 PRO

위 예문 (f), (f')에서처럼 PRO가 주절의 주어(Tom)로 해석되는 경우를 주어 통제(subject control)라고 하고, 목적어(Ted)로 해석되는 경우를 목적어 통제(object control)라고 하며, PRO가 주절의 주어나 목적어 중 반드시 하나만 통제해야 정문이 되는 경우를 의무적 통제(obligatory control)라고 한다. 다음 수형도를 통해 PRO의 의무적 통제 중에서 주어 통제와 목적어 통제의 관계를 확인해 보자.

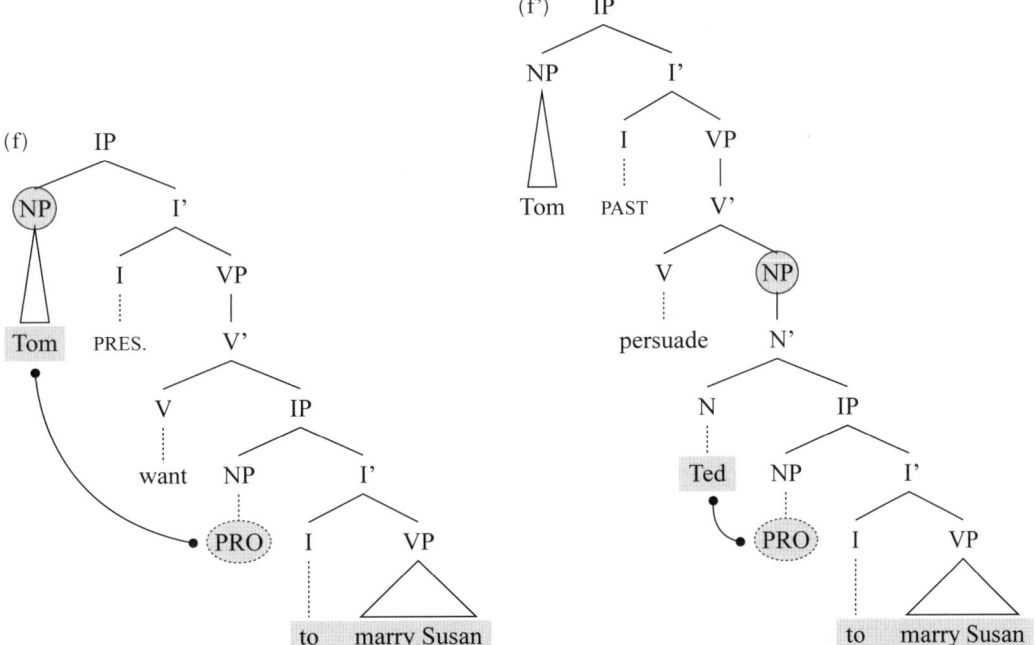

[IP Tom [V' wants [IP PRO to [VP marry Susan]]]]   [IP Tom [V' persuaded [N' Ted [IP PRO to [VP marry Susan]]]]]

PRO는 내포절인 IP의 좌측 직접 지배를 받는 주어 NP 자리에서 생성되며, 주어 통제 PRO인 경우 주절의 주어(Tom)와 밀접한 연계를 맺고 있거나(수형도에서 연결선), 목적어 통제 PRO인 경우 주절의 목적어(Ted)와 밀접한 연계를 맺고 있다.

요약하면, 동일명사구 삭제 규칙은 심층구조 내포절에 주어를 먼저 가정하고 이것이 주절의 주어 NP나 목적어 NP와 동일하다면 뒤의 것을 삭제한다는 규칙이다. 이론의 변화에 따라 최근에는 심층구조에서 생성된 요소를 삭제하는 분석이 아니라 다음 예문들처럼 심층구조 자체에서 눈에 보이지는 않지만 PRO가 생성된다고 가정하여 분석한다.

> (g) Tom decided [PRO to marry Susan]. (Tom과 Susan의 결혼)
> (h) Tom promised Ted [PRO to marry Susan]. (Tom과 Susan의 결혼)
> (i) Tom persuaded Bill [PRO to marry Susan]. (Bill과 Susan의 결혼)
> (j) Tom forced Bill [PRO to marry Susan]. (Bill과 Susan의 결혼)

위 예문들에서 대괄호 안의 내포절에서는 주어가 모두 눈에 안 보이는 비외현적 대명사인 PRO가 된다. 이 PRO는 동사 marry의 주어 논항으로서의 역할뿐 아니라 동사로부터 의미역까지 할당받아 정문이 되게 한다. 특히 (g), (h)에서와 같이 주절의 동사 종류에 따라 PRO는 주절의 주어(Tom)로 해석(통제)된다. 즉, PRO가 주어 Tom에 의해 통제된다고 말한다. 마찬가지로 (i), (j)에서는 주절의 동사 종류에 따라 PRO가 주절의 목적어(Bill)로 해석(통제)되므로, PRO가 목적어 Bill에 의해 통제된다고 말한다.

3 통제 구문과 재귀대명사

앞서 재귀대명사는 동일절 내에 동일지칭이 되는 선행사가 있어야 한다고 배웠다. 다음 예문들에서 재귀대명사로 주절의 주어를 나타내는 himself/themselves나 불특정 일반인을 나타내는 oneself가 모두 가능한 이유는 동일절 내부에 있는 PRO가 두 가지 해석이 다 가능하기 때문이다. 이를 선택적 통제(optional control)라고 한다.

> (k) Tom thought that it was best PRO to behave himself/oneself.
> (l) Tom asked how PRO to behave himself/oneself.
> (m) Tom wonders how PRO to behave himself/oneself.
> (n) Tom and Ted discussed PRO behaving themselves/oneself in public.

하지만 다음 예문들에서는 동일절에 위치한 선행사 PRO가 오직 주어 혹은 목적어의 특정인으로만 해석되기 때문에 의무적 통제(obligatory control)라고 한다.

> (o) Tom tried PRO to behave himself. (주어 Tom)
> (p) Tom was reluctant PRO to behave himself. (주어 Tom)
> (q) Tom told Mary PRO to behave herself/*himself. (목적어 Mary)
> (r) Tom instructed Mary PRO to behave herself/*himself. (목적어 Mary)

제 2 장 | 삽입

삽입 규칙은 심층구조에 없던 구성소가 표층구조에 삽입되는 규칙으로, 영어에는 there 삽입과 do 첨가가 있음을 앞서 배웠다.

제1절 there 삽입

심층구조에서 주어가 비한정 NP이고 동사가 존재/발생의 V일 경우, 원래 주어는 동사 뒤로 이동하고 주어 자리에는 허사 there가 삽입되어 표층구조를 이루게 된다. 이 경우 다음 예문처럼 두 문장의 의미는 동일하다.

(a) Many flowers are in the garden.
(a') There are many flowers in the garden.

이 규칙은 구조기술로 다음과 같이 나타낼 수 있다.

구조기술:	NP [−def.]	VP [+exist.]	X
	1	2	3
구조변화:	There	2+1	3

위의 두 문장 (a), (a')에 대하여 수형도로 나타내면 다음과 같다.

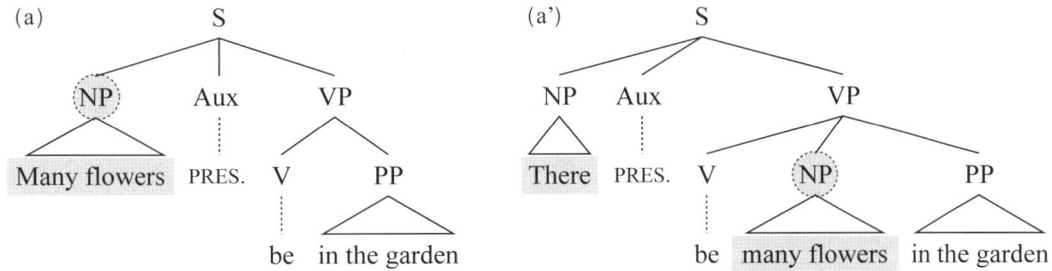

1 문법적 주어 there

허사(expletive)의 어원은 라틴어 expletivus로, '채우다'라는 의미를 갖고 있다. 허사 there가 문장에 의미를 추가하지 않고 단지 문법적 기능인 주어 자리를 채우고 있기 때문에 붙여진 명칭이다. 비인칭 혹은 가주어로 쓰이는 it도 마찬가지로 허사라고 불린다. 위 예문 (a')에서도 그것이 삽입된 문장에서 단지 문법적인 주어로만 사용되어 문장을 정문으로 만들어 준다. 이러한 허사가 의미 추가 없이 문법적 주어로만 사용된다는 증거는, 이들이 포함된 문장에서 의문문이나 부가의문문이 형성될 때에 나타난다.

> (b) Are there many flowers in the garden?
> (b') There are many flowers in the garden, aren't there?

예문 (b)에서와 같이 의문문에서 동사 are가 허사 there와 도치된다는 것은 허사 말고 다른 일반적인 주어가 있을 때와 마찬가지이며, (b')에서 부가된 의문문에서 주어 자리에 허사 there가 있다는 것도 이것이 문법적인 주어라는 근거로 볼 수 있다.

2 선택제약

이렇게 허사 there가 삽입된 문장과 삽입되지 않은 문장은 의미에 있어서 차이를 보이지 않는데, 이는 두 문장이 의미가 부여되는 심층구조상에서 동일하다는 것을 나타내며, 서술어가 논항들에 의미적 제약을 가하는 선택제약에 있어서도 동일한 문법성을 보인다는 말이다.

> (c) *A justice was on the table.
> (c') *There was a justice on the table.
> (d) *A theorem was in the house.
> (d') *There was a theorem in the house.

위 예문에서 서술어 be(was)는 '(구체적 사물/사람 따위가) 존재하다'라는 의미를 지닌 동사로, 주어 논항은 눈에 보이지 않는 추상명사가 될 수 없다는 선택제약을 갖고 있다. 허사가 있는 혹은 없는 문장 모두 비문이라는 사실은 두 문장의 심층구조가 같으며, 동일한 선택제약을 갖고 있다는 근거가 될 수 있다.

3 통사적 제약

허사 there가 들어간 문장이 정문이 되려면, 서술어 자체는 존재나 발생과 관련된 의미를 지닌 동사여야만 하며, 의미적 주어는 비한정 명사구(indefinite NP)여야 한다.

(1) 존재, 발생의 동사

이러한 의미를 지닌 동사는 appear, arise, be, come, ensue, exist, lie, occur, remain, sit, stand, stay 등이 있고, 다음 예문에서 보듯 이들이 들어간 there 삽입 문장들만이 정문이 된다.

> (e) There are many people in the room.
> (f) There arose a sudden storm in the distance.
> (g) There exists a small village in the mountains.
> (h) There occurred a remarkable event last night.
> (i) There remains a sense of mystery in the ancient ruins.
> (j) *There laughed a lady in the classroom.
> (k) *There died many young soldiers in the Korean War.
> (l) *There went some boys into the cave.

(2) 비한정 명사구(indefinite NP) 주어

허사 there가 들어간 구문에서는 의미적 주어가 비한정 명사구일 때만 정문이 되는데, 여기서 비한정(indefinite)이란 말은 '명확하고 확실하게 지정되지 않은 것'이라는 뜻이다. 따라서 정관사 the를 사용한 명사구나 특정인이 지정되는 고유명사는 there 구문에서 사용될 수 없다. 예를 들어, 다음 예문 (m)의 A tour guide는 비한정 명사구이므로 허사 there가 삽입되어 (m')처럼 정문이 되지만, 정관사가 있는 (n)의 The judge나 (o)의 고유명사 Tom의 경우는 한정 명사구이므로 there 삽입 구문이 되면 (n'), (o')처럼 비문이 된다.

> (m) A tour guide is at the gate.
> (m') There is a tour guide at the gate.
> (n) The judge was in his chair.
> (n') *There was the judge in his chair.
> (o) Tom was here this morning.
> (o') *There was Tom here this morning.

제2절 do 첨가

앞서 do 첨가가 이루어지는 경우는 다음 예문들에서처럼 (a') yes-no 의문문, (b') 부정문, (c') 강조문을 형성할 때 발생한다고 배웠다. 의문문의 경우 조동사가 있으면 그 조동사가 문두로 이동하지만, (a')처럼 일반동사가 있는 경우 동사에서 분리된 시제가 문두로 이동하고 그 후 문두에 첨가된 do가 시제를 취한다. (b')의 부정문에서도 동사에서 시제가 분리되고 그 후 첨가된 do가 시제를 취한 다음 부정어 not이 추가된다. (c')의 강조문에서도 시제가 분리된 후 첨가된 do가 시제를 취한다.

(a) They followed you.
(a') Did they follow you?
(b) They respected you.
(b') They did not respect you.
(c) They passed the test easily.
(c') They did pass the test easily.

의문문, 부정문, 강조문을 각각 구조기술로 나타내면 다음과 같다.

일반동사 yes/no-의문문

구조기술:	X	–	NP	–	VP [tense]	–	Y
	1		2		3		4
구조변화:	DO [tense]	1	2		3		4

일반동사 부정문

구조기술:	X	–	NP	–	VP [tense]	–	Y
	1		2		3		4
구조변화:	1		2		do+not [tense]	3	4

일반동사 강조문

구조기술:	X	–	NP	–	VP [tense]	–	Y
	1		2		3		4
구조변화:	1		2		do [tense]	3	4

yes-no 의문문이 도출되는 과정을 수형도로 나타내 보면 다음과 같다. 심층구조에서 생성된 주어와 조동사가 주어-조동사 도치 변형을 거치고 보문소(Comp) 위치에 do 첨가가 이루어진다.

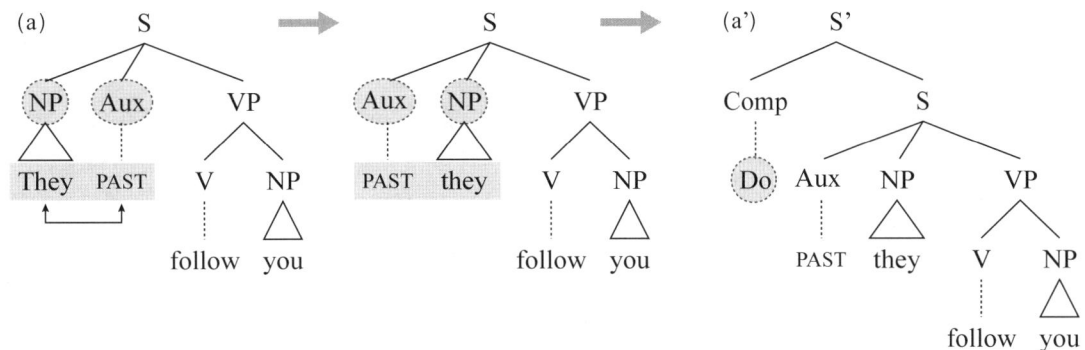

이 과정을 핵계층이론의 수형도로 그리면 다음과 같은데, do는 시제가 존재하는 굴절소(I)에서 생성되어 시제와 합쳐진 다음 보문절(CP)의 보문소(C) 자리로 이동한다.

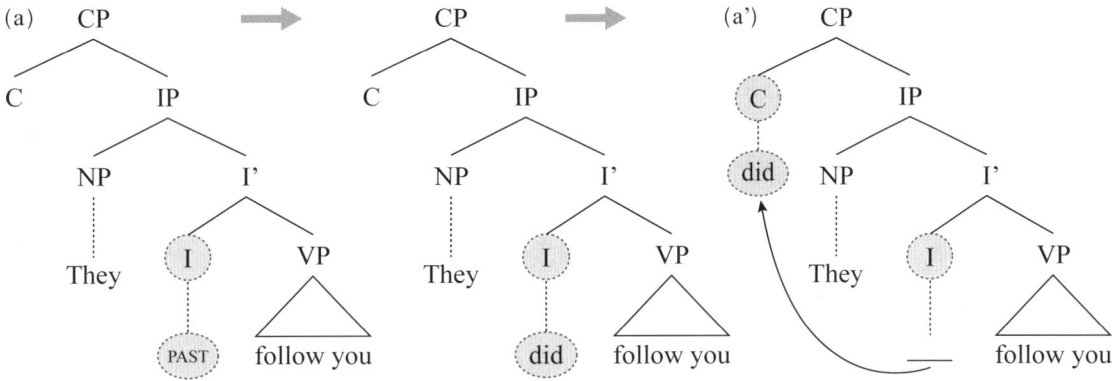

제 3 장 │ 외치변형

앞서 외치변형(extraposition)이란 구성성분이 너무 커서 구성성분의 일부가 이동하는 것이라고 배웠다. 예를 들어, (a) that-절로 주어가 시작하는 긴 문장이나 (b) 주어 내부의 명사(time)를 꾸미는 wh-관계절이 있는 긴 문장의 경우, 화자의 의도에 따라 (a') 가주어 it으로 주어를 대치시킨 후 문미로 이동시키거나 (b') 주어의 핵어 부분(The time)은 놔두고 뒤에서 수식하는 수식어절(when you ~ for it) 부분을 문미로 이동시키기도 한다. 예문 (c)의 경우도 NP의 일부인 S'(that이 포함된 절)가 (c')처럼 문미로 이동한다.

(a) That she passed the difficult test amazed me.
(a') It amazed me that she passed the difficult test.
(b) The time when you will be sorry for it will come.
(b') The time will come when you will be sorry for it.
(c) The rumor that he was a spy spread quickly.
(c') The rumor spread quickly that he was a spy.

외치변형을 구조기술과 구조변화로 표현하면 다음과 같다.

구조기술:	X	–	NP[(Det) N	–	S']	–	Y
	1		2		3		4
구조변화:	1		2		Ø		4+3

가주어나 핵어 부분은 (Det) N에 해당하며, 보문소 that-절이나 wh-관계사로 시작하는 수식어절은 S'로 볼 수 있는데 이 부분이 문미로 이동하게 된다. 예문 (a), (a')에 대한 수형도를 살펴보면 다음과 같다. 주어 내부의 S' 범주가 문미로 이동했음을 알 수 있다.

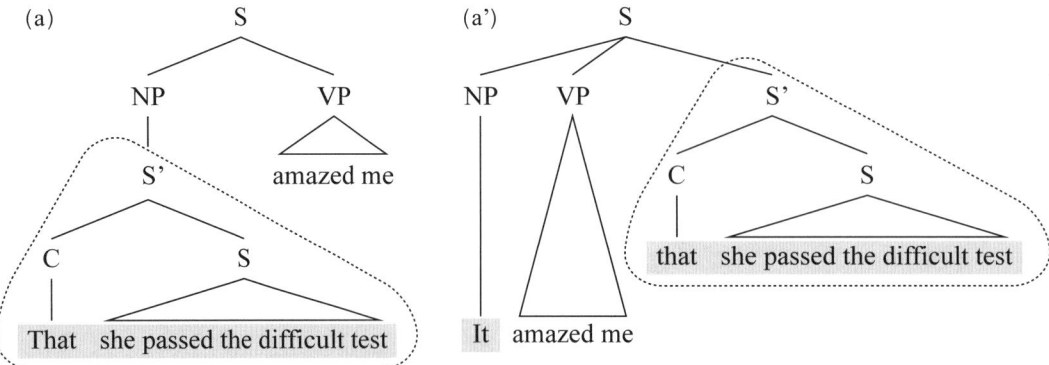

예문 (b), (b')에 대한 수형도는 다음과 같다. 주어 내부의 보문절 CP가 문미로 이동했음을 알 수 있다.

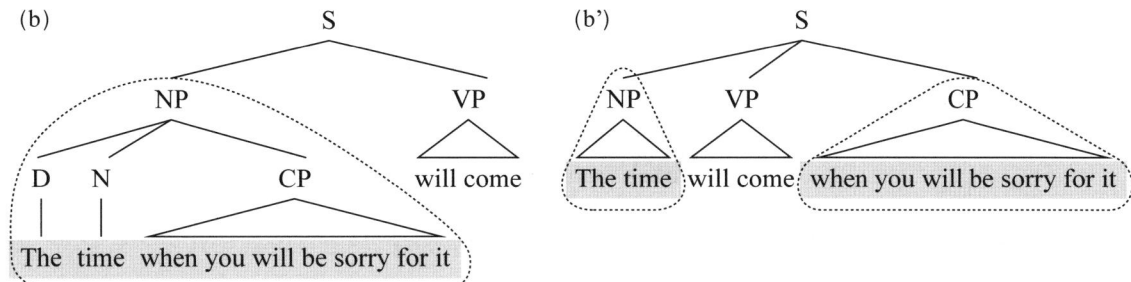

제 7 편 | 실전예상문제

제1장 삭제

01 다음 중 동일명사구 삭제 규칙의 적용을 받지 <u>않은</u> 문장은?

① John wants to marry Mary.
② John persuaded Tom to marry Mary.
③ John promised Tom to marry Mary.
④ John considers Tom to be honest.

01 ④는 주어–목적어 상승 구문이다. 동일명사구 삭제 구문과 주어–목적어 상승 구문을 결정하는 것은 동사의 종류이다. 주어–목적어 상승 구문은 believe, assume, know, find, prove, understand, expect, show 등의 동사가 내포절로 to-부정사 구문을 취할 때 발생한다. 동일명사구/동사구 삭제 구문은 동사가 want, promise, try, decide, prefer 또는 let, ask, persuade, allow, force 등일 때 발생한다.

02 다음 문장에 대한 설명으로 옳지 <u>않은</u> 것은?

> To give up the performance would be a huge mistake.

① 구동사 give up은 목적어만 필요로 하는 1항 술어이다.
② 구동사 give up의 주어는 비외현적 주어 PRO이다.
③ 구동사 give up의 주어 자리에 허사 there가 위치할 수 없다.
④ 구동사 give up은 주어 PRO에 의미역을 할당한다.

02 구동사 give up은 주어와 목적어 모두를 필요로 하는 2항 술어(two-place predicate)이다.

03 다음 중 주어 통제 구문이 <u>아닌</u> 것은?

① Bill promised Susan to behave himself.
② Bill was eager to go on his own.
③ Bill tried to behave himself.
④ Bill told Susan to behave herself.

03 to-부정사의 주어인 PRO가 목적어(Susan)로 해석(통제)되므로 목적어 통제 구문이다.

정답 01 ④ 02 ① 03 ④

04 다음 중 목적어 통제 구문이 아닌 것은?

① Tom decided finally to go on his own.
② Tom ordered Jane to go on her own.
③ Tom allowed Jane to go on her own.
④ Tom instructed Jane to go on her own.

04 to-부정사의 주어인 PRO가 주어(Tom)로 해석(통제)되므로 주어 통제 구문이다.

05 다음 중 문장구조 면에서 나머지 셋과 다른 하나는?

① I believe him to be smart.
② They expected me to join the army.
③ I persuaded him to sleep.
④ We considered him to be honest.

05 ③은 to-부정사의 주어인 PRO가 목적어(him)로 해석되는 목적어 통제 구문이다.
나머지는 모두 내포절에서 생성된 주어가 주절의 목적어로 이동하는 주어-목적어 상승 구문이다.

주관식 문제

01 다음 문장의 정문/비문 여부를 밝히고, 이유를 쓰시오.

> Tom asked how to behave herself.

01 **정답**
주어진 문장은 비문(*)이다. to 앞에 비외현적 주어 PRO가 위치하며, 이것은 선택적 통제 구문으로서 주절의 주어 Tom이나 혹은 불특정 일반인으로 해석될 수 있다. 그런데 Tom의 재귀대명사 himself가 아니라 herself가 쓰였으므로 비문이다. 만일 재귀대명사가 himself나 oneself라면 정문이 된다.

정답 04 ① 05 ③

02

정답

(a)의 PRO는 목적어(Bill)에 의해 통제(해석)되고, (b)의 PRO는 주어(Tom)에 의해 통제(해석)된다.

02 다음 두 문장에서 PRO 통제와 관련한 차이점을 간략하게 쓰시오.

(a) Tom persuaded Bill PRO to finish his project.
(b) Tom promised Bill PRO to finish his project.

03

정답

문장 (b)에서 내포절의 동사 abandon의 주어는 눈에 보이지 않는 비외현적 주어인 PRO이기 때문에 동사의 주어 논항으로서 기능을 하고, 의미역(행위자역)도 할당받아 정문이 된다.

03 동사 abandon은 문장 (a)와 같이 주어가 있어야 한다. 그러나 문장 (b)에서는 주어가 없는데도 정문이다. 그 이유를 쓰시오.

(a) Tom should abandon the soccer game.
(b) To abandon the soccer game would be desirable.

제2장　삽입

01 다음 중 비문인 것은?

① There are many books in the library.
② There occurred a fun event last night.
③ There went some kids into the house.
④ There is a famous singer on the stage.

01 존재와 발생의 의미를 지닌 동사 be, occur는 허사 there가 삽입된 구문에 쓰일 수 있지만, go는 쓰일 수 없어 비문이 된다.

02 다음 중 비문인 것은?

① There is a tour guide at the entrance.
② There was a big guy on the stage.
③ There were many guards at the gate.
④ There is the boy in the classroom.

02 허사 there 구문은 the boy와 같이 정관사 the가 포함된 한정적 명사구와 쓰일 수 없다.

03 다음 중 삽입 혹은 첨가 규칙이 적용되지 <u>않은</u> 것은?

① Tom did not follow you.
② They followed you.
③ Does Susan have a son?
④ We did respect the old man.

03 나머지는 각각 ① 부정문, ③ 의문문, ④ 강조문에서의 do 첨가 규칙이 적용되었다.

정답　01 ③　02 ④　03 ②

04 ④에서 조동사 can은 심층구조에서 Aux(조동사), T(시제) 혹은 I(굴절소)에 위치한다.
나머지는 (wh-)의문문에서 보문절(CP)의 보문소(C)가 착지점이다.

04 다음 중 밑줄 친 부분이 수형도에서 착지하는 지점이 다른 것은?

① <u>Did</u> she forget her address?
② What <u>did</u> you have for lunch?
③ <u>Can</u> you ride a bike?
④ We <u>can</u> run the shop.

05 일반동사 앞에 첨가되어 시제를 취하는 조동사 do를 나타내는 강조문 규칙이다.

05 다음 구조기술과 구조변화는 어떤 변형 규칙을 나타내는가?

구조기술:	X	–	NP	–	VP [tense]	–	Y
			1		2	3	4
구조변화:			1		2 do [tense]	3	4

① 강조문
② 부정문
③ 의문문
④ 도치문

주관식 문제

01 허사 there 구문에서 the lady와 같은 한정 명사구는 사용할 수 없다.

01 다음 문장이 비문인 이유를 쓰시오.

*There was the lady in this room.

정답 04 ④ 05 ①

02 다음 두 문장 중 비문을 고르고, 이유를 쓰시오.

(a) Here are many flowers in the garden, aren't here?
(b) There are many flowers in the garden, aren't there?

02 정답
(a)가 비문이다. (a)에서 here는 문장의 주어로 쓰인 것이 아니므로 부가의문문에서 aren't 뒤에 주어로 쓰일 수가 없어서 비문이다.

03 다음 문장의 주어가 there임을 입증하기 위하여 tag question(부가의문문)의 작성 과정을 설명해 보시오.

There are many kids in the park.

03 정답
동사 are의 부정형 aren't를 사용하고, 문법적 주어인 허사 there를 그 뒤에 놓으면 된다. There are many kids in the park, aren't there?이다.

제3장 외치변형

01 다음 중 외치변형이 적용된 문장은?

① The father of the boys was discontent.
② They saw the man with a telescope.
③ Tom reached a conclusion which was hardly believable.
④ The rumor circulated all over the town that he fled from the prison.

02 다음 중 변형의 종류가 다른 하나는?

① Was your ride satisfactory?
② Did you complete the order?
③ The rumor spread quickly that it's a lie.
④ Could you open the window?

03 다음 규칙에 해당하는 구문은?

구조기술:	X	–	NP[(Det)	N	–	S']	–	Y
			1	2		3		4
구조변화:	1			2		Ø		4+3

① It surprised me that he did it at last.
② What can you tell me?
③ She gave me a book.
④ Tom seems to be working late.

해설

01 The rumor를 수식하는 관계사절 that he fled from the prison 부분이 문미로 이동하였다.

02 ③은 주어의 일부가 문미로 이동한 외치변형이다.
나머지는 yes-no 의문문에서 주어–조동사/be동사 도치의 구문이다.

03 외치변형의 구조기술 규칙이다.
②는 의문사 이동, ③은 여격 이동, ④는 주어–주어 상승 구문이다.

정답 01 ④ 02 ③ 03 ①

04 다음 수형도에서 볼 수 있는 현상을 무엇이라고 부르는가?

```
            S
    ┌───────┼───────┐
   NP      VP       CP
   △       △       △
The time  will come  when you will be sorry for it
```

① 여격 이동
② 외치변형
③ 비주어 상승
④ 삽입

04 주어의 일부분이 문미로 이동한 외치변형이다.

주관식 문제

01 다음 문장에 외치변형을 적용시키시오.

> The rumor that he was a spy spread very quickly.

01 **정답**
The rumor spread very quickly that he was a spy.

정답 04 ②

훌륭한 가정만한 학교가 없고, 덕이 있는 부모만한 스승은 없다.

– 마하트마 간디 –

제 8 편

이동 규칙의 제약

제1장	하위인접조건(subjacency condition)
제2장	엄밀순환조건(strict cyclic condition)
실전예상문제	

| 단원 개요 |

제8편에서는 이동 규칙이 무제한적인 것이 아니고 이동에 제한을 가하는 어떤 규칙이 있다는 것을 배우게 되는데, 의문사 이동과 관계사 이동 및 명사구 이동을 하나의 제약으로 설명하는 하위인접조건에 대해 자세히 배운다. 또한 하위인접조건이 제대로 작동하기 위해 필요한 엄밀순환조건에 대해서도 배운다.

| 출제 경향 및 수험 대책 |

제8편에서는 여러 가지 규칙과 제약을 하나의 일반화된 제약으로 통합하려는 노력의 한 사례를 보여준다. 하위인접조건은 의문사, 관계사, 명사구를 아우르는 겉으로는 매우 복잡해 보이는 제약인데, 반드시 수형도를 통해 정확히 이해한 후에 문제 풀이 연습을 해야 한다.

제1장 하위인접조건 (subjacency condition)

앞서 우리는 wh-이동 제약을 배우면서 다중 wh-의문사, 주어/부가어 내부의 wh-의문사, 복합명사구 내부의 wh-의문사, wh-섬 내부의 wh-의문사 이동 등에 대하여 살펴보았다. 각각 다른 이름을 지니고 있지만, 이들을 자세히 살펴보면 공통된 성질을 지니고 있어 하나의 제약으로 일반화할 수 있는데, 이를 **하위인접조건**이라고 부른다. 하위인접조건은 어떤 성분이 이동할 때 한 번에 두 개 이상의 **한계절점(bounding nodes)**을 넘어갈 수 없다는 것을 말한다. 한계절점은 NP와 IP이다.

제1절 복합명사구 제약과 하위인접조건 〈중요〉

복합명사구 제약을 하위인접조건으로 설명할 수 있는지 알아보자. 복합명사구 제약은 복합명사구(complex NP) 내부에서 생성된 wh-의문사가 외부로 이동할 수 없고, 이동하면 비문이 된다는 제약이다.

> (a) The boy believes the fact that Tom is arriving tonight.
> (a') *Who$_i$ does the boy believe the fact that _____$_i$ is arriving tonight?

예문 (a')에서 의문사 who는 복합명사구인 the fact that is arriving tonight에서 생성되었으므로 이동이 불가능하여 비문인 것이다. 한계절점인 NP와 IP를 표시하여 예문을 추가적으로 살펴보자.

> (b) [$_{CP}$ Who$_i$ did [$_{IP}$ he see _____$_i$ yesterday]]?
> (b') [$_{CP}$ Who$_i$ did [$_{IP2}$ Tom claim that [$_{IP1}$ he saw _____$_i$ yesterday]]]?
> (b") *[$_{CP}$ Who$_i$ did [$_{IP2}$ Tom make [$_{NP}$ the claim _____$_i$ that [$_{IP1}$ he saw _____$_i$ yesterday]]]]?

예문 (b)는 다음 수형도에서 보듯이, 의문사 Who가 심층구조에서 IP(점선 원) 내부의 VP에서 생성된 후 최상위 CP의 지정어(specifier) 자리로 이동했는데, 이 과정에서 한 번에 하나의 한계절점인 IP를 넘었기 때문에 하위인접조건을 위반하지 않았다.

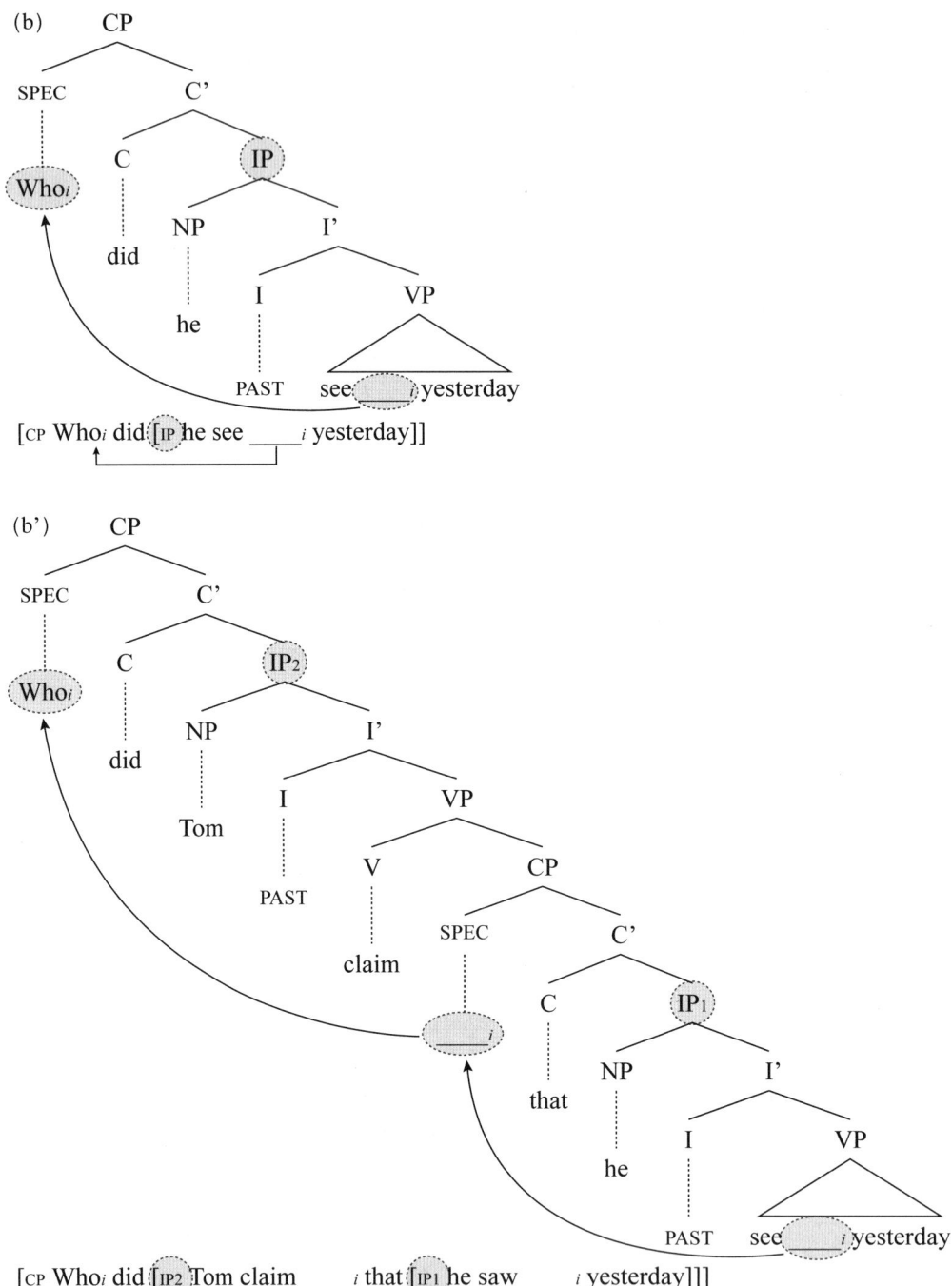

예문 (b')는 위의 수형도에서 보듯이, 의문사 Who가 심층구조에서 IP$_1$(점선 원) 내부에서 생성된 후 해당 절의 CP-spec 자리로 이동하였는데, 이 과정에서 한계절점 하나(IP$_1$)만을 이동하였으므로 하위인접조건은 위반하지 않았다. 이어서 IP$_2$(상위의 점선 원)를 지나 최상위 CP-spec 자리로 이동하였는데, 여기서도 한계절점 하나(IP$_2$)만을 건넜기 때문에 하위인접조건 위반이 아니며 정문이 된다.

예문 (b")는 다음 수형도에서 보듯이, 의문사 Who가 심층구조에서 IP$_1$(점선 원)에서 생성된 후 해당 절의 CP-spec 자리로 이동하는 과정에서 한계절점 하나(IP$_1$)만 이동하였기 때문에 하위인접조건은 준수하였다. 하지만 최상위 CP-spec 자리로 이동하는 과정에서 한계절점인 NP(중간의 큰 화살표 부분)와 IP$_2$(맨 위의 큰 화살표 부분) 등 한계절점을 한 번에 두 개를 건넜기 때문에 하위인접조건 위반이 되어 비문이 된다.

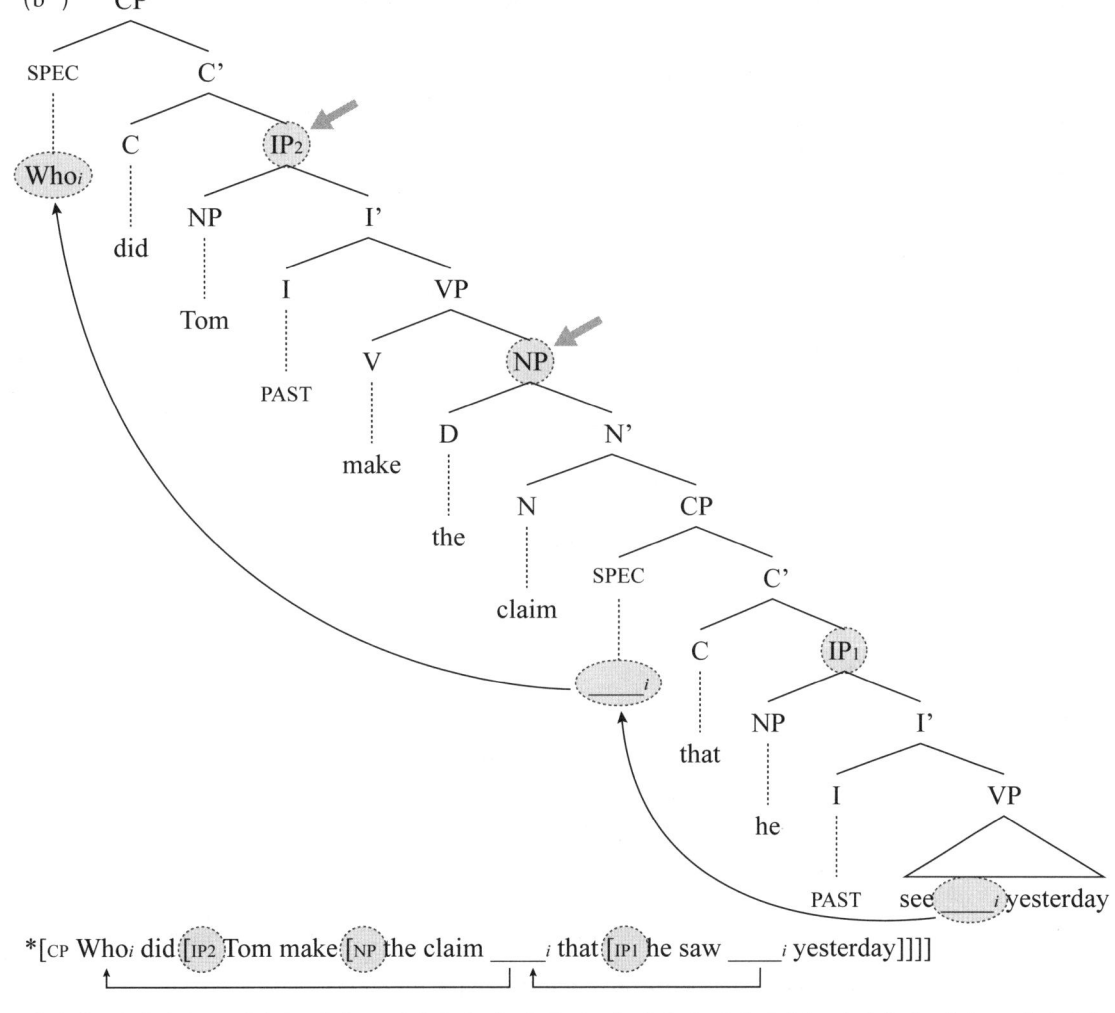

*[$_{CP}$ Who$_i$ did [$_{IP2}$ Tom make [$_{NP}$ the claim ___$_i$ that [$_{IP1}$ he saw ___$_i$ yesterday]]]]

요약하면, 복합명사구 제약은 어떤 구성성분이 한 번에 두 개 이상의 한계절점을 건너갈 수 없다는 하위인접조건으로 설명이 가능하다는 것을 알 수 있으며, 이때 한계절점은 연속하여 나타나는 NP와 IP이다.

제2절 wh-섬 제약과 하위인접조건 〈중요〉

이번에는 wh-섬 제약을 하위인접조건 위반으로 설명하여 일반화시킬 수 있는지 알아보자. wh-섬 제약이란 두 개 이상의 wh-의문사가 이동할 때에 의문사의 착지점인 CP-spec 자리에 이미 다른 의문사가 채워져 있다면 같은 자리에 억지로 두 개의 의문사를 채워 넣으면 비문이 된다는 규칙이다.

> (c)   You said that Tom could solve the problem mysteriously.
> (c') How did you say that Tom could solve the problem ____? (How = mysteriously)
> (c") What did you say that Tom could solve ____ mysteriously? (What = the problem)
> (c''') I wonder what Tom could solve ____ mysteriously. (What = the problem)

예문 (c)를 wh-의문사를 이용하여 의문문을 만들면, 밑줄 친 mysteriously를 의문사 how로 바꾸어 (c')와 같이 정문인 문장을 만들 수 있고, the problem을 의문사 what으로 바꾸어 정문 (c"), (c''')를 만들 수 있다.

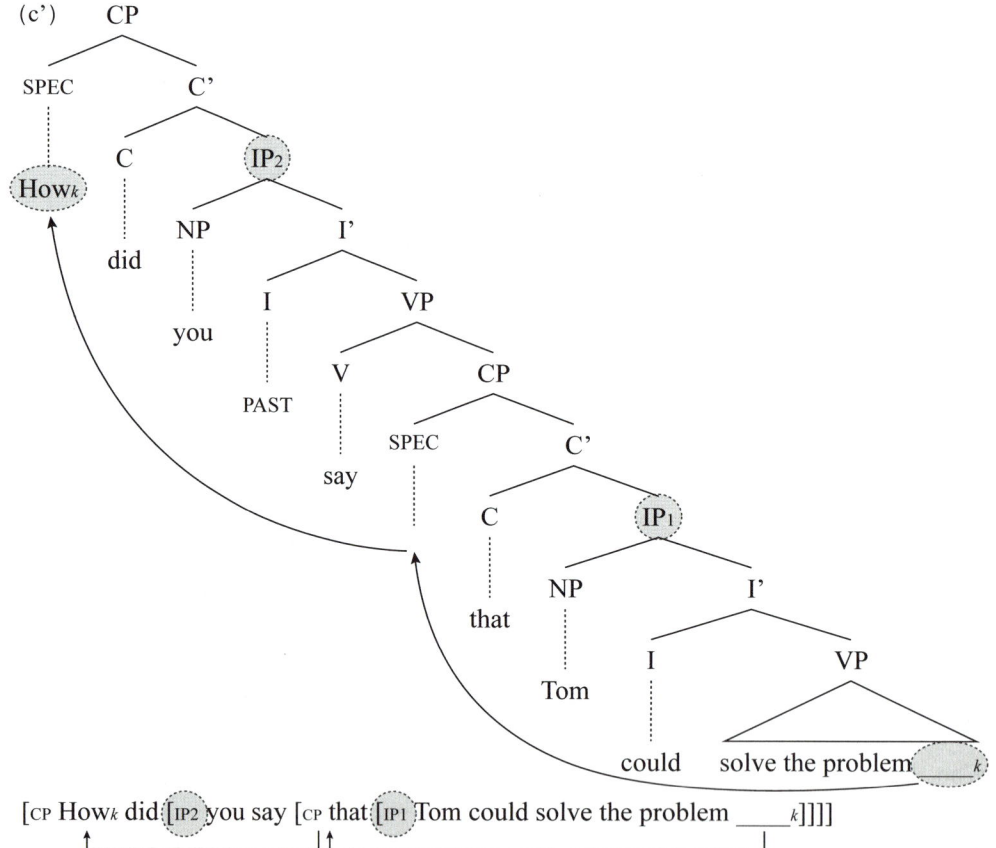

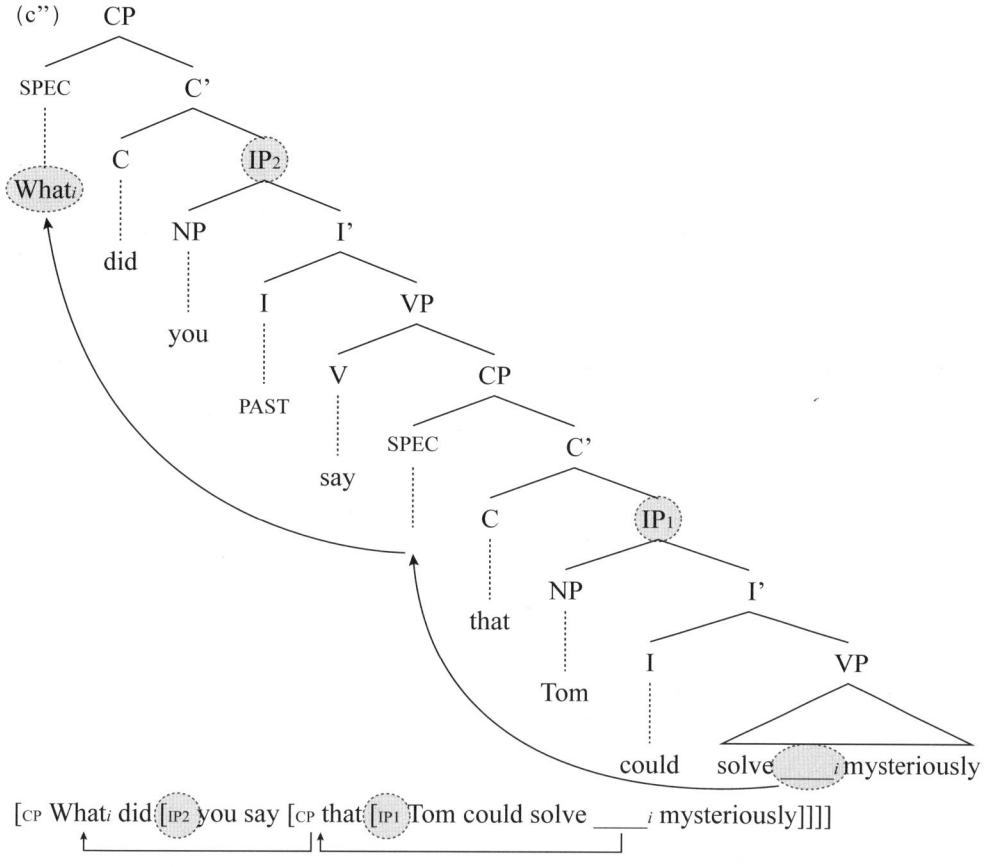

[CP What$_i$ did [IP2 you say [CP that [IP1 Tom could solve ____$_i$ mysteriously]]]]

위의 수형도 (c'), (c")에서 보듯이, 의문사 how나 what이 심층구조에서 IP$_1$ 내부에서 생성된 후에 바로 위의 비어 있는 CP-spec으로 이동하는 과정에서 하위인접조건을 준수하면서 한계절점 하나(IP$_1$)만을 넘고, 이어서 비어 있는 최상위 CP-spec으로 이동하면서 역시 하위인접조건을 준수하면서 하나의 한계절점(IP$_2$)을 넘는다. 따라서 두 문장 모두 정문이다.

(d) *[CP How$_k$ did [IP2 you say [CP what$_i$ [IP1 Tom could solve ___$_i$ ___$_k$]]]]?
(d') *[CP What$_i$ did [IP2 you say [CP how$_k$ [IP1 Tom could solve ___$_i$ ___$_k$]]]]?

그러나 (d)는 다음 수형도에서 보듯이, 의문사 what과 how가 심층구조 IP$_1$ 내부에서 생성되는데, 먼저 what이 바로 위의 비어 있는 CP-spec으로 이동하면서 한계절점 하나(IP$_1$)를 넘어 하위인접조건을 만족시킨다. 따라서 이 이동은 문제가 없다(수형도의 O 표시). 그런데 나머지 의문사 how가 이동하려면 이미 what으로 채워져 있는 CP-spec 자리 말고 비어 있는 CP-spec이 필요한데, 최상위 CP-spec으로 이동하려면 큰 화살표로 표시된 두 개의 한계절점(IP$_1$과 IP$_2$)을 넘어야 하므로 하위인접조건 위반(수형도의 X 표시)이 되어 전체 문장은 결국 비문이 된다. 예문 (d')의 수형도에서도 마찬가지 현상이 일어난다. 의문사 how의 이동은 한계절점 하나(IP$_1$)를 넘어 문제가 없으나, 이어서 이동해야 하는 의문사 what은 한계절점 두 개(IP$_1$과 IP$_2$)를 넘어 하위인접조건 위반으로 전체 문장은 결국 비문이 된다.

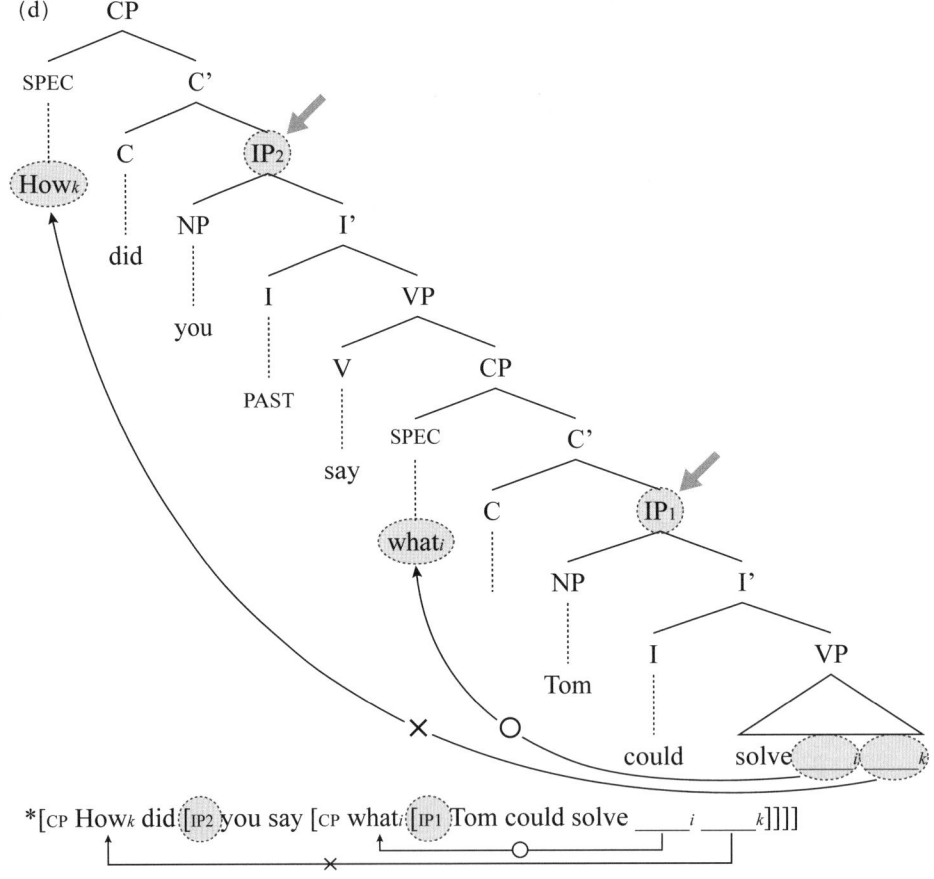

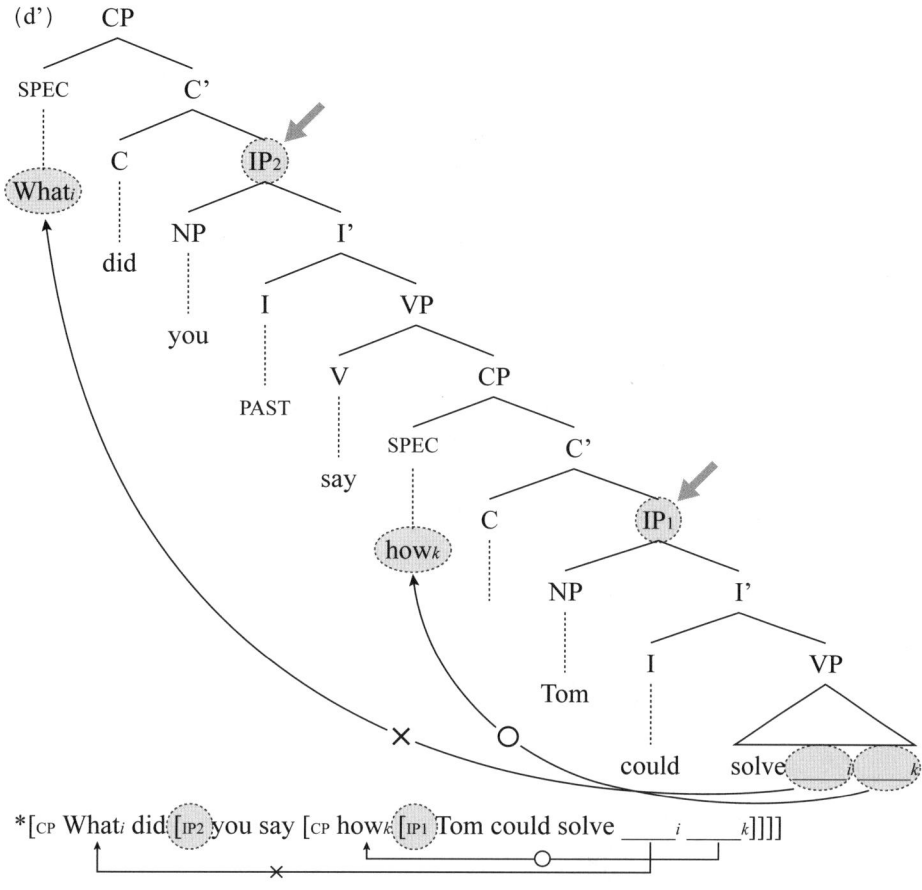

요약하면, wh-섬 제약도 어떤 구성성분이 한 번에 두 개 이상의 한계절점을 건너갈 수 없다는 하위인접조건으로 설명이 가능하다는 것을 알 수 있으며, 이때 한계절점은 연속하여 나타나는 두 개의 IP이다.

제3절 관계사절과 하위인접조건

앞서 관계사절의 wh-관계사도 wh-이동 과정을 겪는다는 것을 배웠다. 관계사의 이동도 바운딩 노드(한계절점) 두 개를 연속하여 넘지 않는지 즉, 하위인접조건을 준수하는지 확인해 보자.

(e) This is the boy whom Tom claims that he would invite _____.
(f) *This is the boy whom Bill makes the claim that he would invite _____.

예문 (e)의 the boy 이하의 수형도를 다음에서 살펴보면, 관계사 whom이 심층구조에서 IP_1(점선 원) 내부에서 생성된 후, 해당 보문절(CP)의 지정어 자리로 한 차례 이동하는 과정에서 바운딩 노드 하나(IP_1)만을 이동하여 하위인접조건을 준수(수형도의 O 표시)하였고, 이어서 상위에 있는 IP_2(점선 원)를 지나 최상위 CP-spec 자리로 착지하는 과정에서도 바운딩 노드를 하나(IP_2)만 건넜기 때문에 역시 하위인접조건을 준수(수형도의 O 표시)하여 정문이 되었다.

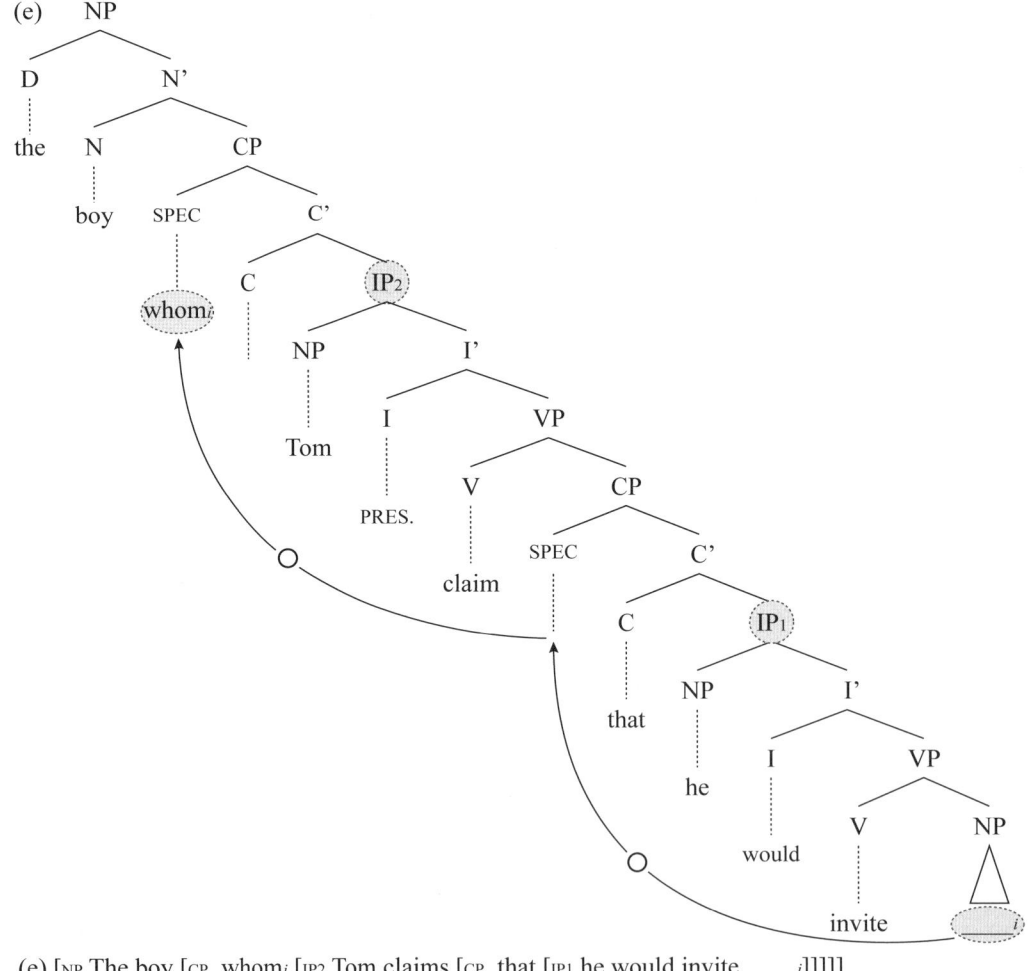

(e) [NP The boy [CP whom$_i$ [IP2 Tom claims [CP that [IP1 he would invite _____$_i$]]]]]

이번에는 예문 (f)의 the boy 이하의 수형도를 다음에서 살펴보면, 마찬가지로 관계사 whom이 생성된 후 하위 인접조건을 지키면서 바운딩 노드 하나(IP_1)만을 거쳐 해당 절의 CP-spec 자리로 이동하고, 그 이후 최상위절의 CP-spec 자리로 이동하는데 이때는 NP와 IP_2의 바운딩 노드 두 개(큰 화살표 표시)를 건넜기 때문에 하위인접 조건을 위반하게 되고 결국 문장은 비문이 된다.

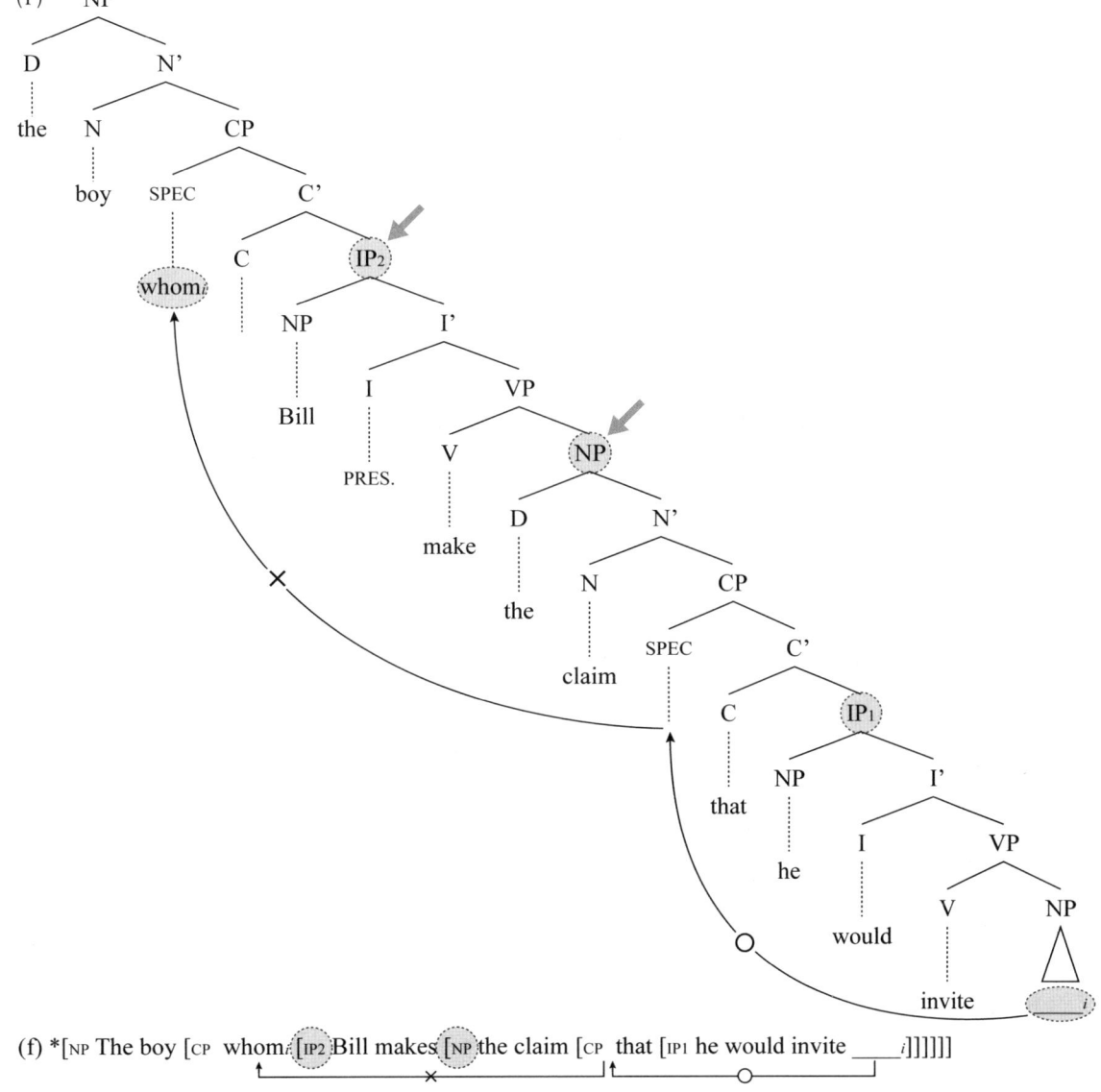

(f) *[NP The boy [CP whom$_i$ [IP2 Bill makes [NP the claim [CP that [IP1 he would invite ____$_i$]]]]]]

이처럼 관계사절의 wh-이동도 한 번에 두 개의 바운딩 노드(한계절점)를 연속하여 넘지 않는다는 하위인접조건 을 준수하고 있음을 알 수 있었고, 하위인접조건을 관계사의 이동에도 일반화시킬 수 있음을 보았다.

제4절 NP-이동과 하위인접조건

지금까지 wh-의문사와 wh-관계사가 연관된 복합명사구 제약, wh-섬 제약을 하위인접조건으로 일반화할 수 있음을 보았고, 한계절점으로 NP와 IP를 지정하였다. 그러면 하위인접조건이 NP-이동에도 적용될 수 있는지 알아보자. 앞서 배운 주어-주어 상승 구문의 NP-이동 사례를 살펴보자.

> (g) _____ seems [Tom to be studying].
> (g') Tom seems [_____ to be studying].

핵계층이론의 수형도를 그려 보면 다음과 같다. 심층구조 내포절에서 생성된 주어 NP(Tom)는 의문사나 관계사가 CP-spec 자리로 이동하는 것과는 달리, 주절인 굴절절(IP)의 지정어(specifier) 자리로 이동하는 것이 다른 점이니 주의해야 한다.

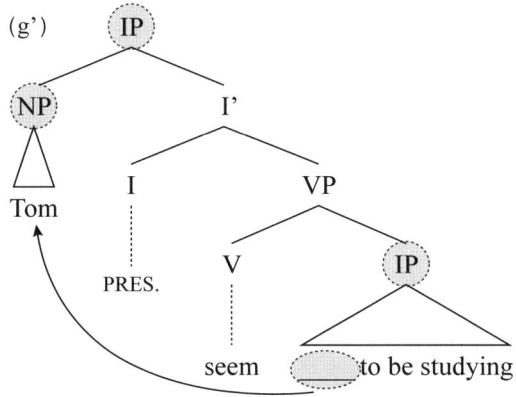

그렇다면 NP가 IP-spec으로 이동할 때에도 하위인접조건을 따를 것인지 다음 예문으로 알아보자. 한정절(that Tom wins) 내부에서 주어 NP(Tom)가 생성되는 예문 (h)는 정문이지만, 비한정절(to _____ win)에서 생성되어 최상위 IP-spec 자리로 이동한 NP(Tom)의 예문 (h')는 비문이다.

> (h) It seems that it is likely that Tom wins.
> (h') *Tom seems [that it is likely to _____ win].

예문 (h')의 수형도를 보면 다음과 같다. 가장 아래에 있는 내포절(IP₁)에서 생성된 주어 NP(Tom)가 최상위 주절(IP₃)의 IP-spec 자리까지 이동하는 경로를 생각해 보자. 우선 주어가 생성되는 자리가 이론에 따라 IP-spec일 수도 있고, '동사구 내 주어 가설'(VP-internal Subject Hypothesis)에 따라 VP-spec일 수도 있다. 다음 수형도에서는 동사구 내부에서 주어가 생성된 것으로 보았으나 IP-spec 자리에서 생성되었다고 해도 결과는 마찬가지이다.

동사구 지정어 자리에서 생성된 NP(Tom)는 한계절점을 건너지 않으며 하위인접조건을 준수(수형도의 O 표시)하면서 내포절 내의 IP-spec 자리로 이동한다. 그러나 이후에 이동할 때에 내포절(IP₁) 경계를 지나면서(큰 화살표 표시), 바로 상위절(IP₂)의 지정어 자리(큰 화살표 표시)로 가려고 하지만, 여기에는 이미 NP(it)가 채워져 있으므로 그곳을 들르지 못하고 건너뛰면서 최상위절(IP₃)의 지정어 자리로 착지하게 된다. 이 과정에서 두 개의 절(IP₁과 IP₂)을 건너기 때문에 하위인접조건을 위반(수형도의 X 표시)하여 결국 비문이 된다.

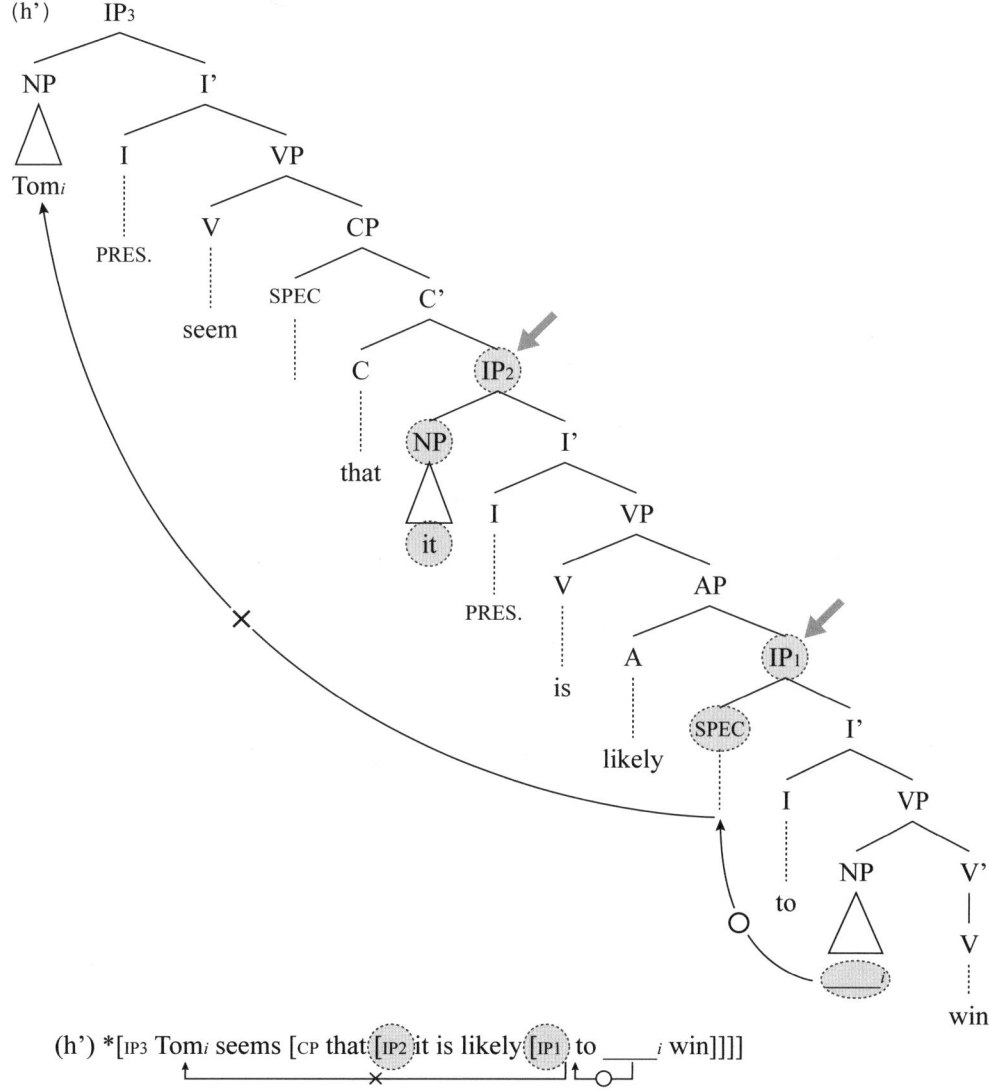

(h') *[IP3 Tom_i seems [CP that [IP2 it is likely [IP1 to ___i win]]]]

제 2 장 | 엄밀순환조건 (strict cyclic condition)

제1절　엄밀순환조건의 필요성

앞서 wh-섬 제약을 하위인접조건으로 일반화시킬 때 들었던 예문과 다음 두 종류의 수형도를 다시 살펴보자.

(d") *How did you say what Tom could solve?

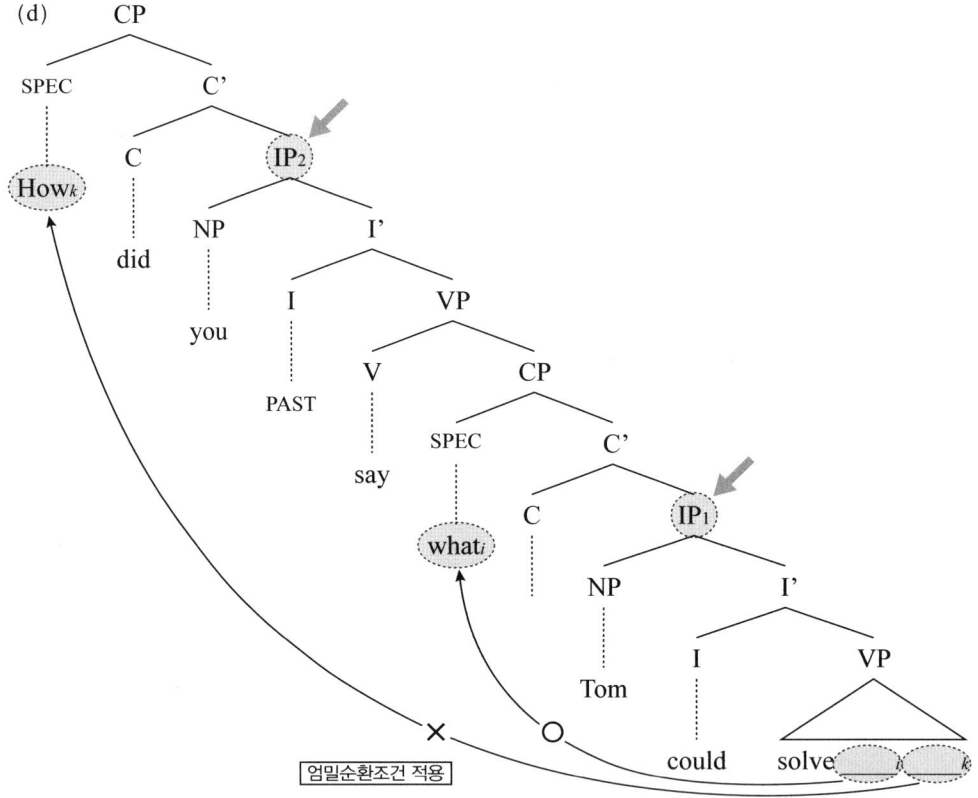

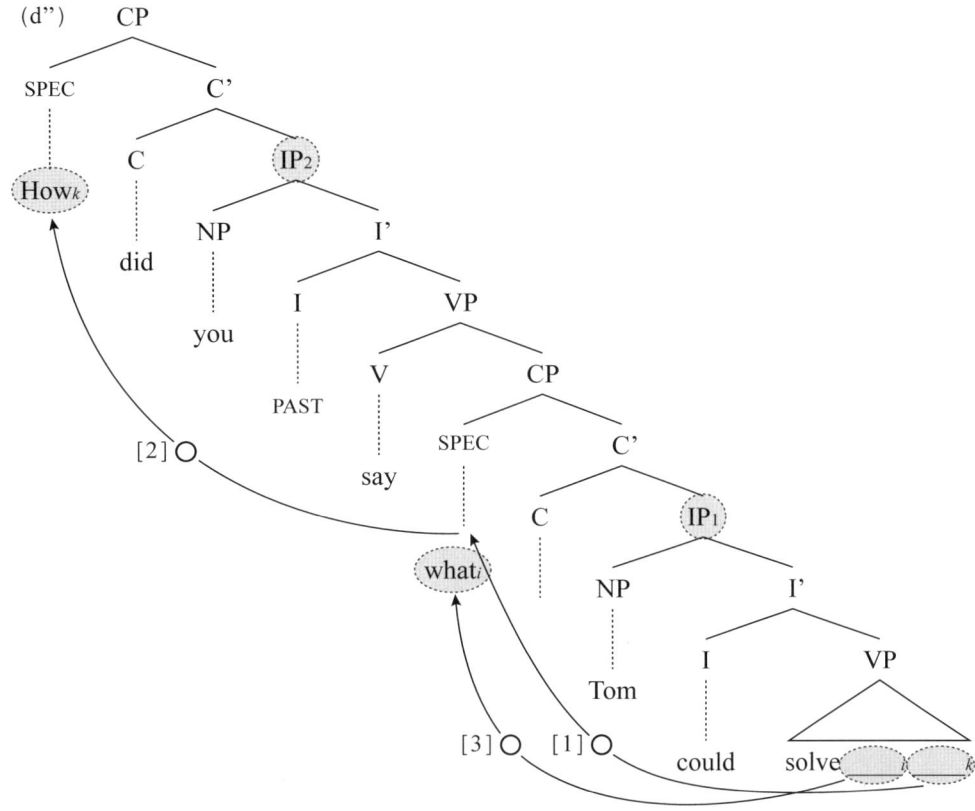

두 개의 의문사 how와 what이 이동하는 경우, 위의 수형도 (d)에서는 먼저 what이 하위 보문절 CP-spec으로 이동(O 표시)한 후에, 나머지 how가 이동하려고 할 경우 이미 채워져 있는 하위 CP-spec 자리로 이동할 수 없기 때문에 이 자리를 뛰어넘어 상위의 CP-spec으로 이동해야 하고, 이 과정에서 두 개의 한계절점(IP$_1$과 IP$_2$)을 넘기 때문에 하위인접조건을 위반하여 비문이 된다고 설명하였다. (사실 이 설명은 바로 다음에 배우게 될 '엄밀순환조건'을 암묵적으로 미리 적용한 경우이다.)

그러면 의문사의 이동 순서를 바꿔 보면 어떨까? 위의 수형도 (d")가 그러한 경우이다. 만일 what이 아니라 how가 먼저 이동(수형도상 [1]로 표시)하여 하위의 CP-spec으로 이동하면 한계절점 하나(IP$_1$)를 가로지르므로 하위인접조건을 준수(O 표시)하게 되며, 이어서 상위의 CP-spec으로 이동(수형도상 [2]로 표시)해도 한계절점 하나(IP$_2$)를 건너므로 역시 하위인접조건을 준수(O 표시)한다. 그런 다음, 의문사 what이 비어 있는 하위 CP-spec 자리로 이동(수형도상 [3]으로 표시)하면 역시 하위인접조건을 준수(O 표시)하게 되어 예문은 정문이 되어야 한다. 그런데 이 문장은 비문이므로 이러한 wh-이동은 모순적인 결과를 만들어 내게 된다.

이러한 모순적 결과를 방지하고 하위인접조건이 올바르게 적용되게 하려면 어떻게 해야 할까? 그래서 생겨난 조건이 바로 **엄밀순환조건**(strict cyclic condition)이다. 엄밀순환조건이란 위와 같은 모순된 도출 결과를 방지하고, 하위인접조건이 올바르게 적용되게 하기 위하여 반드시 필요한 추가적인 조건으로 볼 수 있다. 엄밀순환조건은 어떤 규칙의 적용 영역이 A이고, 다른 규칙의 적용 영역이 A를 포함하는 더 넓은 영역이라면, 적용 영역이 A인 규칙이 먼저 적용되어야 한다는 것을 말한다.

이러한 조건을 위 예문에 적용해 보면, 의문사 what의 이동 영역은 하위 보문절(CP)이고, 의문사 how의 이동 영역은 하위와 상위 보문절을 모두 포함한 더 넓은 영역이 된다. 따라서 엄밀순환조건에 의하면, what 의문사가 먼저 적용되어야 한다. 즉, (d") 수형도에서 엄밀순환조건에 의하여 what 의문사의 이동이 먼저 적용되어야만 하므로, 하위 CP-spec 자리에 의문사 what이 채워져 있게 되고, 이어서 의문사 how가 이곳을 들르지 못하고 (d) 수형도와 같이 상위 CP-spec 자리로 훌쩍 건너뛰며 이동하면서 한계절점 두 개(IP_1과 IP_2)를 건너게 되며 하위인접조건을 위반하게 된다. 결국 [1]번, [2]번 이동이 불가하고 결국 문장은 비문이 된다.

제8편 실전예상문제

제1장 하위인접조건(subjacency condition)

01 하위인접조건에 대한 설명으로 가장 적절하지 <u>않은</u> 것은?

① 두 개 이상의 한계절점을 넘어갈 수 없다.
② 한계절점은 IP와 VP이다.
③ 한 번의 이동 과정에서 적용된다.
④ 모든 wh-이동 제약을 일반화한 조건이다.

> 01 한계절점은 IP와 NP이다.

02 다음 중 하위인접조건에서 한계절점(바운딩 노드)에 속하는 것은?

① NP, IP
② NP, PP
③ NP, VP
④ NP, CP

> 02 하위인접조건에서 한계절점은 NP, IP이다.

03 다음 중 하위인접조건을 위반한 문장이 <u>아닌</u> 것은?

① Tom seems that it is likely to win.
② This is the boy whom Tom makes the claim that he would invite.
③ Tom was invited to the party.
④ How did you say what Tom could solve?

> 03 ③은 수동문으로, 위반한 이동 제약은 없다.

정답 01 ② 02 ① 03 ③

04	한 번의 이동 시 넘어갈 수 없는 한계절점은 NP, IP이다. NP, PP의 경우 하나의 한계절점(NP)이므로 넘어갈 수 있다.

04 다음 중 한 번의 이동 규칙 적용 시 넘어갈 수 있는 범주의 쌍은?

① NP, PP
② NP, IP
③ IP, IP
④ IP, NP

05	*This is the boy [CP whom [IP Tom made [NP the claim [CP that [IP he will invite _____]]]]. 빈칸의 목적어 자리에서 생성된 whom이 첫 번째로 하위절 IP를 통과할 때는 한 개의 한계절점을 넘어갔으나, 두 번째 이동 시 한계절점 두 개(NP와 상위절 IP)를 넘어가서 비문이 된다.

05 다음 문장에서 두 번째 이동 적용 시 넘어간 한계절점은?

> *This is the boy whom Tom made the claim that he will invite.

① IP, IP
② NP, IP
③ NP, PP
④ IP, PP

06	Tom seems that [IP it is likely [IP to win]].에서 두 개의 한계절점(IP, IP)을 통과해서 하위인접조건 위반이 되어 비문이다.

06 다음 문장에서 NP(Tom) 이동 시 하위인접조건을 위반하는 곳을 올바르게 짝지은 것은?

> *Tom [a] seems that [b] it is [c] likely [d] to _____ win.

① [a], [c]
② [b], [d]
③ [a], [d]
④ [b], [c]

정답 04 ① 05 ② 06 ②

주관식 문제

01 다음 문장의 정문/비문 여부를 밝히고, 하위인접조건으로 이유를 설명하시오.

> Who did Tom make the claim that he saw last week?

01 정답

주어진 문장은 비문(*)이다. *Who$_i$ did [$_{IP2}$ Tom make [$_{NP}$ the claim that [$_{IP1}$ he saw ___$_i$ last week]]]?에서 내포절 내부 빈칸 부분에서 생성된 Who가 내포절(IP$_1$)의 지정어 자리로 이동하는 것은 한계절점을 하나(IP$_1$)만 넘었지만, 최상위 CP-spec 자리로 이동하는 과정에서 한계절점 NP(the claim …)와 IP$_2$를 동시에 건넜기 때문에 하위인접조건 위반이 되어 비문이다.

02 다음 문장이 비문인 이유를 하위인접조건으로 설명하시오.

> *How do you wonder which problem Tom could solve?

02 정답

*How do [$_{IP2}$ you wonder [$_{CP}$ which problem [$_{IP1}$ Tom could solve]]]?에서 의문사 which problem은 하위 IP 하나를 건너므로 하위인접조건을 준수하지만, how가 이동하려면 두 개의 한계절점인 하위 IP와 상위 IP를 통과해야 하므로 비문이다.

03 **정답**

*Tom seems [CP that [IP it is likely [IP to win]]].에서 하위절 내부에서 생성된 주어가 상위절 주어 자리로 이동할 때에 한계절점 IP 두 개를 건너므로 하위인접조건 위반이 되어 비문이다.

03 다음 문장에서 NP-이동이 불가능한 이유를 하위인접조건으로 설명하시오.

> *Tom seems that it is likely to win.

04 **정답**

*[The fact that [a critical review ___ has just appeared IP] NP] is very disturbing *of his recent book*. 에서처럼 범주 경계를 뒤에 표시해 보면 외치변형으로 문미로 이동 시에 한계절점 두 개(IP와 NP)를 건너기 때문에 하위인접조건 위반으로 비문이 된다.

04 다음 문장의 *of his recent book*이 외치변형이 불가능한 이유를 하위인접조건으로 설명하시오.

> *The fact that a critical review ___ has just appeared is very disturbing *of his recent book*.

제2장 엄밀순환조건(strict cyclic condition)

01 다음 중 엄밀순환조건에 대한 설명으로 가장 적절하지 <u>않은</u> 것은?

① 하위인접조건을 적용하기 전에 먼저 적용해야 한다.
② 하위인접조건을 적용한 후에 적용해야 한다.
③ 하위절에서 모든 규칙을 적용한 후에 상위절의 규칙을 적용한다.
④ 엄밀순환조건을 준수하지 않으면 비문법성을 설명할 수 없을 수도 있다.

01 엄밀순환조건은 하위인접조건을 적용하기 전에 먼저 적용해야 한다.

02 다음 문장에서 how 이동 시 넘어간 한계절점은?

*How do you wonder which problem Tom could solve?

① IP, IP
② IP, NP
③ NP, PP
④ NP, IP

02 *How do [$_{IP2}$ you wonder [$_{CP}$ which problem [$_{IP1}$ Tom could solve]]]?에서 which problem이 CP-spec을 차지하고 있으므로 how는 solve 뒤에서 생성되어 IP$_1$, IP$_2$를 넘어 최상위 CP-spec 자리로 이동한다.

03 다음 중 엄밀순환조건 적용 시 하위인접조건을 위반한 문장은?

① Fast, the cat chased the dog.
② She liked the staff with red hair of mathematics.
③ Who might you wonder what she said to?
④ It seems Tom to be smart.

03 *Who might [$_{IP}$ you wonder what [$_{IP}$ she said to]]?에서 IP 두 개를 건너가기 때문에 하위인접조건 위반이다.

정답 01 ② 02 ① 03 ③

04 다음 문장이 비문이 되기 위해 적용되어야 하는 두 조건이 순서대로 묶인 것은?

> *How did you say what Tom could solve?

① 하위인접조건, 엄밀순환조건
② 엄밀순환조건, 하위인접조건
③ 선택제약조건, 하위범주화조건
④ 하위범주화조건, 선택제약조건

04 엄밀순환조건이 먼저 적용되어야 하위인접조건이 비문을 비문으로 만들 수 있다.

주관식 문제

01 하위인접조건과 엄밀순환조건이 무엇인지 간략하게 쓰고, 두 조건 중 어느 것이 먼저 적용되어야 하는지 쓰시오.

01 **정답**
하위인접조건은 어떤 성분이 이동할 때 한 번에 두 개 이상의 한계절점(bounding nodes)을 넘어갈 수 없다는 것을 의미한다. 엄밀순환조건은 어떤 규칙의 적용 영역이 A이고, 다른 규칙의 적용 영역이 A를 포함하는 더 넓은 영역이라면, 적용 영역이 A인 규칙이 먼저 적용되어야 한다는 것을 의미한다.
두 조건 중 엄밀순환조건이 먼저 적용되어야 한다.

정답 04 ②

제 9 편

이동 규칙 관련 기타 사항

제1장	이동 대상과 위치에 따른 이동 유형
제2장	공범주(empty categories)의 종류 및 구분
제3장	이동의 동기
실전예상문제	

| 단원 개요 |

제9편에서는 앞서 배웠던 여러 가지 이동 규칙을 이동 대상과 위치에 따른 유형으로 분류하여 상세하게 배운다. 이동의 대상이 핵어인지 구인지, 혹은 이동의 대상과 착지점이 논항 위치인지 비논항 위치인지를 살펴본다. 또한 눈에 보이지 않는 비외현적 주어, 영조동사, 영보문소를 배우고, 이동의 동기가 되는 격이론 및 확대투사이론을 배운다.

| 출제 경향 및 수험 대책 |

제9편은 앞서 배운 여러 가지 이동 규칙을 정리한다는 느낌으로 꼼꼼하게 비교하며 이해해야 한다. 특히 비외현적 주어, 영조동사, 영보문소는 수형도를 바탕으로 구조적으로도 잘 이해하는 것이 좋다. 격이론과 NP 이동은 성분통어 및 최대통어 개념과 함께 잘 이해해 두어야 한다.

제1장 이동 대상과 위치에 따른 이동 유형

여기에서는 이동 규칙과 관련된 여러 가지 사항들을 살펴본다. 특히 이동의 대상이 핵(어)(head)인지 구범주(XP)인지에 따라 구분해 보고, 이동하여 가는 위치가 논항 위치인지 비논항 위치인지에 따라 분류해 본다. 핵이나 구의 이동을 각각 핵 이동(head movement 혹은 head-to-head movement), 구 이동(XP movement)이라고 하며, 논항 위치나 비논항 위치로의 이동을 각각 논항 위치 이동(A-movement), 비논항 위치 이동(A-bar/non-argument movement)이라고 한다. 여기서 A는 논항(argument)을 가리킨다.

제1절 핵 이동(head-to-head movement)

이동 대상이 핵인지 구인지에 따른 분류로, 구 이동은 앞서 배웠던 외치변형(S' 혹은 CP), 화제문화(NP), 여격 이동(NP), 비주어 상승(NP), 주어-주어/주어-목적어 상승(NP), 수동문화(NP), wh-이동(NP), 부정어 전치(NP, PP, AdvP), 동사구 전치(VP), 결과 전치(NP, AP, AdvP) 등 많은 이동 현상을 말하며, 이들은 구범주와 관련되어 있었다. 구 이동에 대한 자세한 내용은 해당 설명 부분을 참고하기로 하고, 여기에서는 핵 이동의 사례로 be동사의 이동, 조동사와 관련된 주어-조동사 도치의 사례를 살펴본다.

1 be동사의 이동

핵 이동의 첫 번째 사례로 be동사의 이동을 살펴보기 위해 다음 예문을 보자. 예문 (a)에서는 be동사(is)가 부정어(not) 앞에 위치하지만, (b)에서는 be동사(be)가 부정어 뒤에 위치한 것을 볼 수 있는데, (a)에서는 be동사가 V 노드(혹은 절점)에서 T 노드로 핵 이동을 한 결과이다. 한 가지 기억할 점은 이러한 이동은 통사적인 이동이라기보다는 발음형을 결정하기 위한 이동이라는 것이다.

(a) Tom is not lazy.
(b) Tom should not be lazy.

예문에 대한 수형도를 살펴보자. 부정어 not은 핵계층이론에서 핵어(NEG, NEGation)이고 최대 NEGP 구범주로 투사된다고 본다. 그 밑에 VP가 직접 지배된다.

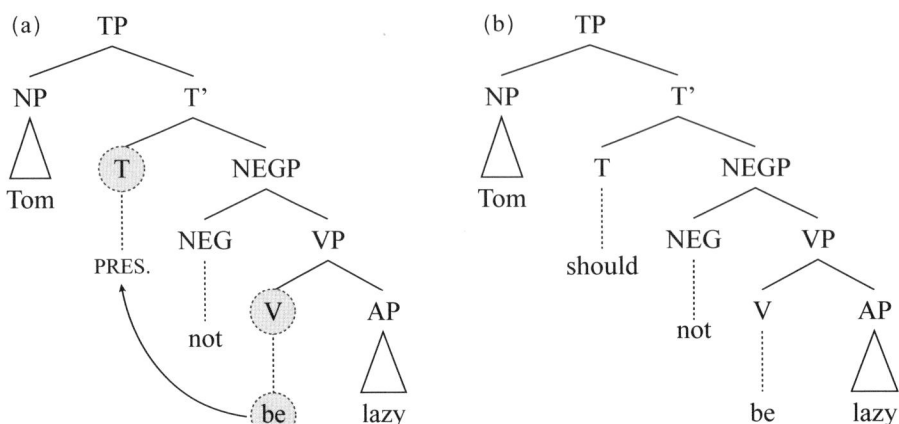

시제가 포함되어 있는 조동사 should가 존재하는 예문 (b)의 경우, 조동사는 T 절점에 위치하지만, 조동사가 없는 (a)의 경우는 시제만이 T 절점에 위치하게 된다. 예문 (a)가 최종적으로 생성되기 위해서는 핵어 V 절점에 있던 be가 T 절점으로 이동하여 병합되어야만 하므로, 핵어 V에서 핵어 T로 핵 이동이 발생하게 된다. 그래서 핵 이동을 head movement 혹은 head-to-head movement라고 부르는 것이다.

2 주어-조동사 도치

영어의 yes-no 의문문은 다음 예문에서 보듯이, 평서문의 be동사 혹은 조동사가 문두로 이동한다.

```
(c)  Tom is lazy.
(c') Is Tom lazy?
(d)  Tom should be diligent.
(d') Should Tom be diligent?
```

다음 수형도에서 보듯이, be동사와 조동사가 이동하는 착지점은 CP(보문절)의 보문소(C) 위치이다. be동사(V 절점에 위치)나 조동사(T 절점에 위치)가 보문소(C) 위치로 이동하므로 주어-조동사 도치는 핵 이동의 한 종류라고 볼 수 있다.

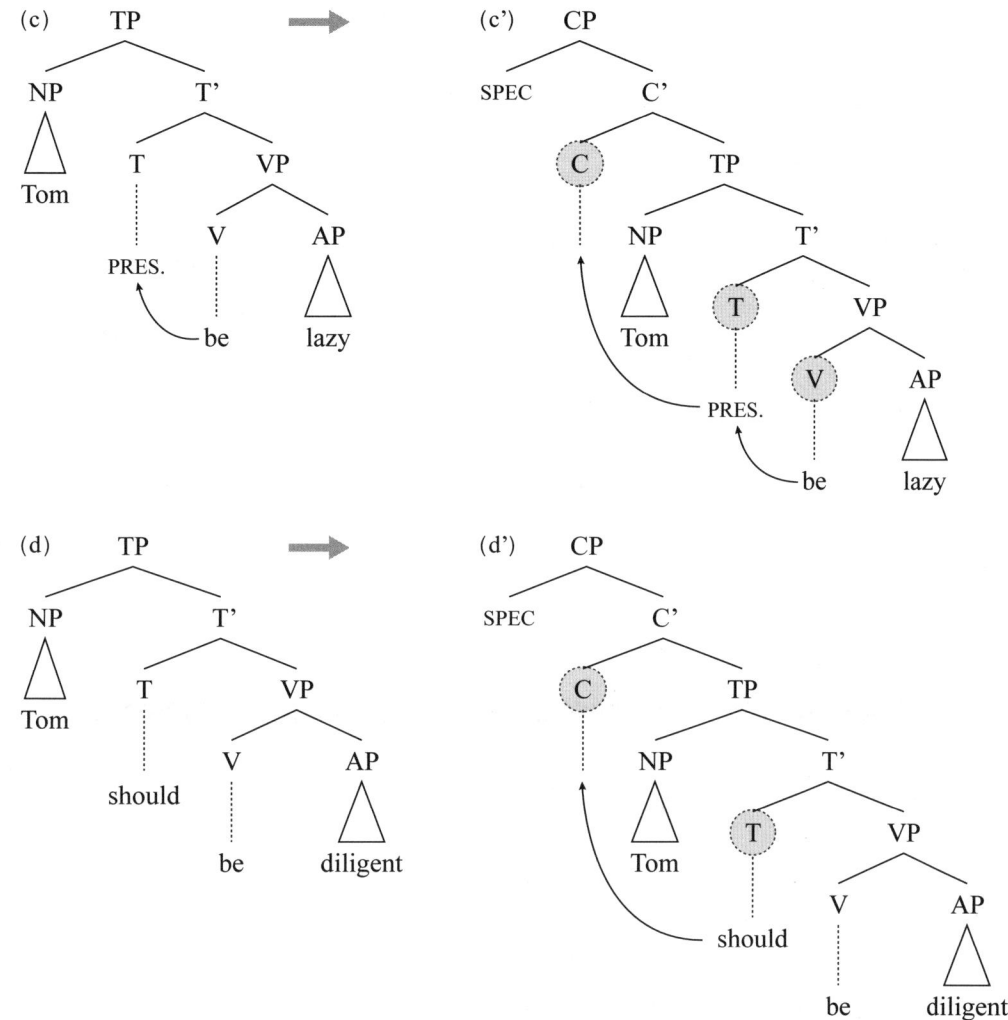

참고로 핵 이동의 한 종류는 아니지만 다음 예문 (e)에서처럼 일반동사 문장의 의문문은 do 첨가가 이루어지는데, 이때도 do는 보문소 핵어 위치에 추가된다(다음 수형도 참조). 그리고 예문 (e')처럼 wh-의문사 의문문의 경우는 심층구조에서 생긴 wh-의문사가 보문절 지정어(CP-spec) 자리(구범주 자리)로 이동하므로 핵 이동이 아니라 구 이동의 한 종류라고 볼 수 있다(다음 수형도 참조).

(e) [CP [C' Does [TP Tom know Susan]]]?
(e') [CP Who [C' does [TP Tom know _____]]]?

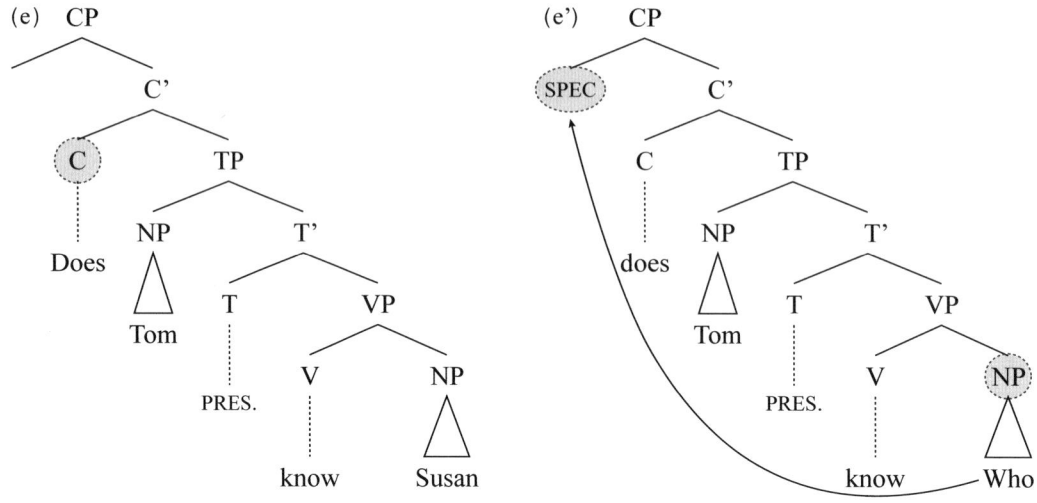

제2절 논항 위치 이동(A-movement)과 비논항 위치 이동(Ā-movement) 중요

1 논항 위치 이동(A-movement)

이동 위치에 따른 유형 분류로 논항 위치 이동과 비논항 위치 이동이 있는데, 논항 위치 이동은 말 그대로 어떤 구성성분이 한 논항 위치에서 이동하여 다른 논항 위치로 착지하는 것을 의미한다. 예를 들어 다음 예문 (f), (f')와 수형도에서 보듯이, 수동문화에서 동사의 보충어 NP_2(a ball)가 (f)의 목적어 논항 자리에서 (f') 수동문의 주어 논항 자리로 이동하는데, 이는 논항 위치 이동의 한 예라고 볼 수 있다.

(f) They kicked a ball.
(f') A ball was kicked.

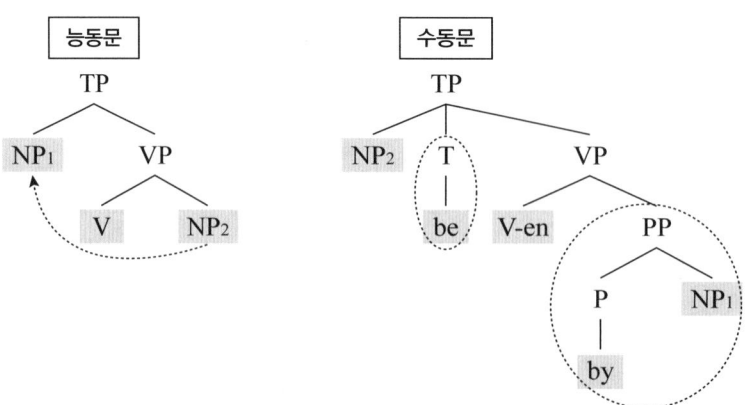

또한 주어-목적어 상승 구문에서도 나타나는 논항 위치 이동의 한 사례를 살펴보자. 다음 예문 (g)에서 내포절의 주어 논항 위치에서 생성된 NP(Tom)는 주절 동사 consider의 목적어 논항 위치로 이동하는데, 주어 논항 위치에서 목적어 논항 위치로 이동했기 때문에 논항 위치 이동이라고 볼 수 있다.

(g) They consider Tom [_____ to be honest].

주어-목적어 상승 구문에 대한 다음 수형도를 보면, NP(Tom)가 내포절의 주어 논항 자리에서 주절의 목적어 논항 자리로 이동하는 것을 볼 수 있다.

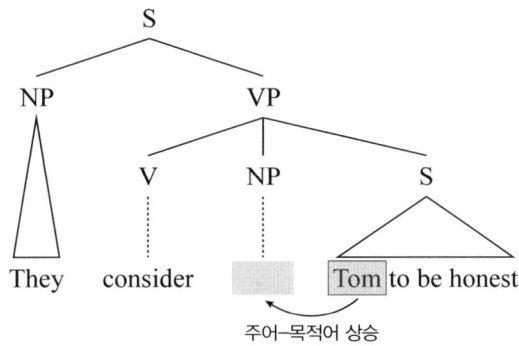

같은 이치로, 다음 예문 (h)와 수형도에서 보듯이 주어-주어 상승 구문도 내포절의 주어 논항 자리에서 주절의 주어 논항 자리로 이동하므로 논항 위치 이동으로 볼 수 있다.

(h) Tom seems [_____ to be happy].

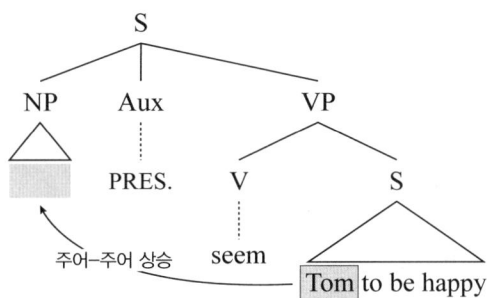

다음 예문 (i)와 수형도에서 보듯이, 비주어 상승 구문도 to-부정사구 동사의 목적어 논항 자리에 있던 NP가 상위문의 주어 논항 자리로 이동하므로 논항 위치 이동으로 볼 수 있다.

(i) The proposal is impossible [to accept _____].

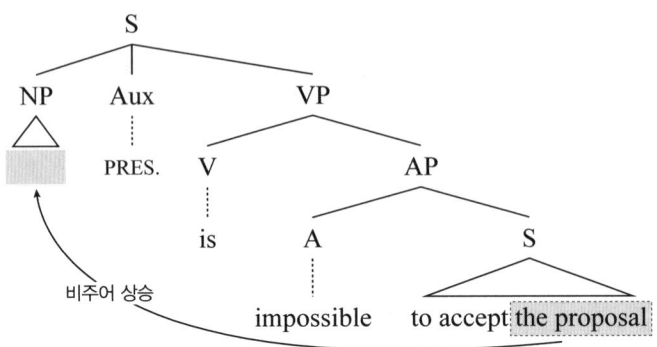

2 비논항 위치 이동(A-bar movement or non-argument movement)

착지점이 논항 위치가 아닌 비논항 위치일 때 그러한 이동을 비논항 위치 이동이라고 부른다. wh-의문사나 wh-관계사가 보문절 지정어(CP-spec) 위치로 이동하는 경우, 심층구조에서 생성되는 곳은 주어나 목적어 등 논항 위치였을 수 있지만, 최종적으로 도달하는 착지점이 보문절 지정어로서 비논항 위치이므로 비논항 위치 이동의 대표적인 사례로 볼 수 있다.

(j) What$_i$ will$_k$ you ____$_k$ do ____$_i$?

예문 (j)와 다음 수형도를 보면, 동사 do의 목적어 논항 자리에서 생성된 의문사 what이 비논항 자리인 CP-spec 자리로 이동하기 때문에 비논항 위치 이동의 사례가 된다. 중요한 것은 생성되는 위치의 논항 여부가 아니라 도달하는 최종 착지점의 논항 여부라는 것이다. 최종 착지점이 비논항 위치이므로 wh-의문사 이동은 비논항 위치 이동이다.

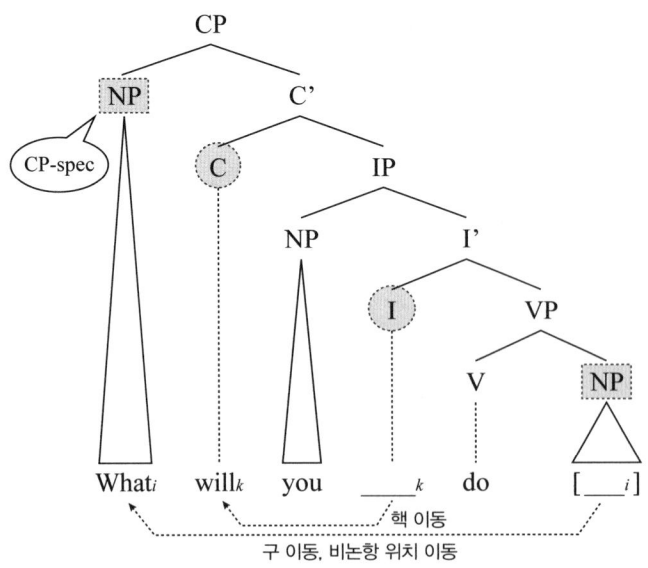

참고로, 수형도에서 보듯이 의문사의 이동은 NP의 이동이므로 핵 이동이 아니라 구 이동으로 볼 수 있으며, 이동 위치의 측면에서는 CP-spec으로의 비논항 위치 이동으로 볼 수 있다. 이에 반해, 조동사 will의 이동은 I(굴절)에서 C(보문소)로의 이동이므로 핵 이동으로 볼 수 있다. 의문사 이동뿐만 아니라 wh-관계사 이동도 CP-spec으로의 비논항 위치 이동으로 볼 수 있다.

앞서 배웠던 구범주의 전치(preposing) 이동 사례들도 비논항 위치 이동의 사례로 볼 수 있다. 부정어 전치(NP, PP, AdvP), 동사구 전치(VP), 결과 전치(NP, AP, AdvP), 주제화 전치(NP) 등 전치 이동은 모두 해당 구범주들이 CP-spec으로 이동하는 비논항 위치 이동으로 볼 수 있으며, 핵 이동이 아닌 구 이동으로 분류될 수 있다.

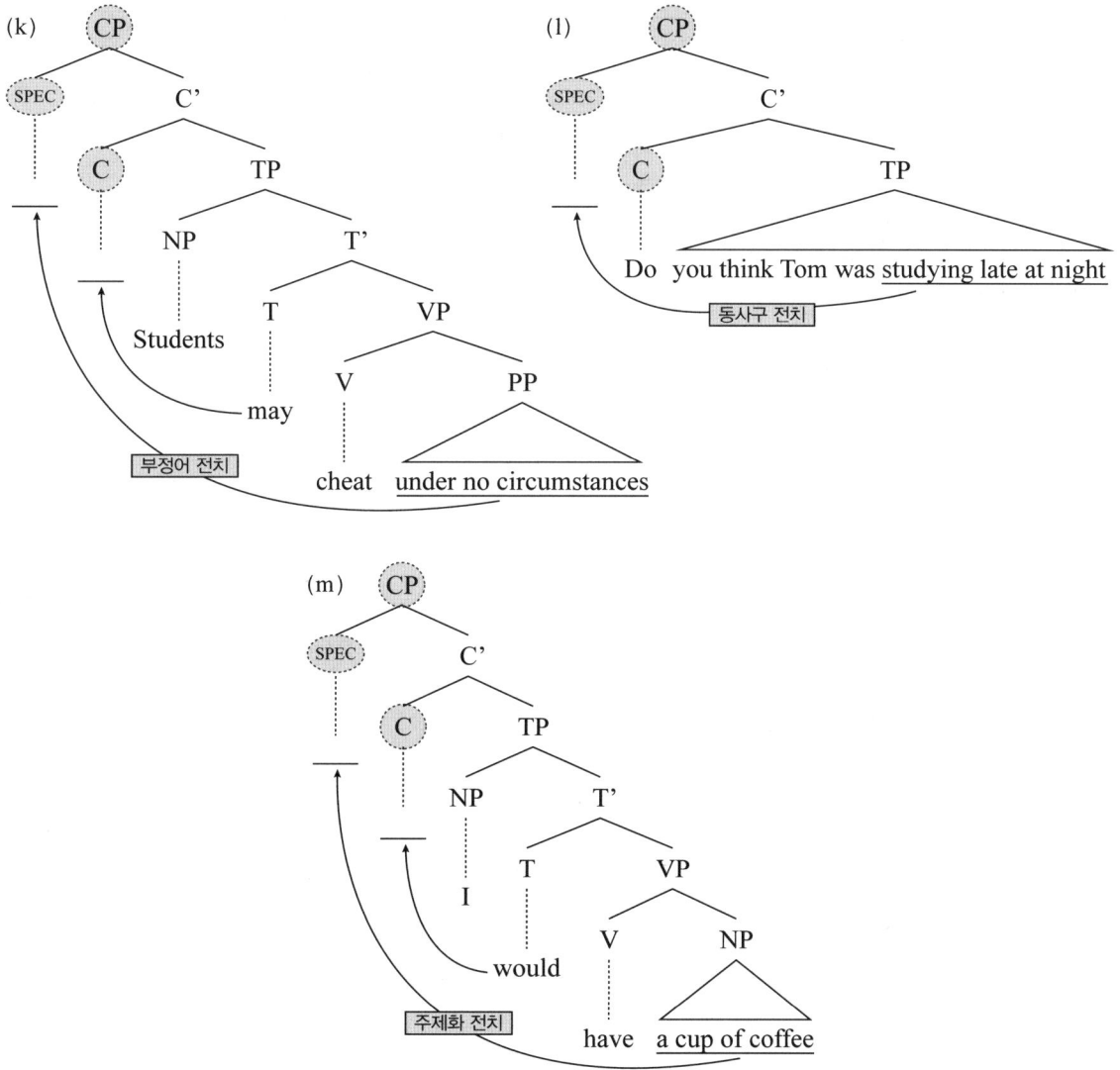

위 수형도 (k) 부정어 전치, (l) 동사구 전치, (m) 주제화 전치 사례에서 보듯이, 모두 구범주가 이동하는 구 이동의 사례이고, CP-spec으로 이동하는 비논항 위치 이동으로 볼 수 있다.

외치변형의 사례도 비논항 위치 이동으로 볼 수 있다. 다음의 핵계층이론 수형도에서 보듯이, 주어 자리에서 CP가 IP의 부가어 자리로 이동한다. 즉, 구 이동이며 IP 부가어 자리로 이동하는 비논항 위치 이동으로 볼 수 있다.

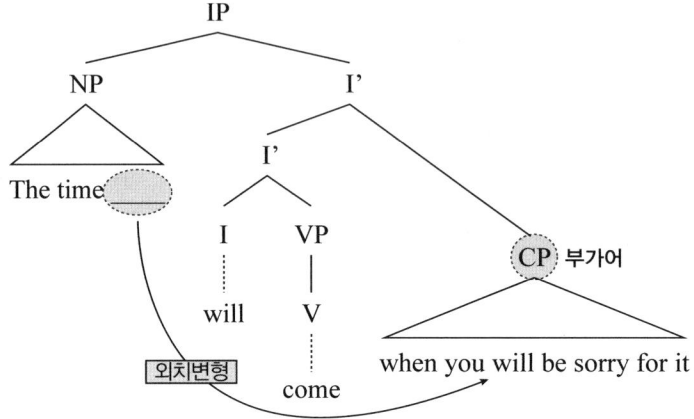

이렇게 모든 이동 변형을 논항 위치의 관점에서 검토해 보면, 해당 이동 변형이 논항 위치 이동인지 비논항 위치 이동인지 알 수 있다.

제2장 공범주(empty categories)의 종류 및 구분

공범주 원리(ECP, empty category principle)는 눈에 보이는 외현적 어휘는 없지만 문법적인 기능을 수행하는 비외현적 공백(non-overt gap) 혹은 흔적(trace)이 나타나는 조건과 해석을 다루는 이론이다.

제1절 비외현적 주어 PRO(non-overt subject PRO) 중요

앞서 비외현적 주어에 관해 배웠듯이, 다음 예문처럼 to-부정사구 내포절을 포함한 문장에서는 눈에 보이지 않는 비외현적 주어인 PRO가 존재한다. 이때 내포절의 주어는 (n)처럼 상위절의 주어(Tom)로 해석되기도 하고, (o)나 (p)처럼 상위절의 목적어(Susan, Bill)로 해석되기도 한다. 이러한 경우를 각각 PRO의 주어 통제(subject control), 목적어 통제(object control) 구문이라고 한다. 즉, PRO는 대체로 가까운 NP(주어 혹은 목적어)를 가리키는 것을 알 수 있다.

(n) Tom wants [to win].
(n') Tom wants [PRO to win].
(o) Tom wants Susan [to win].
(o') Tom wants Susan [PRO to win].
(p) Tom persuaded Bill [to go].
(p') Tom persuaded Bill [PRO to go].

비외현적 PRO가 나타나는 또 다른 경우는 다음 예문 (r)과 같은 비주어 상승 구문에서 볼 수 있다. 다음 두 예문은 얼핏 보면 통사적 구조가 일치하지만 의미는 매우 다른데, 그 이유는 공백의 위치 차이 때문이다.

(q) Tom is eager [to please].
(q') Tom is eager [PRO to please].
(r) Tom is easy [to please].
(r') Tom is easy [to please PRO].
(s) It is easy to please Tom.

예문 (q)에서 Tom은 동사 please의 행위를 수행하는 행위자역을 받는 데 비해, 예문 (r)에서 Tom은 please의 행위를 당하는 대상역을 받아서 (s)와 같이 바꾸어 쓸 수 있다.

제2절　영조동사(null auxiliaries)

영조동사도 역시 눈에 보이지 않는(non-overt) 조동사인데, 다음 예문을 보자. (t)는 문장의 어느 것도 생략하지 않고 말한 경우이며, (u)는 같은 문장을 조동사 might를 생략하여 말한 경우이다.

(t) She might have gone, but he *might* have stayed.
(u) She might have gone, but he have stayed.
(v) She might have gone, but *he've stayed.
(w) She might have gone, but he ＿＿＿ have stayed.

두 문장 모두 정문인 것을 보면, (u)의 내부에 있는 밑줄 친 he have stayed도 문법적으로 이상이 없다는 것을 알 수 있다. 만일 이 부분이 해당 예문 내부에 있지 않고 별도의 문장으로 존재한다면 has를 써서 he has stayed가 되어야지, he have stayed가 되면 주어와 술어의 일치에 문제가 있는 비문이 된다. 이 부분이 정문인 이유는 바로 he와 have 사이에 앞 절의 조동사 might가 생략되어 있기 때문이다. 즉, 눈에 보이지 않는 조동사인 영조동사가 존재하기 때문이다. 예문 (v)의 비문인 뒤 절(*he've stayed)에서 he와 have가 축약되어 he've가 될 수 없는 것은 영조동사가 존재하는 근거가 된다. 따라서 예문 (u)에 영조동사를 표시하면 (w)와 같이 된다.

축약은 I've같이 둘 사이에 아무것도 방해하는 요소가 없을 때(I have)만 가능하기 때문이다. 둘 사이에 뭔가 안 보이는 요소가 있어서 축약이 불가능한 사례는 또 있다.

(x) I want to go.
(x') I wanna go
(y) Who do you want to help you?
(y') *Who do you wanna help you?
(z) Who do you want ＿＿＿ to help you?

위 예문 (x)에서 보듯이, 두 요소 사이에 눈에 보이지 않아도 아무런 방해 요소가 없으면 (x')에서처럼 축약이 가능하지만, (y), (y')에서처럼 둘 사이에 보이지 않지만 어떤 공백(혹은 흔적)이 있으면 축약이 불가능하다. 여기서는 (z)에서 보듯이, 동사 want의 목적어인 who가 의문문을 만들기 위해 보문절 지정어 위치로 이동했기 때문에 이동 후에 흔적(trace)이 남아 있어서 축약을 방해한 것이다. 보이지 않는 요소가 영조동사는 아니고 wh-의문사였지만 이러한 사례를 통해 안 보이는 영조동사의 존재를 다시 검증할 수 있는 것이다.

제3절 영보문소(null complementizers)

영보문소는 눈에 보이지 않는 보문소인데, 다음 예문을 통해 살펴보자.

(a) Tom thinks [that Susan is smart].
(a') Tom thinks [Susan is smart].
(b) We didn't intend [for that to happen].
(b') We didn't intend [that to happen].

예문 (a), (b)가 각각 (a'), (b')와 뜻이 동일하다는 것은 문장의 구조가 동일하다는 의미이다. 예문 (a)의 내포절 that Susan is smart가 (a')의 내포절 Susan is smart와 구조가 동일하려면 that의 유무에 관계없이 동일한 구범주를 가정해야 하므로, 굴절절(IP)이 아니라 두 구조를 모두 포함할 수 있는 보문절(CP)을 가정해야만 할 것이다. 그렇다면 보문소(that)가 없는 경우에는 다음 수형도에서처럼 영보문소를 가정해야만 한다.

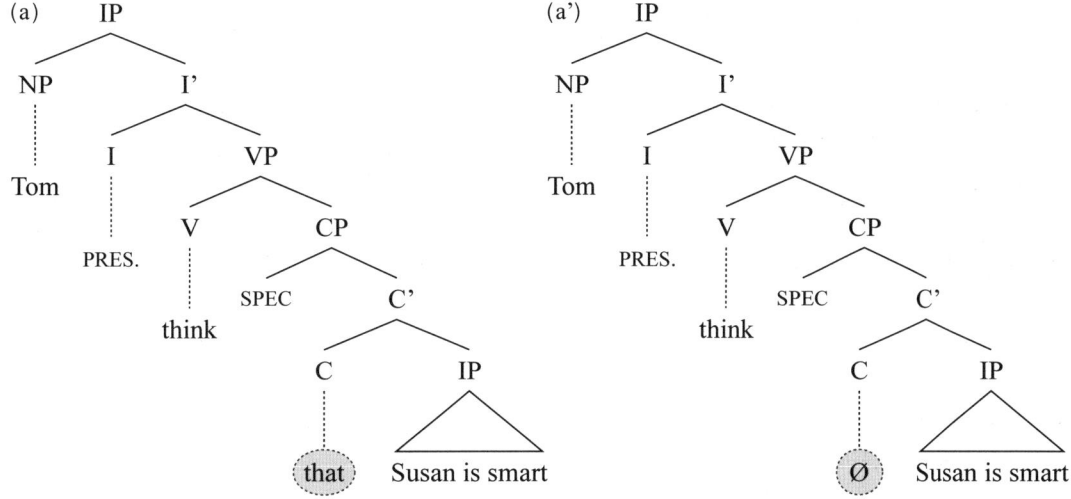

제 3 장 | 이동의 동기

지배결속이론(GB Theory, Government and Binding Theory)에 의하면 핵계층이론의 구구조 규칙으로 D-structure가 만들어지고 한계이론(Bounding Theory)에 의해 조절되는 변형 규칙이 적용되면 S-structure가 만들어진다. 문장이 D-structure에서 S-structure에 이르게 되면 격이론(Case Theory)의 적용을 받게 된다.

제1절 격이론(Case Theory)

격이론에서는 S-structure에 있는 모든 NP가 격 할당자(case assigner)를 통해 적절한 격을 할당받게 된다. 격이론은 격의 개념을 통해 언어의 여러 현상을 설명하고, 격이 할당되는 환경 및 조건을 다루는 이론이다. 간단히 말하면, NP가 격을 갖지 않으면 비문이 된다는 이론이다. 구체적으로는 다음 예문과 수형도에서 볼 수 있듯이, (a) 한정절의 주어는 주격(nominative case)을, (b) 동사(V)와 (c) 전치사(P)의 보충어는 목적격(accusative case)을, (d) NP의 지정어 자리에 오는 또 다른 NP는 소유격(possessive case)을 할당받는다.

(a) He likes his car.
(a') *Him likes his car.
(b) We like him.
(b') *We like he.
(c) We talk to him.
(c') *We talk to he.
(d) his role as a teacher
(d') *he role as a teacher

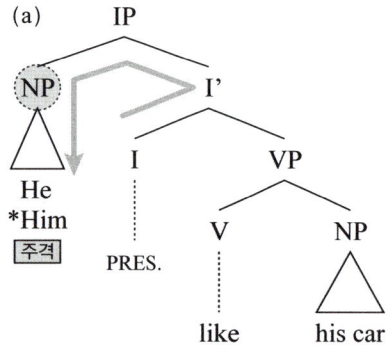
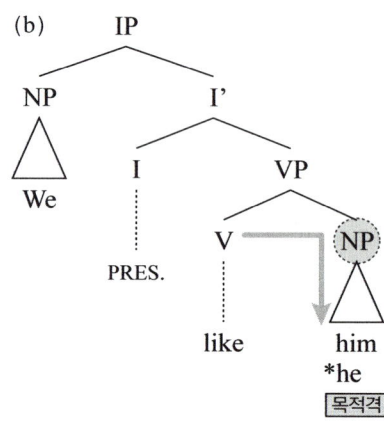

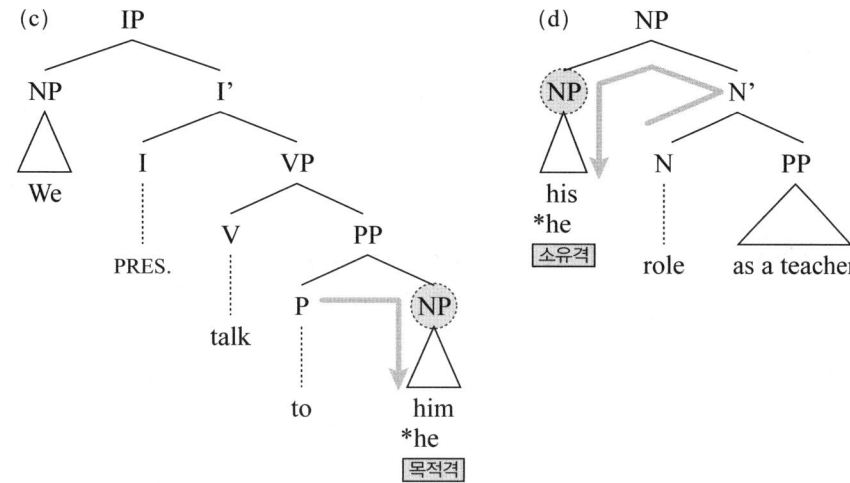

이처럼 명사구(NP)가 적절한 격이 있어야만 정문이 되는데, 영어에 존재하는 여러 종류의 명사구 이동(NP movement)도 명사구가 격을 할당받기 위한 것으로 가정한다. 격 할당자는 I, V, P이며 격을 받는 NP와 서로 인접해 있어야 하는데, 인접성은 앞서 배운 성분통어(c-command, constituent-command)로 결정된다. 구성소들 관계에서 자신의 자매를 포함하여 그 자매가 아래쪽으로 직간접적으로 지배하는 모든 구성소를 성분통어한다고 정의한다는 것을 상기하라.

격 할당자는 어휘범주인 I, V, P 등인데 이들은 성분통어하는 요소에 격 표시를 하게 된다. 예를 들어, (b)에서 V는 NP를 성분통어(굵은 회색 화살표)하므로 목적격을 할당하고, (c)에서 P는 NP를 성분통어하므로 목적격을 할당한다. 이러한 경우에 V, P 등의 핵이 성분통어하는 요소들을 **지배(govern)한다**고 말한다. 핵계층이론에서 말하는 지배(dominate)와는 다른 개념인데, 번역은 모두 '지배'로 하니 주의해야 한다. 핵이 어떤 요소를 지배하면 격을 부여하게 된다는 것이 격이론의 핵심이다.

그러나 (a)의 경우 I는 주어 NP를 성분통어하지 않는데도 주격을 할당하는 문제가 생기게 된다. 왜냐하면 I는 자매인 VP와 그 아래 구성소만을 성분통어하기 때문이다. 따라서 I가 주어 NP에 격을 할당하려면 특별한 종류의 지배 개념(굵은 회색 화살표)이 필요한데, 수형도에서 보듯이 I의 최대투사 범주인 IP는 NP를 직접 지배하고 있다. 이렇게 핵어(I)의 최대투사 범주(IP)가 지배하는 것을 **최대통어(m-command, maximal-command)한다**고 말한다. I가 주어 NP를 최대통어하기 때문에 주격을 할당할 수 있다. (d)의 경우도 최대통어의 개념으로 이해할 수 있을 것이다.

격 할당과 관련하여 한 가지 주의할 사항은 격 할당자와 격 표시가 되는 NP 사이에는 다른 것이 끼어들지 말고 서로 인접해 있어야 한다는 것이다.

(e) Tom sees him frequently.
(e') *Tom sees frequently him.
(f) Tom sincerely believes him to be smart.
(f') *Tom believes sincerely him to be smart.
(g) Tom believes sincerely that he is smart.

격 할당자인 V와 격을 받는 NP 사이가 인접해 있지 않고, 부사(frequently, sincerely)가 끼어들면 비문이 된다. (g)의 경우는 격을 할당하지 않는 절(that he is smart)이 있기 때문에 정문이다.

제2절 확대투사이론(EPP, Extended Projection Principle)

1 수동문에서의 격이론

모든 영어 문장에는 반드시 주어가 있어야 한다는 원리를 **확대투사원리**라고 한다. 다음 수동문의 심층구조 (h)에서 주어가 채워지지 못하게 되면, 예문 (h')에서처럼 확대투사원리를 위반하여 비문이 된다.

(h) _____ was eaten the delicious apple.
(h') *Was eaten the delicious apple.
(h") The delicious apple was eaten _____.

예문 (h)와 다음 수형도에서 보듯이, 동사 eaten은 그 뒤에 오는 NP(the delicious apple)에 의미역을 할당하지만, 수동의 동사는 격을 부여할 수 있는 능력은 없다. 따라서 (h")처럼 NP는 I에 의해 m-command되어 주격을 할당받기 위하여 IP-spec 자리로 이동하게 된다. 결국 수동문은 동사구(VP) 내에 있는 NP가 I 범주에 의해 주격을 할당받기 위해 주어 자리로 이동하는 것으로 볼 수 있는 것이다. 달리 말하면, 능동문의 목적어 NP가 수동태에서 주어 자리로 이동하는 것은 주격을 할당받기 위한 목적이다. 수동문에서는 I 범주에 의해 최대통어를 당하는 NP가 주격을 할당받게 되고, I 범주가 격 할당자이다.

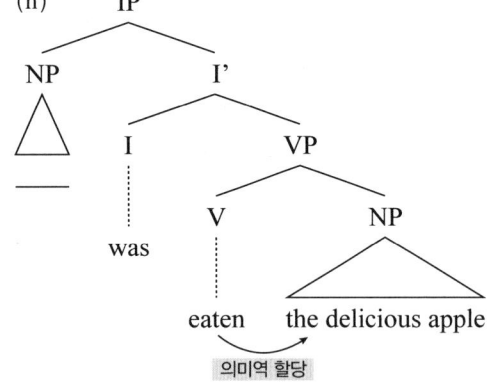
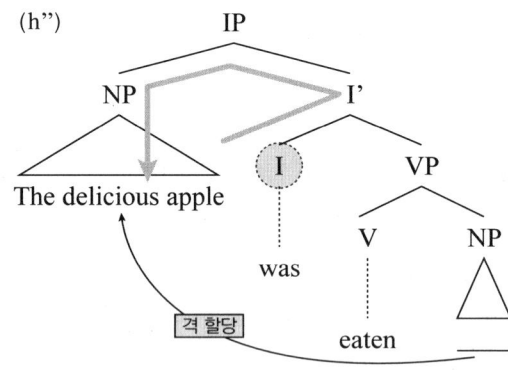

2 상승 구문에서의 격이론

주어가 필요하고, 또 주격을 할당받기 위해 이동을 하는 또 다른 사례는 주어-주어 상승 구문에서도 찾아볼 수 있다. 다음 예문 (i)는 지배결속이론의 D-구조이고 (i')는 S-구조인데, 수형도에서 보듯 D-구조에서 IP는 비한정절이므로 I(to)가 주격을 할당하지 못하여 그대로 문장이 완결되면 비문이 된다. 따라서 NP(Tom)는 상위문 IP의 지정어 자리로 주어-주어 상승 이동을 하여 (i') 수형도에서 보듯 한정절 I로부터 최대통어가 되어 주격을 할당받아 정문이 된다.

> (i) [IP [NP _____] seems [IP [NP Tom] to be happy]]
> (i') [IP [NP Tom] seems [IP [NP _____] to be happy]]

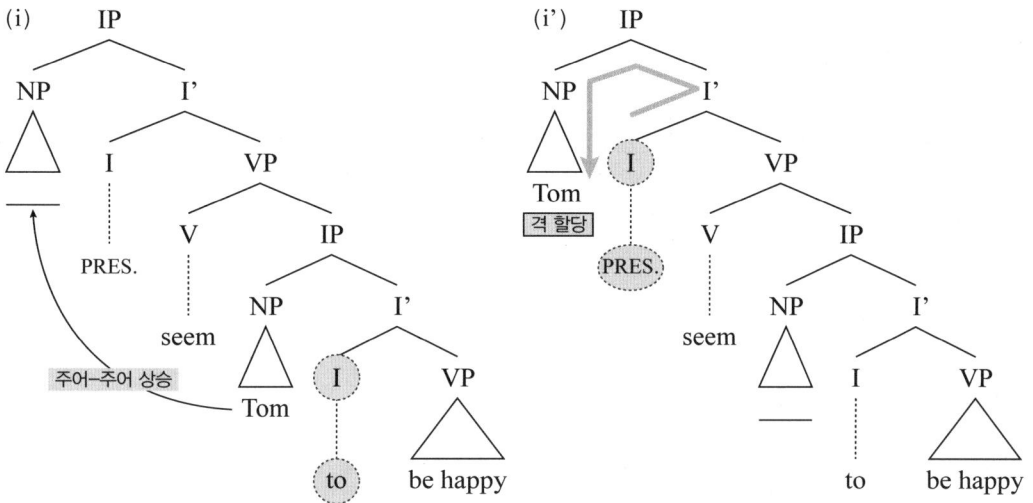

유사한 사례로 주어-목적어 상승 구문도 있다. 다음 예문 (j)와 수형도를 보면 내포절의 주어인 NP(him)는 비한정절인 부정사로부터는 최대통어를 당해도 격을 할당받지 못하여, 격을 할당받기 위해 주절의 동사 believes의 목적어 자리로 주어-목적어 상승 이동을 하여 수형도 (j')에서처럼 V로부터 성분통어되어 지배(govern)되므로 목적격을 부여받게 된다.

> (j) [IP Tom believes _____ [IP [NP him] to be a student]].
> (j') [IP Tom believes him [IP [NP _____] to be a student]].

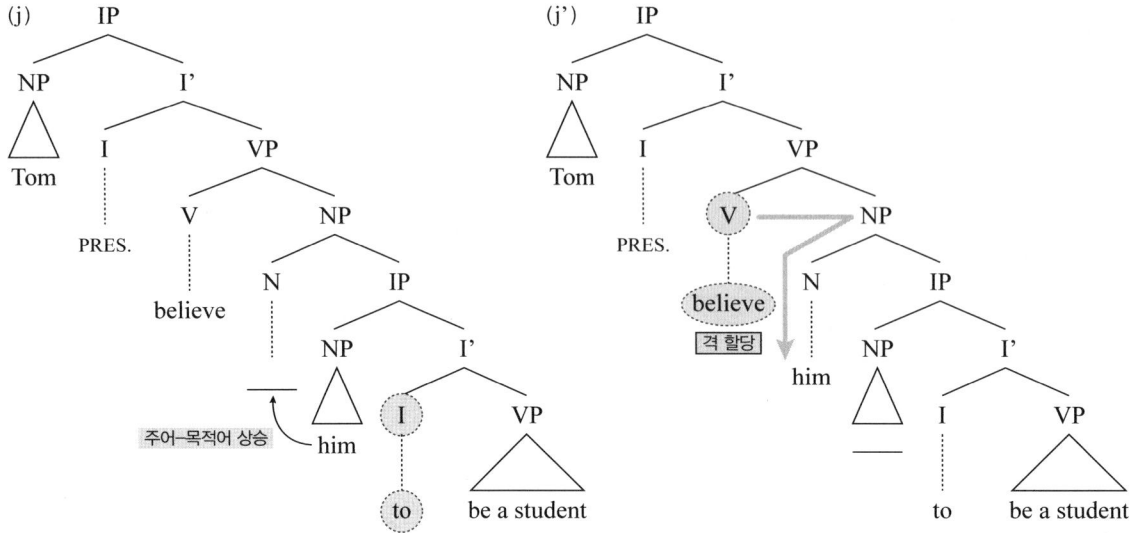

특히 주어-목적어 상승 구문의 경우, 비정형절의 주어가 주절의 동사로부터 목적격을 할당받을 때 예외적 격 표시(ECM, Exceptional Case-Marking)라고 부르기도 한다. 요약하면 상승 구문에서 격 할당자는 V, I 범주인 것을 알 수 있다.

3 형용사와 명사의 격이론

이번에는 P가 격을 할당하는 경우를 살펴보자. 다음 예문을 보면, (k) 형용사 envious와 (l) 명사 envy는 바로 뒤에 오는 NP(him)에 격을 할당하지 못하여 비문이 된다.

(k) *Jane is envious him.
(k') Jane is envious of him.
(l) *Jane's envy him
(l') Jane's envy of him

이 경우, 다음 수형도에서 보듯이 전치사 of를 삽입하여 P가 NP를 지배(govern)해서 목적격을 할당하도록 하여 정문을 만들게 된다.

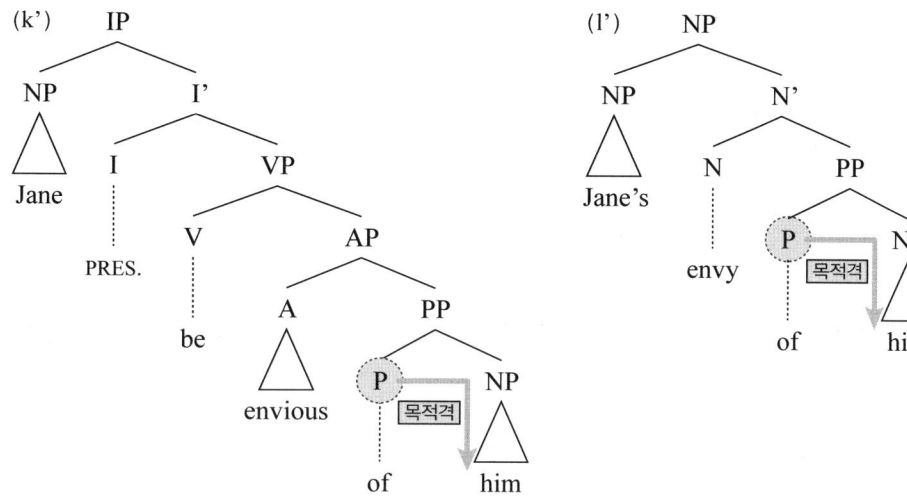

제3절 통사범주 및 자질(Syntactic Categories & Features)

변형생성문법에서 구구조 규칙에 의해 얻어진 수형도에는 적절한 어휘가 삽입되어야 비로소 수형도가 완성되는데, 어휘는 원어민의 머릿속에 있는 어휘의 창고 혹은 목록이라고 할 수 있는 어휘부(lexicon)에 들어 있는 어휘항목(lexical entries)으로부터 나온다. 어휘부는 어휘와 어휘범주(lexical categories), 그 어휘가 삽입될 수 있는 조건 등을 알려주는 자질(features)로 이루어져 있다.

(m) put, [+V], [_____ NP PP]
(n) drink, [+V], [_____ NP (PP)], [+animate] _____ [+fluid], …

예를 들어, 동사 put의 경우 어휘범주(품사)는 동사([+V])이고, 나타날 수 있는 환경은 목적어 NP와 위치를 나타내는 전치사구 PP 앞이다. 또한 동사 drink의 경우는 동사이고, 목적어 NP를 취할 수 있으며, 주어는 [+animate] 자질을 갖고 있어 마시는 행위를 할 수 있는 생명체여야 하고, 마시는 대상은 액체류여야 한다. 여기서 [+V]를 범주 자질(category features)이라고 하고, 목적어라든지 위치의 전치사구 등을 하위범주 자질(subcategory features)이라고 하며, 주어/목적어의 성질을 알려주는 것을 선택 자질(selectional features)이라고 한다.

이렇게 어휘와 문장의 올바른 사용을 위해서 다양한 종류의 범주가 상호작용을 하고 있는데, 이러한 문법과 관련한 범주(grammatical categories)에 대하여 알아보자. 이들은 통사범주(syntactic categories)와 통사자질(syntactic features)로 구성되어 있는데, 먼저 통사범주는 어휘범주(lexical categories)와 구범주(phrasal categories) 및 기능범주(functional categories)로 구성되어 있다.

1 통사범주(syntactic categories)

(1) 어휘범주(lexical categories)와 구범주(phrasal categories)

어휘범주는 전통적으로 품사(POS, parts-of-speech)로 알려져 있는 명사, 동사, 형용사, 부사 등으로 이루어져 있다. 이들을 어휘범주로 나누는 기준은 단어의 뜻이 아니라, 문장 내에서 형태론적 혹은 통사론적으로 비슷하게 문법적인 기능을 수행하는 것에 있다. 즉, 형태론적으로 복수형 어미 -(e)s가 붙을 수 있고, 통사론적으로 형용사의 수식을 받을 수 있다면 명사 어휘범주를 갖고 있다고 볼 수 있는 것이다. 이렇게 형태론적 근거(morphological evidence)와 통사론적 근거(syntactic evidence)를 바탕으로 어휘범주를 나누게 된다.

① **명사(N, nouns)**
  명사의 형태론적 근거는 복수형 어미가 붙을 수 있다는 것이고, 통사론적 근거는 한정사(determiners)나 형용사의 수식을 받을 수 있다는 것이다. 이러한 형태론적·통사론적 자질을 공유하는 단어들을 명사라고 할 수 있다.

② **동사(V, verbs)**
  동사의 형태론적 근거는 -(e)s, -(e)d 같은 시제를 나타내는 어미나 -ing 같은 진행 형태소가 붙을 수 있다는 것이고, 통사론적 근거는 조동사 뒤에 나타날 수 있다는 것이나 명령이나 요청의 경우에 문장 처음에 나타날 수 있다는 것이다. 이러한 형태론적·통사론적 자질을 공유하는 단어들이 동사이다.

③ **형용사(A, adjectives)**
  형용사의 형태론적 근거는 비교급 어미/최상급 어미 -er/-est가 붙을 수 있다는 것이고, 통사론적 근거는 한정사와 명사 사이에 위치할 수 있고, be동사 뒤에 올 수 있으며, 부사의 수식을 받을 수 있다는 것이다.

④ **부사(Adv, adverbs)**
  부사의 형태론적 근거는 -ly 어미가 붙을 수 있다는 것이고, 통사론적 근거는 형용사 앞이나 동사의 앞이나 뒤, 다른 부사 앞 등 다양한 위치에서 수식어로 기능할 수 있다는 것이다.

⑤ **전치사(P, prepositions)**
  전치사의 경우 형태론적 근거는 없고, 통사론적 근거로서 바로 뒤에 명사구가 오거나 바로 앞에 단어 right가 올 수 있다는 것이다.

지금까지 살펴본 어휘범주들은 하나 이상의 다른 단어들과 구범주를 이루어서 명사구(NP, noun phrases), 동사구(VP, verb phrases), 형용사구(AP, adjective phrases), 부사구(AdvP, adverb phrases), 전치사구(PP, prepositional phrases)를 이룬다.

(2) 기능범주(functional categories)

앞서 살펴본 어휘범주는 단어가 뜻 혹은 의미적 내용을 담고 있는 내용어(content words)로 볼 수 있는 반면, 다음에 살펴볼 범주는 문장 안에서 문법적인 기능을 주로 표현하기 때문에 이들을 기능어(function words)라고 하고, 이들이 속하는 범주를 기능범주라고 한다. 기능어에는 한정사, 대명사, 조동사, 부정사, 보문소 등이 있다.

① **한정사(Det or D, determiners)**

명사 앞에 위치하여 명사에 대한 지시적·수량적 성질을 한정해 주는 단어이다. 부정관사(a/an), 정관사(the), 지시형용사(this, that, these, those), 수량사(all, some, many, several, few 등), 소유격 대명사(my, your, his, her, its 등) 등이 여기에 속한다. 한정사는 형용사와 다른데, 다음 예문을 보면 형용사는 (a) 여러 개가 연속하여 올 수 있지만, (a') 한정사는 하나만 올 수 있고, (a") 한정사가 형용사보다 앞에 나온다.

> (a) tall dark handsome men
> (a') *a my car
> (a") a tall dark man

② **대명사(pronouns)**

대명사는 앞에 나온 명사를 지칭하는 단어이다. 주격(I, she, you, they 등)과 목적격(me, her, you, them 등)이 있지만, 소유격(my, your, his, its 등)은 한정사에 속하기 때문에 대명사는 아님에 주의해야 한다.

③ **조동사(Aux, auxiliaries)**

조동사는 주로 시제(tense)와 상(aspect)을 표현하며, 전통적인 조동사(may, can, should, will, must 등)와 do, have 혹은 다른 동사와 함께 쓰이는 be를 포함한다. 통사적 자질은 동사구 앞에 나타날 수 있다는 것과 의문문에서 명사를 선행한다는 것, 뒤에 부정어(not)가 올 수 있다는 것 등이다.

④ **부정사(infinitival to)**

부정사 to의 통사적 자질은 바로 뒤에 동사의 원형 혹은 동사원형으로 시작하는 비한정적 동사구가 온다는 것이다.

⑤ **보문소(COMP or C, complementizer)**

보문소(that, if, for 등)는 보문절(CP)을 유도하는 어휘로서 통사적 자질은 뒤에 한정절(that, if)/비한정절(for)이 온다는 것이다.

> (b) I think that you may be right.
> (b') I doubt if you can help me.
> (b") I'm anxious for you to receive the best treatment possible.

2 통사자질(syntactic features)

(1) 하위범주 자질(subcategorial features)

앞서 어휘를 여러 가지 어휘범주로 구분하는 방법을 배웠다. 하지만 명사라고 할지라도 가산명사(countable nouns)와 불가산명사(uncountable nouns), 보통명사(common nouns)와 고유명사(proper nouns) 등 여러 특성을 기준으로 여러 하위범주(subcategories)로 분류될 수 있다. 단순히 어휘범주만으로는 이러한 구분을 표현할 수 없다. 이러한 하위 집단의 특성을 구분할 수 있도록 제안된 개념이 바로 하위범주 자질인데, 이항 대립(binary opposition, + or −)을 이용하여 표시한다. 예를 들어, [±common]은 보통명사/고유명사를, [±count]는 가산명사/불가산명사를, [±plural]은 단수명사/복수명사를 구분할 수 있다. 어휘를 하위범주 자질을 이용하여 나타내면 다음과 같다.

> (c)　news : N, [+common, −count, −plural]
> (c')　London : N, [−common, −count, −plural]

(2) 교차범주 자질(cross-categorial features) 및 상위범주(supercategories)

어떤 통사자질은 여러 범주에 걸쳐 적용될 수 있다. 예를 들어, 동사와 형용사는 영어에서 un-접두사가 붙을 수 있는데(undo, unhappy 등), 이는 동사와 형용사 범주가 서로 공유하는 자질이 있음을 반영하는 것이라 볼 수 있다. 언어에 따라서는 형용사와 명사가 서로 공유하는 자질을 갖는 경우도 있는데, 이러한 성질을 설명하기 위하여 촘스키는 명사성(nominal) 혹은 동사성(verbal)을 각각 [±N], [±V] 자질로 표시하여, 다음과 같이 품사를 표시하였다.

> nouns = [−V, +N], verbs = [+V, −N], adjectives = [+V, +N], prepositions = [−V, −N]

이렇게 하면 동사와 형용사는 [+V]라는 성질을 공유함으로써 하나의 자연부류(natural class) 집단을 구성할 수 있으며, 동사와 형용사로 구성된 이 집단은 하위범주가 아니라 상위범주로 볼 수 있다. 따라서 이렇게 여러 집단에 걸쳐 서로 공유하는 자질들을 교차범주 자질이라고 하며, 이러한 자질들을 이용하면 다양한 상위범주를 만들 수 있어 여러 현상들을 설명할 수 있다.

제9편 실전예상문제

제1장 이동 대상과 위치에 따른 이동 유형

01 다음 중 핵 이동에 속하는 것은?

① 외치변형
② 주어–주어 상승
③ 주어–조동사 도치
④ 수동문화

> 01 조동사(Aux 혹은 T)는 핵어(head)이므로 핵 이동이다.

02 다음 중 구 이동에 속하지 <u>않는</u> 것은?

① 화제문화
② be동사 이동
③ 여격 이동
④ 비주어 상승

> 02 부정문이나 의문문에서의 be동사 이동은 V 핵어의 이동이다.

03 관계사문에서 wh-관계사의 이동에 대한 설명으로 옳지 <u>않은</u> 것은?

① IP-spec 위치로의 이동이다.
② 구 이동의 사례이다.
③ 보문절로의 이동이다.
④ 지정어 자리로 이동한다.

> 03 wh-관계사는 보문절 지정어(CP-spec) 위치로의 이동이다.

04 다음 중 논항 위치 이동(A-movement)이 <u>아닌</u> 것은?

① 수동문화
② 주어–목적어 상승
③ 비주어 상승
④ 관계사 이동

> 04 관계사의 이동은 CP-spec 위치로의 이동으로, 비논항 위치 이동이다.

정답 01 ③ 02 ② 03 ① 04 ④

05 의문사는 동사 do의 목적어인 논항 위치에서 생성되어 CP-spec으로 이동한다.

05 다음 문장에 대한 설명으로 가장 적절하지 않은 것은?

> What will you do?

① 비논항 위치 이동이다.
② 의문사는 비논항 위치에서 생성된다.
③ 의문사의 이동은 구 이동이다.
④ 조동사의 이동은 핵 이동이다.

주관식 문제

01 **정답**
내포절의 주어 NP가 상위절의 주어로 이동한 것으로, 구 이동이며 논항 위치 이동으로 볼 수 있다.

01 다음 문장에서 발생한 이동에 대하여 핵 이동/구 이동, 논항 위치 이동/비논항 위치 이동의 관점에서 설명하시오.

> Tom seems to be happy.

02 **정답**
부정어(Under no circumstances)와 조동사(may)가 이동하였다. 부정어는 PP가 이동한 구 이동이며, CP-spec으로의 비논항 위치 이동이다. 조동사는 T(Aux 혹은 I)가 이동한 핵 이동이며, C 위치로의 비논항 위치 이동이다.

02 다음 문장에서 이동한 항목들에 대하여 핵 이동/구 이동, 논항 위치 이동/비논항 위치 이동의 관점에서 설명하시오.

> Under no circumstances may students cheat.

정답 05 ②

제2장 공범주(empty categories)의 종류 및 구분

01 다음 중 공범주가 아닌 것은?

① 성분통어
② 비외현적 주어
③ 영조동사
④ 영보문소

> 01 성분통어는 격 할당이나 재귀대명사 용법에 있어서 구성성분 간의 지배 관계와 관련된 영역 개념이다.

02 다음 중 비외현적 주어 **PRO**가 없는 문장은?

① Jason wants Bill to win.
② Jane is eager to please.
③ Tom thinks Susan is pretty.
④ Bill is easy to please.

> 02 Tom thinks that Susan is pretty. 에서 보문소 that이 영보문소로 대치된 것이다.

03 다음 중 공범주가 존재하지 않는 문장은?

① He may have closed it, but she have opened it.
② The news was true that he ran away with the money.
③ We think she may have completed her mission.
④ Jill persuaded Tom to marry her.

> 03 ①은 영조동사, ③은 영보문소, ④는 PRO가 존재한다.

정답 01 ① 02 ③ 03 ②

04 공백(흔적)이 존재하면 축약이 불가능하다.

04 다음 문장이 비문인 이유는?

> *Who do you wanna help you?

① 조동사가 논항 위치 이동을 했다.
② 의문사가 핵 이동을 했다.
③ 선택제약 위반이다.
④ want와 to 사이에 공백이 존재한다.

주관식 문제

01 **정답**
(a) 목적어 통제, Bill은 Susan이 집으로 가도록 허락했다.
(b) 주어 통제, Tom은 Susan에게 자신이 집으로 가겠다고 약속했다.

01 다음 두 문장에 존재하는 비외현적 PRO가 각각 주어 통제인지 목적어 통제인지 밝히고, 해석하시오.

> (a) Bill allowed Susan to go home.
> (b) Tom promised Susan to go home.

02 **정답**
내포절의 보문절(CP) 보문소(C) 위치에 존재한다.

02 다음 문장에서 영보문소가 위치하는 곳은 어디인지 쓰시오.

> Tom thinks Susan is smart.

정답 04 ④

제3장 이동의 동기

01 지배결속이론(GB Theory)에서 격이론(Case Theory)의 적용을 받게 되는 단계는?

① 심층구조
② S-구조
③ 한계절점
④ D-구조

02 다음 중 격이론에서 할당받은 격이 아닌 것은?

① 주격
② 소유격
③ 여격
④ 목적격

03 격이론에 대한 설명으로 옳지 않은 것은?

① A는 소유격을 할당한다.
② V는 목적격을 할당한다.
③ I는 주격을 할당한다.
④ P는 목적격을 할당한다.

04 이동과 관련된 설명으로 옳지 않은 것은?

① 확대투사원리에 의해 수동문의 주어가 이동한 것이다.
② 수동문의 주어는 격을 할당받기 위해 이동한 것이다.
③ 주어는 I가 최대통어(m-command)하여 격을 부여한다.
④ 의문사 이동의 착지점은 IP-spec 자리이다.

---

01 지배결속이론에서 격이론의 적용은 S-structure 단계에서 이루어진다.

02 격이론에서는 격 할당자가 주격, 목적격, 소유격을 할당한다.

03 소유격은 NP 내부에서 받으므로 형용사(A)와는 관계없다.

04 의문사 이동의 착지점은 CP-spec 자리이다.

정답 01 ② 02 ③ 03 ① 04 ④

주관식 문제

01 다음 문장에서 주절의 주어가 격을 어떻게 할당받는지 서술하시오.

> Tom seems to be happy.

01 정답

____ seems Tom to be happy에서 Tom은 비한정절의 부정사로부터 격을 할당받지 못하므로, 주절의 IP-spec 자리로 상승하여 I로부터 최대통어(m-command)를 당하여 주격을 할당받는다.

02 다음 문장에서 NP(him)가 격을 할당받는 방법을 서술하시오.

> (a) Jane is envious of him.
> (a') *Jane is envious him.

02 정답

형용사 envious는 NP에 격을 할당하지 못하기 때문에 (a')는 비문이 되지만, (a)에서처럼 전치사 of가 삽입되어 핵어인 전치사 P가 NP를 성분통어하여, 즉 지배(govern)하여 목적격을 할당한다.

제 10 편

대용적 표현

제1장	대용사(anaphors)
제2장	대명사(pronouns)
제3장	지시적 표현(R-expressions, referring expressions)
실전예상문제	

| 단원 개요 |

제10편에서는 명사를 크게 세 종류(대용사, 대명사, 지시적 표현)로 구분하여 이들이 문장 안에서 어떻게 분포하는지를 배우게 된다. 특히 국부성, 성분통어 개념을 이용하여 세 종류의 명사구가 선행사와 어떤 관계를 갖게 되는지 파악하여 결속원리를 확립하게 된다.

| 출제 경향 및 수험 대책 |

제10편에서는 명사(구)가 문장 안에서 어떻게 존재해야 정문이 되는지를 결속이론을 통하여 배우게 되는데, 세 종류의 결속원리를 서로 비교하여 이해한 후 문제 풀이를 통해 개념을 제대로 이해했는지 확인해야 한다.

제 1 장 대용사(anaphors)

지배결속이론(GB Theory)에서 명사(구)는 (ⅰ) 동일절 안에서 반드시 다른 명사구(즉, 선행사)로부터 의미적 해석을 받아야 하는 재귀대명사(reflexives)나 each other 같은 상호대명사(reciprocal pronouns)와 같은 **대용사(anaphors)**, (ⅱ) 동일절 밖에서 다른 명사구로부터 의미적 해석을 받아야 하는 **대명사(pronouns)**, (ⅲ) 세상의 개체를 지시함으로써 의미적으로 해석될 수 있는 **지시 표현(R-expressions, referring expressions)**이라 불리는 명사(Tom, Bill, cat, apples, desk 등)와 같이 세 종류로 나눌 수 있다. 결속이론(Binding Theory)은 이러한 세 종류의 명사(구)에 대한 선행사와의 관계를 다루는 이론인데, 하나씩 살펴보자.

제1절 국부성(locality) 조건 혹은 동일절 조건과 공지시(co-indexing)

대용사는 동일절에 있는 선행 명사, 즉 선행사로부터 의미적인 해석(인칭, 성, 수 일치)을 받아야만 하는 명사구이며, 재귀대명사와 상호대명사가 있다. 다음의 재귀대명사 예문에서 (a')가 비문인 이유는 Susan과 himself의 성이 일치하지 않기 때문이다. 여기서 이탤릭체 아래첨자 i는 동일인이나 동일개체를 가리키는데, 이를 공지시라고 한다. 즉, 재귀대명사는 동일절에 공지시되는 선행사로부터 의미 해석을 받아야 정문이 된다.

(a)   Tom$_i$ hurt himself$_i$.
(a') *Susan hurt himself.
(a") He$_i$ hurt himself$_i$.

국부성 조건(혹은 동일절 조건)이란 선행사와 대용사가 같은 절(동일절) 내부에 있어야 한다는 조건인데, 예문 (b')가 정문인 데 반해 (b)가 비문인 이유는 선행사와 대용사가 밑줄 친 동일절 내부에 없어서 국부성 조건(locality condition)을 위반했기 때문이다.

(b)   *Tom$_i$ thinks that Susan hurt himself$_i$.
(b') Susan thinks that Tom$_i$ has hurt himself$_i$.

제2절 성분통어(c-command)와 지배범주 〈중요〉

국부성 조건과 공지시만으로는 재귀대명사의 정문/비문 여부를 만족스럽게 설명할 수 없는데, 그 이유는 다음 예문에서 찾을 수 있다. 공지시와 동일절 조건을 만족시키는 다음 예문들 중에서 예문 (c), (c')는 비문인 데 반해 예문 (c")는 정문이다.

(c) *We expect himself$_i$ to invite Tom$_i$.
(c') *Tom$_i$'s sister invited himself$_i$.
(c") Tom's father$_k$ invited himself$_k$.

이러한 상황을 해결하기 위하여 도입된 개념이 바로 앞서 배웠던 성분통어 개념이다. 기억을 상기해 보면, 수형도상에서 어떤 구성성분은 자매와 그가 직간접적으로 지배하는 모든 구성성분을 성분통어한다고 말한다. 이렇게 함으로써 선행사와 재귀대명사의 관계를 보다 정교하게 정의하여 다음 수형도에서 보듯이 위의 예문 (c)를 설명할 수 있다.

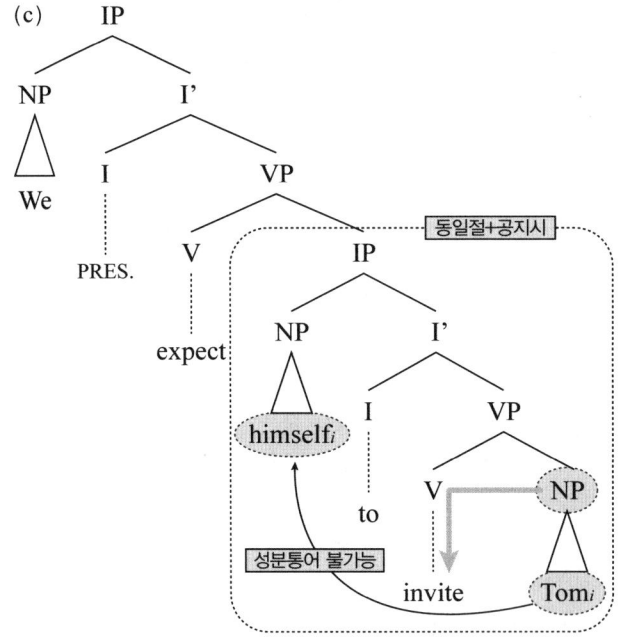

위의 수형도에서 보듯이, 선행사와 재귀대명사는 동일절 + 공지시 조건을 만족하고 있으나 순서가 뒤바뀜으로 인해서 선행사 NP(Tom$_i$)가 재귀대명사 NP(himself$_i$)를 성분통어하지 못하고 있다. 왜냐하면 NP(Tom)는 V(invite)만을 성분통어할 수 있기 때문이다(굵은 화살표로 성분통어 가능 영역 표시). 성분통어 개념과 공지시를 이용하여 예문 (c)가 비문이 되는 것을 설명할 수 있다.

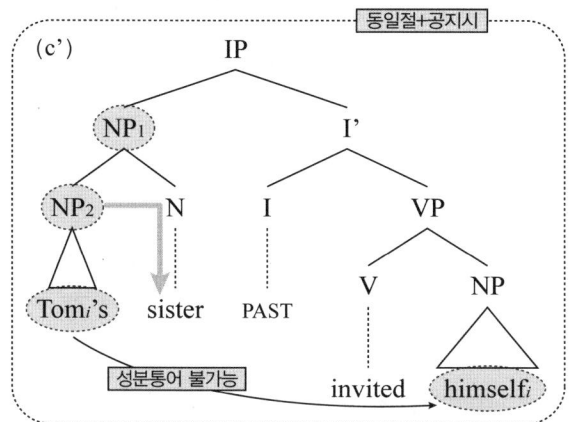
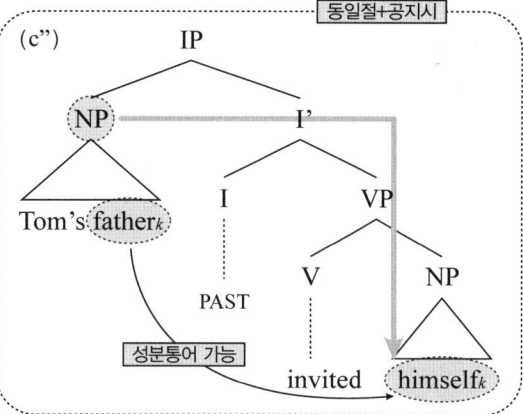

예문 (c'), (c")도 위의 수형도에서 보듯이, 공지시된 각각의 선행사가 재귀대명사를 (c')처럼 성분통어하지 못하거나, (c")처럼 성분통어함으로써 비문/정문 여부를 설명할 수 있다.

제3절 결속원리(Binding Principles) 중요

이처럼 명사구의 한 종류인 대용사와 선행사의 관계를 공지시와 성분통어 개념을 이용하여 설명할 수 있는데, 선행사가 공지시되는 대용사를 성분통어하는 것을 '결속한다'(bind)라고 표현한다. 다시 말하면, '결속 = 공지시 + 성분통어'인 것이다. 대용사 입장에서는 선행사에 '결속되는'(bound) 것이다. 나머지 두 종류인 대명사와 지시표현도 같은 개념을 이용하여 설명이 가능한데, 이들을 결속이론(Binding Theory)이라고 하며, 다음과 같이 세 가지의 **결속원리**(혹은 결속조건, Binding Principles)로 이루어져 있다.

- 결속원리 A(Binding Principle A) : 동일절에서 선행사는 공지시되는 대용사를 결속해야 한다.
  → 대용사에 적용
- 결속원리 B(Binding Principle B) : 동일절에서 대명사는 결속되어서는 안 된다.
  → 대명사에 적용
- 결속원리 C(Binding Principle C) : 어느 곳에서도 결속되면 안 된다.
  → 지시 표현에 적용

위에서 살펴본 수형도에 결속원리 A를 적용해 보면, (c), (c')에서는 선행사 Tom과 Tom's가 공지시되는 재귀대명사를 결속하지 못하여 비문이고, (c")에서는 선행사 father가 공지시되는 재귀대명사를 결속하기 때문에 정문이 되는 것이다.

또 다른 대용사인 상호대명사 each other에 대해서도 결속조건이 만족되어야 하는데, 다음 예문 (d')는 선행사와 수가 일치하지 않아 비문이며, 선행사가 없는 (d")도 비문이다.

(d) The soldiers$_i$ attacked each other$_i$.
(d') *The soldier$_i$ attacked each other$_i$.
(d") *Each other are ill.

다음 수형도에서 보듯이, 예문 (d)는 선행사(The soldiers)가 상호대명사(each other)를 동일절에서 결속하므로 정문이 된다.

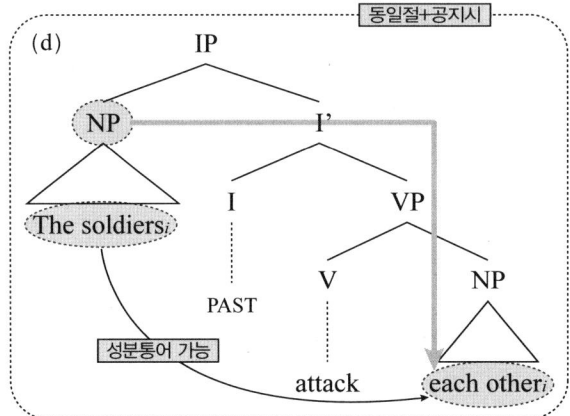

제 2 장 | 대명사(pronouns)

대명사에 적용되는 결속원리 B에 의하면, 동일절에서 대명사는 결속되어서는 안 된다. 왜냐하면 대명사는 동일절 외부에 있는 선행사로부터 의미 해석을 받기 때문이다. 예문을 통해 살펴보자.

- (e) Tom_i respected him_k/*him_i.
- (f) We_a expect him_i to invite Tom_k.
- (g) Tom_i's sister invited him_i/him_k.
- (h) Tom's $father_k$ invited him_i/*him_k.

예문 (e)에서 대명사(him_i)가 동일절에서 NP(Tom_i)에 의해서 결속되면 비문이 된다. (f)에서도 대명사(him)는 어떠한 선행사와도 결속되지 않으므로 정문이 된다.

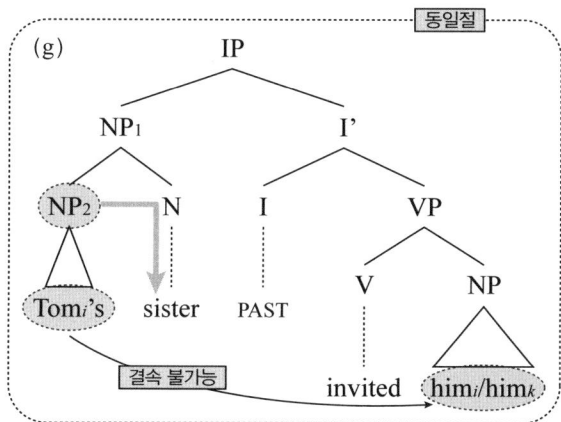
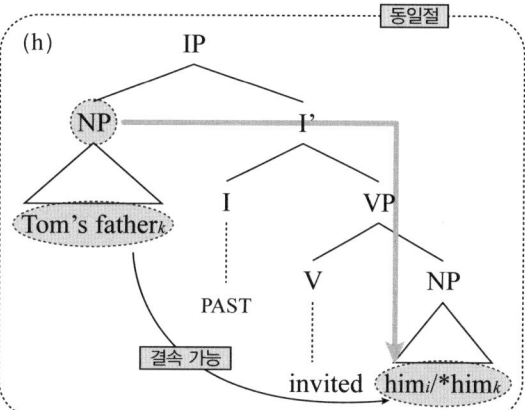

예문 (g), (h)는 앞서 살펴본 (c'), (c")와 구조가 같고 재귀대명사가 대명사로 바뀐 경우이다. 선행사가 대명사를 결속할 수 없는 (g)의 경우에는 대명사가 Tom이든 아니든 정문이 되고, 결속할 수 있는 (h)의 경우에는 결속되지 않도록 $father_k$와 him_i이 동일인이 되지 않으면 정문이 된다. 결국 결속원리에 의해 대명사는 동일절에서 결속되면 안 된다.

제3장 | 지시적 표현(R-expressions, referring expressions)

지시적 표현에 적용되는 결속원리 C에 의하면, 지시 표현은 어느 곳에서도 결속되면 안 된다. 지시 표현(Tom, Bill, book 등)은 대용사나 대명사와는 달리 외부로부터 의미적 해석을 받지 않고, 그 자체로 의미를 지니고 있다. 따라서 지시 표현은 선행사를 전혀 필요로 하지 않고, 동일절이든 동일절 외부이든 그 어디에서도 선행사로 여겨질 수 있는 어떤 요소와도 결속되지 않아야 한다. 예문 (i)에서 지시 표현 Tom이 He와 결속되고 있으므로 비문이다.

(ⅰ) *He_i says that Susan thinks that Tom_i is sleeping.

제10편 | 실전예상문제

제1장 대용사(anaphors)

01 다음 중 대용사에 대한 설명으로 가장 적절한 것은?
① 동일절에서 반드시 다른 NP로부터 의미적 해석을 받아야 하는 NP이다.
② 동일절 밖에서 다른 NP로부터 의미적 해석을 받아야 하는 NP이다.
③ 세상의 개체를 지시함으로써 의미적 해석을 갖는 NP이다.
④ 비외현적 NP로서 선행사로부터 의미적 해석을 받는 NP이다.

> 01 ①은 대용사에 대한 올바른 설명이다.
> ②는 대명사에 대한 설명이며, ③은 지시 표현에 대한 설명이다.

02 다음 중 대용사가 <u>아닌</u> 것은?
① herself   ② him
③ each other   ④ themselves

> 02 him은 대명사이다. 대용사에는 재귀대명사와 상호대명사가 있다.

03 다음 중 성분통어에 대한 설명으로 가장 적절한 것은?
① 대용사는 선행사를 성분통어해야 한다.
② 동사의 목적어는 주어를 성분통어할 수 있다.
③ 내포절의 주어가 주절의 동사를 성분통어한다.
④ 선행사는 대용사를 성분통어해야 한다.

> 03 결속원리 A에 의하면 선행사는 대용사를 공지시 + 성분통어, 즉 결속해야 한다. 어떤 구성성분은 자매와 그 이하의 모든 구성성분을 성분통어하므로, 목적어는 주어를 성분통어할 수 없고, 내포절의 주어도 주절의 동사를 성분통어하지 못한다.

정답 01 ① 02 ② 03 ④

04 대용사와 선행사는 동일절 내부에 존재해야 한다(국부성 조건). 따라서 국부성 조건을 위반하였다.

05 국부성 조건(혹은 동일절 조건)이란 선행사와 대용사가 같은 절(동일절) 내부에 있어야 한다는 조건이다. 대용사는 동일절 내부에서 선행사로부터 의미 해석을 받아야 한다.

06 선행사 Tom이 동일절 내의 대용사 himself를 성분통어하지 못하여 결속원리 A를 위반하므로 비문이긴 하지만, 대용사와 선행사의 성, 수, 인칭이 일치한다.

04 다음 문장에 대한 설명으로 옳은 것은?

> Tom$_i$ thinks that Susan hurt himself$_i$.

① 위 문장은 대용사 해석 조건을 준수한다.
② 위 문장은 선행사가 대용사를 성분통어하지 않는다.
③ 위 문장은 대용사 조건 중 국부성 조건을 위반한다.
④ 위 문장에서 himself는 Susan과 결속한다.

05 다음 중 대용사의 국부성 조건에 대한 설명으로 가장 적절한 것은?

① 대용사와 선행사는 동일절 안에 위치해야 한다.
② 선행사와 성, 수, 인칭이 일치되어야 한다.
③ 대용사는 상위절의 선행사로부터 의미 해석을 받는다.
④ 선행사는 대용사를 성분통어해야 한다.

06 다음 문장에 대한 설명으로 옳은 것은?

> I expect himself$_i$ to invite Tom$_i$.

① 대용사는 선행사로부터 성분통어된다.
② 위 문장은 정문이다.
③ 대용사와 선행사의 성, 수, 인칭이 일치한다.
④ 대용사가 결속하는 영역은 상위절이다.

정답 04 ③ 05 ① 06 ③

주관식 문제

01 다음 문장의 정문/비문 여부를 밝히고, 이유를 쓰시오.

> Tom thinks that Ms. Lee hurt himself.

01 정답
주어진 문장은 비문(*)이다. 대용사인 재귀대명사(himself)는 동일절(that ~ himself)에서 반드시 다른 선행사 NP로부터 의미 해석을 받아야 하는데, 내포절에는 성이 일치하지 않는 NP(Ms. Lee)밖에 없으므로 선행사가 없어서 비문이다.

02 다음 문장의 정문/비문 여부를 밝히고, 이유를 쓰시오.

> The student$_k$ attacked each other$_k$.

02 정답
주어진 문장은 비문(*)이다. 상호대명사 each other는 대용사의 일종으로, 동일절에서 선행사가 대용사를 결속해야 하는데, 결속은 하지만 선행사와 대용사의 수가 일치하지 않아 비문이다.

03 결속이론에 따른 대용사의 해석 조건을 쓰시오.

03 정답
결속원리 A에 의해 대용사는 동일절에서 선행사에 의해 결속되어야 한다.

04 **정답**

A는 자매가 없으므로 성분통어하지 못하고, B는 C와 자매이므로 C, D, E를 모두 성분통어한다. C는 자매가 B이므로 B만을 성분통어하고, D는 자매가 E이므로 E만을 성분통어하며, E는 자매가 D이므로 D만을 성분통어한다.

04 각 구성소가 성분통어하는 요소를 모두 쓰시오.

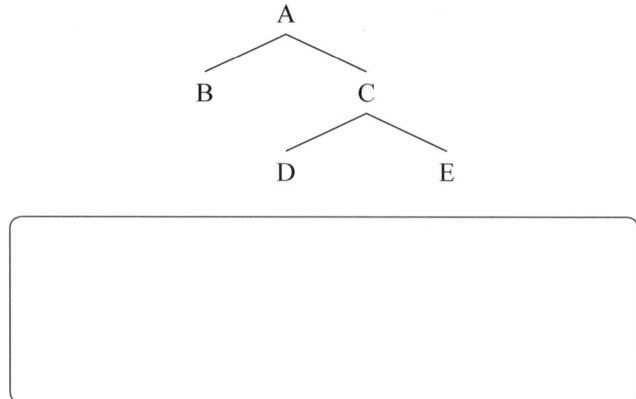

제2장 대명사(pronouns)

01 다음 문장에 대한 설명으로 가장 적절한 것은?

> Tom had hurt him.

① him은 Tom으로 해석된다.
② him은 문장 밖의 선행사로 해석되어야 한다.
③ him은 동일절의 선행사로부터 성분통어되어야 한다.
④ him은 동일절의 선행사와 성, 수, 인칭이 일치되어야 한다.

01 대명사는 문장 밖의 선행사로 해석되어야 한다.

02 대명사의 결속조건에 대한 설명으로 옳은 것은?

① 동일절에서 결속되어서는 안 된다.
② 동일절에서 결속되어야만 한다.
③ 어느 곳에서도 결속되면 안 된다.
④ 선행사와 대명사는 동일절에 있어야 한다.

02 대명사는 동일절에서 결속되어서는 안 된다.

03 결속이론(Binding Theory)에 대한 설명으로 가장 적절하지 <u>않은</u> 것은?

① 결속이론에는 공지시 개념이 필요하다.
② 결속이론에는 성분통어 개념이 필요하다.
③ 공지시와 성분통어를 합친 개념이 결속이다.
④ 동사(구)와 목적어 명사(구)의 관계를 다루는 이론이다.

03 결속이론은 명사(구)와 선행사의 관계를 다루는 이론이다.

정답 01 ② 02 ① 03 ④

04 공지시 + 성분통어 개념인 결속 개념이 필요하다. 대명사(him$_k$)가 동일절에서 NP(Tom$_k$)에 의해서 결속되면 비문이 된다.

04 다음 문장이 비문인 이유로 가장 적절한 것은?

*Tom$_k$ respected him$_k$.

① 공지시가 되어 있지 않기 때문이다.
② 대명사가 명사를 성분통어하기 때문이다.
③ 선행사가 대명사를 결속하기 때문이다.
④ 대명사가 주어 자리로 상승했기 때문이다.

05 대명사가 선행사에 의해 결속되지 않으므로 두 경우 모두 정문이다.

05 다음 문장에 대한 설명으로 옳지 않은 것은?

Tom$_k$'s sister invited him$_i$/him$_k$.

① 두 가지 인덱스(i, k) 모두 정문이다.
② Tom이 him을 성분통어하지 못한다.
③ 대명사가 결속되지 않는다.
④ 인덱스가 i일 때만 정문이다.

정답 04 ③ 05 ④

주관식 문제

01 다음 문장이 비문인 이유를 쓰시오.

*Tom$_k$ invited him$_k$.

01 정답
대명사 him은 동일절의 공지시 선행사(Tom)에 결속되면 안 된다. 따라서 비문이다.

02 결속이론에 따른 대명사의 결속조건을 쓰고, 다음 문장이 비문인 이유를 쓰시오.

*Tom's father$_i$ invited him$_i$.

02 정답
결속원리 B에 의하면 동일절에서 대명사는 결속되어서는 안 된다. 그런데 주어진 문장에서 대명사(him)가 선행사(father)에 결속되므로 비문이다.

제3장 지시적 표현 (R-expressions, referring expressions)

01 지시적 표현은 그 자체로 의미를 갖기 때문에 의미 해석을 위한 선행사가 필요 없다.

01 지시적 표현에 대한 설명으로 가장 적절하지 <u>않은</u> 것은?
① Tom이나 desk 같은 표현을 말한다.
② 지시적 표현은 선행사를 필요로 하지 않는다.
③ 지시적 표현은 선행사와 성, 수, 인칭이 일치해야 한다.
④ 지시적 표현은 어느 곳에서도 결속될 수 없다.

02 결속원리 C에 의하면 지시적 표현은 어느 곳에서도 결속되면 안 된다.

02 지시적 표현에 대한 결속원리로 옳은 것은?
① 지시적 표현은 어느 곳에서도 결속되면 안 된다.
② 지시적 표현은 동일절에서 선행사에 결속되어야 한다.
③ 지시적 표현은 동일절에서 결속되어서는 안 된다.
④ 지시적 표현은 상위절에서 결속되어야 한다.

03 지시 표현이 어느 곳에서든 결속되면 비문이 된다.

03 다음 문장이 비문인 이유로 가장 적절한 것은?

*He$_i$ says that Jane thinks that Tom$_i$ is coming.

① 내포절의 주어가 상위절로 상승되었기 때문이다.
② 내포절의 주어가 IP-spec 위치로 논항 위치 이동을 했기 때문이다.
③ 지시 표현(He)이 내포절에 결속되어 있기 때문이다.
④ 지시 표현(Tom)이 문장 내에서 결속되어 있기 때문이다.

정답 01 ③ 02 ① 03 ④

04 다음 중 지시적 표현의 결속원리가 나타난 문장은?

① Tom$_i$ looked at himself$_i$.
② Tom$_i$ invited him$_k$ at the party.
③ Tom$_i$ is coming to a party today.
④ Susan$_i$ studied with her$_k$.

04 ③에서 지시적 표현(Tom)이 어느 곳에도 결속되어 있지 않다.
①은 대용사의 결속원리이다.
②·④는 대명사의 결속원리이다.

주관식 문제

01 결속이론에 따른 R-expressions의 해석 조건을 쓰시오.

01 **정답**
결속원리 C에 의해 지시 표현은 어느 곳에서도 결속되면 안 된다.

정답 04 ③

교육은 우리 자신의 무지를 점차 발견해 가는 과정이다.

– 월 듀란트 –

부록

합격의 공식 시대에듀 www.sdedu.co.kr

최종모의고사

최종모의고사	제1회
최종모의고사	제2회
정답 및 해설	

교육이란 사람이 학교에서 배운 것을 잊어버린 후에 남은 것을 말한다.

– 알버트 아인슈타인 –

제1회 최종모의고사 | 영어통사론

제한시간 : 50분 | 시작 ___시 ___분 – 종료 ___시 ___분

정답 및 해설 321p

01 다음 중 변형생성문법에 대한 설명으로 가장 적절한 것은?

① 실증주의와 행동주의에 바탕을 두고 있다.
② 문장을 심층구조와 표층구조로 나눈다.
③ 문장의 중의성을 설명하지 못한다.
④ 화자의 언어를 귀납적으로 기술한다.

02 다음 중 구성성분을 판별하는 테스트가 아닌 것은?

① 이동 테스트
② 분열문 테스트
③ 생략 테스트
④ 흔적 테스트

03 다음 중 밑줄 친 부분이 구성성분이 아닌 것은?

① He likes watching TV.
② The man in the room is my father.
③ She gave up her idea.
④ He always sleeps at night.

04 다음 구구조 규칙에 의해 만들어진 표현은?

> NP → D AP N PP

① the smart boy in the room
② boys at the party
③ a teacher with blue eyes
④ a very smart guy

05 제시된 모든 명사구를 생성할 수 있는 구구조 규칙은?

> boys, the boys, tall boys, the smart guys, the diligent girls with long hair

① NP → D AP N PP
② NP → (D) (AP) N (PP)
③ NP → (D) AP N (PP)
④ NP → (D) (AP) N PP

06 구구조 규칙 VP → (AdvP) V (PP)로 생성될 수 <u>없는</u> 동사구는?

① drank coffee in a cafe
② always sleep in a couch
③ ate
④ frequently walked

07 다음 문장에서 술어 give의 논항이 아닌 것은?

> The teacher will give assignments to his students tomorrow.

① The teacher
② assignments
③ to his students
④ tomorrow

08 다음 문장에 대한 설명으로 옳지 않은 것은?

> They put the flower in the vase.

① the flower는 동사의 보충어이다.
② in the vase는 동사의 부가어이다.
③ 동사 put은 3항 술어이다.
④ 동사 put은 NP, PP를 하위범주화한다.

09 다음 중 비문인 것은?

① She is a teacher of biology.
② She is a teacher of biology with blue eyes.
③ She is a teacher with blue eyes of biology.
④ She is a teacher with blue eyes with a mole.

10 다음 명사구의 밑줄 친 부분에 대한 설명으로 옳은 것은?

> a professor of linguistics in the US

① 반복적으로 생성될 수 없다.
② 구조적으로 의무적인 요소이다.
③ 핵어(N)의 자매(sister)이다.
④ 명사 중간범주(N-bar)의 자매이다.

11 다음 중 비문인 것은?

① The door moved of itself and in silence.
② The book was very fun and of great use.
③ We liked the movie of the earth and from the Hollywood.
④ She read a book of physics with a white cover and with a blue label.

12 다음 문장에서 적용된 변형으로 가장 적절한 것은?

> Tom is very easy to talk with.

① 주어-주어 상승
② 비주어 상승
③ 주어-목적어 상승
④ 화제문화

13 핵계층이론의 수형도에 대한 설명으로 옳지 않은 것은?

① 중간투사 범주가 존재한다.
② 핵어와 자매는 보충어이다.
③ X-bar의 우측 자매는 부가어이다.
④ 핵어의 좌측 자매는 지정어이다.

14 다음 중 밑줄 친 부분이 지정어 자리가 아닌 것은?

① We had a teacher of physics.
② They did not wash their hands.
③ He is so proud of his son.
④ She runs much faster than him.

15 다음 중 밑줄 친 부분이 비한정절(비정형절)인 것은?

① She has known him for a while.
② I don't know if it will rain tomorrow.
③ He wants me to bring him a cup of coffee.
④ I am confident that he will pass the test.

16 다음 구조기술과 구조변화가 가리키는 이동 현상은?

구조기술 :	X	−	NP[(Det)	N	−	S']	−	Y
			1	2		3		4
구조변화 :	1			2		∅		4+3

① 불변화사 이동
② 외치변형
③ 화제문화
④ 비주어 상승

17 다음 문장이 비문법적인 이유로 가장 적절한 것은?

> *Tom$_i$ believes that himself$_i$ is the boss.

① 대용사가 포함된 최소동일절에 선행사가 없다.
② 선행사와 대용사의 성, 수, 인칭이 일치하지 않는다.
③ 선행사가 대용사를 성분통어할 수 없다.
④ 대명사의 해석 조건을 위반했다.

18 다음 수형도에서 의문사 what이 이동하는 착지점은?

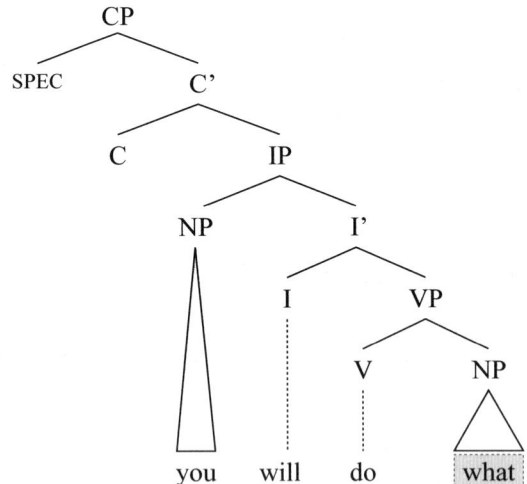

① CP-spec
② C
③ I
④ VP-spec

19 다음 중 하위인접조건을 위반한 문장이 아닌 것은?

① What did you say how Tom could solve?
② Bill seems that it is likely to win.
③ That is the man whom Susan makes the claim that she would invite.
④ Tom is so easy to please.

20 다음 문장에서 의문사 how가 이동할 때 넘어간 한계절점(bounding nodes)은?

> *How do you wonder what Susan could solve?

① NP, IP
② IP, IP
③ IP, NP
④ NP, NP

21 다음 수형도가 나타내는 이동 현상은?

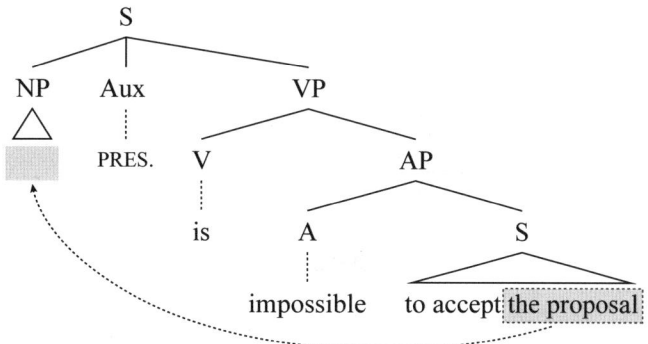

① 주어-주어 상승
② 주어-목적어 상승
③ 비주어 상승
④ 화제문화

22 다음 중 비논항 위치 이동(A-bar movement)이 아닌 것은?

① Very rarely do we understand the laws of nature.
② Tom seems to understand the situation.
③ Partying late at night do you think she was?
④ So badly would she cry that we didn't know what to say.

23 다음 중 NP 이동이 적용되지 않은 문장은?

① Little attention was paid to his idea.
② Tom seems to me to be smart.
③ Susan is believed to have done her homework.
④ Should Bill keep his word?

24 다음 수형도에서 격 할당자인 I가 주어 NP(He)에 격을 할당하는 방식은?

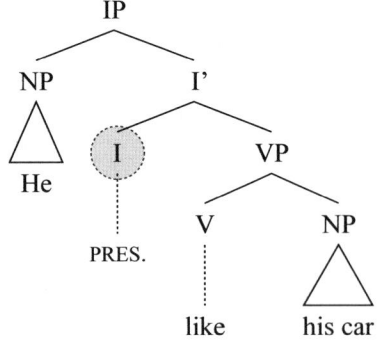

① 최대통어
② 성분통어
③ 선택제약
④ 하위범주화

주관식 문제

01 다음 명사구의 보충어와 부가어를 쓰고, 핵계층이론에 근거하여 수형도를 그리시오.

the professor of physics with glasses

02 다음 설명에서 괄호 안에 들어갈 알맞은 말을 순서대로 쓰시오.

(a) the reason why I quit smoking
(b) the reason that I quit smoking
⇒ 관계사 why는 (㉠) 자리에 위치하며, 보문소 that은 (㉡) 자리에 위치한다.

03 다음 문장이 비문인 이유를 서술하시오.

*Bill knows that Susie hurt himself.

04 다음 수형도에서 성분통어(c-command)와 최대통어(m-command)를 격 할당을 통해 비교하여 설명하시오.

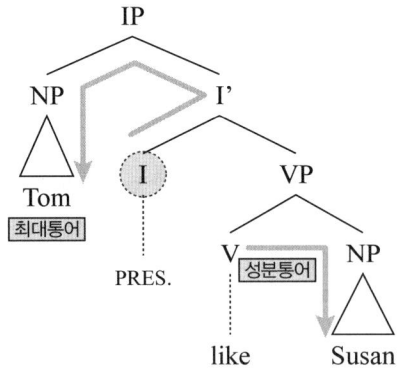

제2회 최종모의고사 | 영어통사론

제한시간: 50분 | 시작 ___시 ___분 ~ 종료 ___시 ___분

정답 및 해설 324p

01 다음 중 구조주의 문법에 대한 설명으로 옳지 <u>않은</u> 것은?

① 귀납적 방식으로 언어를 기술한다.
② 문장의 중의성을 설명하지 못한다.
③ 실증주의에 바탕을 둔다.
④ 심층구조를 분석 대상으로 삼는다.

02 다음 문장을 이루고 있는 구성성분이 <u>아닌</u> 것은?

> They will look for the missing book.

① They
② They will
③ look for
④ the missing book

03 다음 중 밑줄 친 문장부사의 위치가 적절하지 <u>않은</u> 것은?

① Certainly, he passed the test.
② He certainly passed the test.
③ He passed certainly the test.
④ He passed the test certainly.

04 다음 두 구구조 규칙이 나타내는 언어의 특성은?

> (a) NP → (D) (AP) N (PP)
> (b) PP → P NP

① 귀환성
② 제한성
③ 제약성
④ 이동성

05 다음 문장을 생성해 낼 수 있는 구구조 규칙이 아닌 것은?

> The professor would sit in a chair by the table.

① S → NP Aux VP
② NP → D N
③ VP → V NP PP
④ PP → P NP

06 다음 중 하위범주화를 위반한 문장은?

① They had dinner at five.
② Tom found a book in his room.
③ He put the flower on the table.
④ Tom will sleep Ted.

07 다음 중 선택제약을 위반한 문장은?

① They convinced my absence in the meeting.
② Tom persuaded his father to come home for dinner.
③ His score in the final exam surprised us all.
④ I will wait for your instructions for the situation.

08 다음 두 문장의 밑줄 친 단어들의 의미역을 올바르게 짝지은 것은?

• The steel knife cut the table cloth easily.
• The table cloth cut easily.

① Agent – Theme
② Instrument – Theme
③ Goal – Agent
④ Agent – Agent

09 다음 중 PRO의 목적어 통제(object control)가 아닌 것은?

① They allowed her to open the shop.
② He persuaded them to stop the trial.
③ She promised him to close the deal.
④ We forced him to lead the group.

10 핵계층이론에 대한 설명으로 가장 적절하지 <u>않은</u> 것은?

① 구범주가 핵어로 최대투사된다.
② 핵어 우측에 보충어가 위치한다.
③ 핵어 좌측에 지정어가 위치한다.
④ 부가어는 하나 이상 존재할 수 있다.

11 다음 중 핵계층이론에 의한 수형도가 옳지 <u>않은</u> 것은?

①
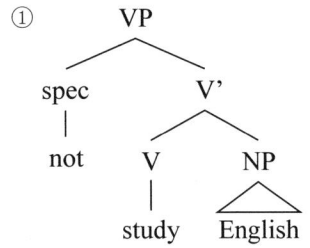

②
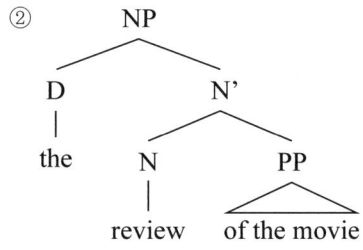

③
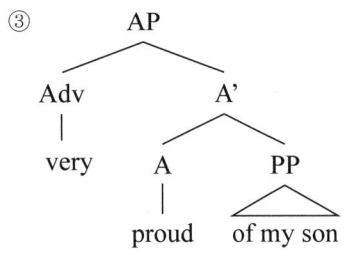

④
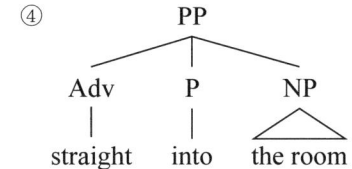

12 다음 중 비문인 것은?

① He is a student of arts.
② He is a student from America of arts.
③ He is a student from America.
④ He is a student of arts from America.

13 다음 중 비주어 상승(tough movement)이 적용된 문장은?

① She seems to be happy.
② We believe him to be honest.
③ The idea is pretty possible to accept.
④ They sent us a present.

14 다음 구조기술과 구조변화가 나타내는 현상은?

구조기술:	X	−	[__]	−	VP	−	s'[for	−	s[NP	−	Y]]
	1		2		3		4		5		6
구조변화:	1		5		3		4		Ø		6

① 주어−주어 상승
② 비주어 상승
③ 화제문화
④ 불변화사 이동

15 다음 중 there 삽입으로 적절하지 않은 문장은?

① There are many flowers in the garden.
② There exists a good reason for it.
③ There remained many boys in the house.
④ There are likely they to break up.

16 다음 중 이동제약이 아닌 것은?

① 하위인접조건(subjacency condition)
② wh-섬 제약(wh-island constraint)
③ 복합명사구 제약(complex NP constraint)
④ 선택제약(selectional restriction)

17 다음 수형도에서 논항 위치는?

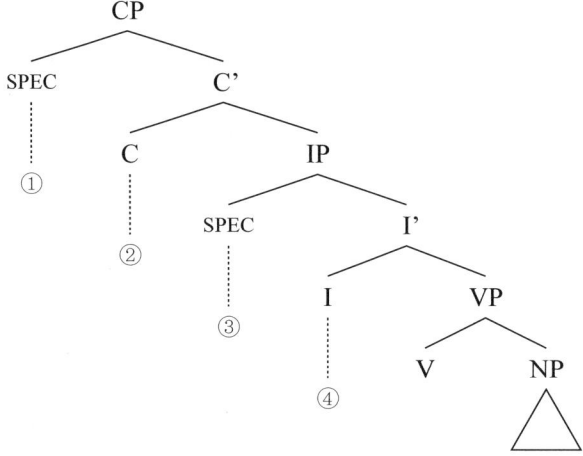

18 다음 중 영조동사의 존재를 알 수 있는 문장은?

① When you feel strange, you should talk to your teacher.
② He might have slept, but she have stayed.
③ We should have come on time for dinner.
④ I did my homework, but you didn't do yours.

19 다음 수형도상 문장에 대한 설명으로 가장 적절하지 <u>않은</u> 것은?

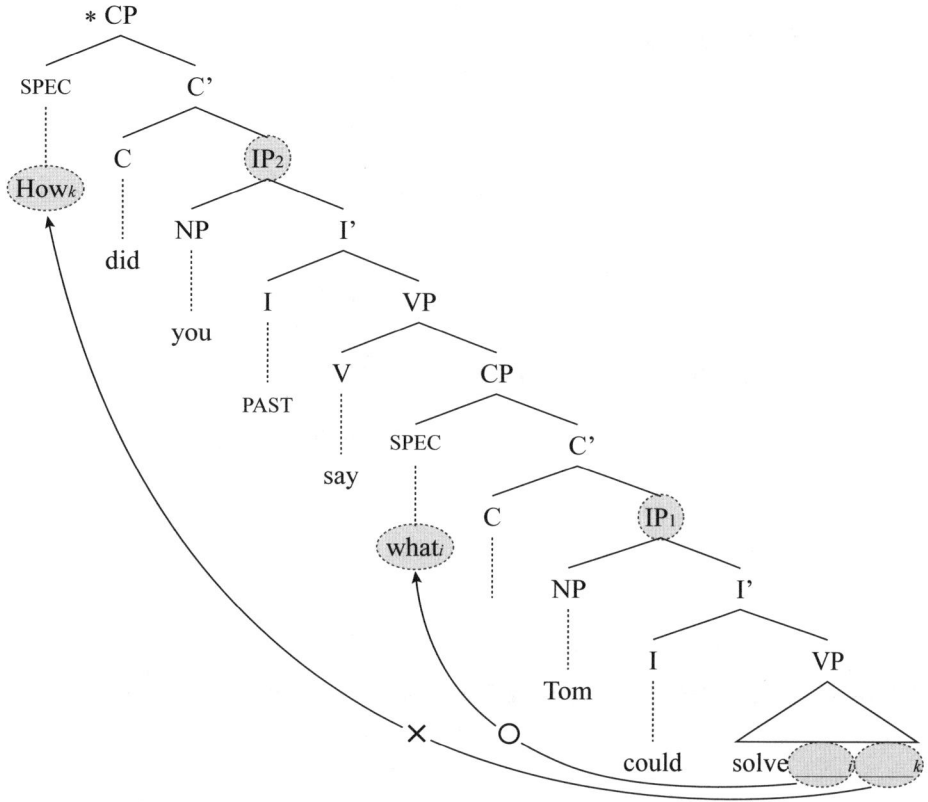

① 엄밀순환조건이 적용되었다.
② 하위인접조건 위반으로 비문이다.
③ 한계절점 IP₁, IP₂를 동시에 넘었다.
④ 논항 위치 이동이다.

20 다음 중 비문인 것은?

① It seems that Tom admires Bill.
② Tom thinks that Jane$_i$ admires herself$_i$.
③ Tom expects Mary$_i$ to admire herself$_i$.
④ Tom seems that it is believed to admire Mary.

21 핵계층이론에 따르면 다음 문장은 어떤 범주에 속하는가?

> Should I follow your advice?

① SC(small clause)　　② CP
③ IP　　④ VP

22 다음 중 비논항 위치 이동(A-bar movement)이 아닌 것은?

① 부정어 전치　　② wh-의문사 이동
③ 주어-조동사 도치　　④ 비주어 상승

23 재귀대명사를 포함한 다음 문장의 수형도에 대한 설명으로 가장 적절하지 않은 것은?

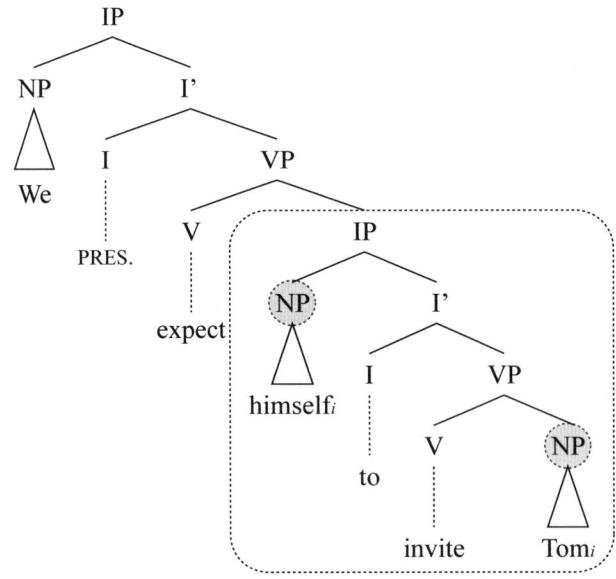

① 점선 네모 안의 부분을 동일절로 볼 수 있다.
② himself$_i$는 Tom$_i$을 성분통어(c-command)한다.
③ 위 문장은 문법적으로 옳은 정문이다.
④ 대용사 결속원리에 의하면 선행사가 대용사를 결속해야 한다.

24 성분통어와 최대통어에 대한 설명으로 가장 적절하지 <u>않은</u> 것은?

① 성분통어는 자매와 그 이하의 모든 구성소 영역을 지칭한다.
② 최대통어는 핵어의 최대투사 범주가 지배하는 영역을 지칭한다.
③ I는 IP의 지정어 자리에 있는 NP에 최대통어로 주격을 할당한다.
④ 핵어인 V가 NP를 성분통어하는 경우 '결속'(govern)한다고 표현한다.

주관식 문제

01 다음 문장을 생성할 수 있는 구구조 규칙을 모두 작성하시오.

> The big boys had dinner at a very famous restaurant.

02 지배결속이론이 무엇인지 쓰고, 결속원리 세 가지를 서술하시오.

03 하위인접조건이 무엇인지 간략하게 쓰시오.

04 확대투사원리(EPP, Extended Projection Principle)가 무엇인지 간략하게 쓰시오.

제1회 정답 및 해설 | 영어통사론

01	02	03	04	05	06	07	08	09	10	11	12
②	④	③	①	②	①	④	②	③	④	③	②
13	14	15	16	17	18	19	20	21	22	23	24
④	①	③	②	①	①	④	②	③	②	④	①

	주관식 정답
01	전치사구 of physics는 보충어, with glasses는 부가어이다. 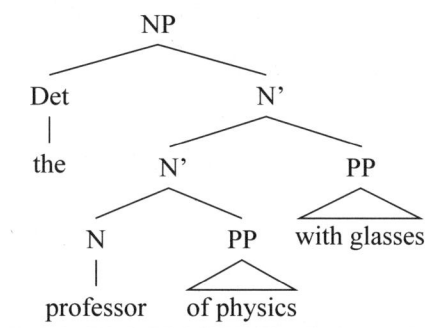
02	㉠ CP의 지정어(specifier) ㉡ CP의 C
03	재귀대명사(himself)는 동일절에서 반드시 다른 선행사로부터 의미 해석을 받아야 하는데, 내포절에는 성이 일치하지 않는 NP(Susie)밖에 없으므로 선행사가 없어서 비문이다. 달리 말하면, 동일절 내에서 재귀대명사가 선행사에 결속되지 않아서 비문이다.
04	수형도(Tom likes Susan)에서 격 할당의 예를 들어 보면, 동사 V는 자매(Susan)를 성분통어(굵은 화살표)하여 목적격을 할당하고, 굴절 I는 주어(Tom)를 최대통어(굵은 화살표)하여 주격을 할당한다.

01 정답 ②

변형생성문법은 이성주의와 정신주의의 철학적 배경하에 선천적으로 부여받은 언어능력을 규명하기 위해 연역적 방식으로 심층구조와 표층구조 모두를 분석 대상으로 삼는 문법이다.
① · ③ · ④ 구조주의 문법에 대한 설명이다.

02 정답 ④

구성소 판별 방법에는 문장 단편 테스트(독립성 테스트), 대체 테스트, 이동 테스트, 분열문 테스트, 등위접속 테스트, 생략 테스트, 부사구 분포 테스트 등이 있다.

03 정답 ③

give up은 구동사로서 하나의 동사처럼 취급하므로 분리한다고 해서 구성소가 되지 않는다.

04 정답 ①

the(D) smart(AP) boy(N) in the room(PP)

05 정답 ②

없어도 되는, 선택적 혹은 수의적 요소는 괄호로 표시해야 한다.

06 정답 ①
제시된 구구조 규칙에는 핵어인 동사 뒤에 명사구 NP가 없으므로 목적어를 취하는 동사구는 생성될 수 없다.

07 정답 ④
tomorrow는 부가어이므로 논항에 속하지 않는다.

08 정답 ②
동사 put은 주어와 NP, PP 보충어를 논항으로 필요로 하는 3항 술어이다. 따라서 PP는 부가어가 아니라 보충어이다.

09 정답 ③
명사구(a teacher)의 보충어인 PP(of biology)가 부가어인 PP(with blue eyes)보다 핵어와 가까운 위치에 먼저 와야 한다.

10 정답 ④
부가어는 반복적으로 생성될 수 있으며, 선택적인 요소이고, 수형도에서 보듯이 N-bar의 자매이다.

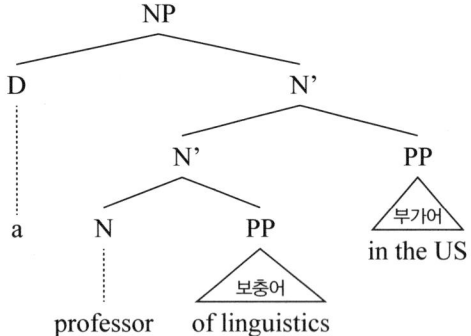

11 정답 ③
보충어와 부가어는 한데 섞여 등위접속사로 연결될 수 없고, 보충어끼리 혹은 부가어끼리 연결될 수 있다. 전치사구 of the earth는 보충어이고, 전치사구 from the Hollywood는 부가어이다. 따라서 등위접속이 불가능하다.

12 정답 ②
전치사 with의 목적어가 주절의 주어로 상승한 구문이다.

13 정답 ④
XP의 직접 지배를 받는 X-bar의 좌측 자매가 지정어 자리이다.

14 정답 ①
지정어는 a이고, of physics는 보충어 자리이다.

15 정답 ③
비한정절은 시제가 포함되어 있지 않은 절로, 시제가 없는 동사는 부정사, 동명사, 분사의 형태이다.

16 정답 ②
구성성분(NP)의 한 요소(S')를 구성성분에서 이탈시켜 문장 끝으로 이동시키는 규칙을 외치변형이라고 한다.

17 정답 ①
결속원리에 의하면 대용사는 동일절에서 선행사에 결속되어야 한다. 즉, 최소동일절에 공지시된 선행사가 대용사를 성분통어해야 한다.

18 정답 ①

의문사는 보문절의 지정어(CP-spec) 자리가 최종 착지점이다.

19 정답 ④

④는 비주어 상승 구문으로, 위반한 것이 없다.

20 정답 ②

*How do [$_{IP2}$ you wonder [$_{CP}$ what [$_{IP1}$ Susan could solve]]]?에서 what이 CP-spec을 차지하고 있으므로 how는 solve 뒤에서 생성되어 IP$_1$, IP$_2$를 넘어 최상위 CP-spec 자리로 이동한다.

21 정답 ③

내포절의 목적어(the proposal)가 주절의 주어로 이동하는 비주어 상승 구문을 보여준다.

22 정답 ②

②는 내포절의 주어에서 주절의 주어로 이동하는 논항 위치 이동이다.
① 부정어 전치, ③ 동사구 전치, ④ 결과 전치는 모두 CP-spec으로 이동하는 비논항 위치 이동이다.

23 정답 ④

주어-조동사 도치이므로 NP 이동이 아니고 핵 이동(head movement)이다.
①·③은 수동문화, ②는 주어-주어 상승 구문에서의 NP 이동이며, 모두 구 이동(XP movement)이고 논항 위치 이동이다.

24 정답 ①

격 할당자인 핵어 I는 최대통어(m-command)를 통해 주어에 주격을 할당한다.

주관식 해설

01 정답

전치사구 of physics는 보충어, with glasses는 부가어이다.

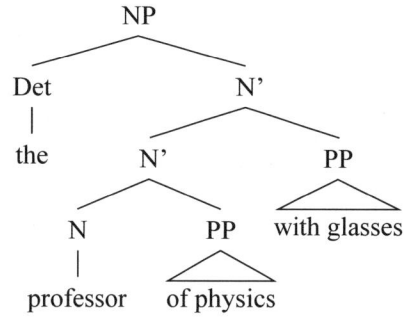

02 정답

㉠ CP의 지정어(specifier)
㉡ CP의 C

03 정답

재귀대명사(himself)는 동일절에서 반드시 다른 선행사로부터 의미 해석을 받아야 하는데, 내포절에는 성이 일치하지 않는 NP(Susie)밖에 없으므로 선행사가 없어서 비문이다. 달리 말하면, 동일절 내에서 재귀대명사가 선행사에 결속되지 않아서 비문이다.

04 정답

수형도(Tom likes Susan)에서 격 할당의 예를 들어 보면, 동사 V는 자매(Susan)를 성분통어(굵은 화살표)하여 목적격을 할당하고, 굴절 I는 주어(Tom)를 최대통어(굵은 화살표)하여 주격을 할당한다.

제2회 정답 및 해설 | 영어통사론

01	02	03	04	05	06	07	08	09	10	11	12
④	②	③	①	③	④	①	②	③	①	④	②
13	14	15	16	17	18	19	20	21	22	23	24
③	①	④	④	③	②	④	④	②	④	③	④

	주관식 정답
01	• S → NP Aux VP • NP → (D) (AP) N • VP → V NP • PP → P NP
02	지배결속이론은 명사(구)의 세 종류인 대용사, 대명사, 지시 표현에 대하여 이들이 문장 안에서 선행사와 이루는 관계를 다루는 이론이다. 동일절에서 선행사는 공지시되는 대용사를 성분통어(결속)해야 하고, 동일절에서 대명사는 결속되어서는 안 되며, 지시적 표현은 어느 곳에서도 결속되면 안 된다.
03	어떤 성분이 이동할 때 한 번에 두 개 이상의 한계절점(bounding nodes)을 넘어갈 수 없다는 제약으로, 한계절점은 NP와 IP이다.
04	모든 영어 문장에는 반드시 주어가 있어야 한다는 원리를 확대투사원리라고 한다.

01 정답 ④
구조주의 문법에서는 표층구조만을 분석 대상으로 삼는다. 변형생성문법에서 심층구조까지 연구 대상으로 삼는다.

02 정답 ②
주어와 조동사는 하나의 구성소를 이루지 못한다.

03 정답 ③
문장부사가 동사구인 passed the test 안에 위치할 수는 없다.

04 정답 ①
두 구구조 규칙은 특정 구성성분을 무한히 순환 반복하게 하는 성질을 지니고 있고, 이를 귀환성이라고 한다. 이러한 성질은 언어의 창조성(creativity)을 설명하는 원천이 된다.

05 정답 ③
문장에 목적어가 없으므로 VP에 NP가 없어야 한다.

06 정답 ④
동사 sleep은 목적어를 취할 수 없으므로 하위범주화 위반이다.

07 정답 ①
동사 convince의 주어와 목적어는 설득하거나 설득당할 수 있는 사람이어야 하므로, 의미적으로 볼 때 선택제약 위반이다.

08 정답 ②
The steel knife는 테이블 천을 자르는 도구(Instrument)이며, The table cloth는 쉽게 잘리는 대상(Theme)이다.

09 정답 ③
동사 promise는 내포절의 주어가 상위절의 주어로 해석되므로 주어 통제이다.

10 정답 ①
핵어(head)가 구범주로 최대투사된다.

11 정답 ④
전치사구 PP에서 부사는 지정어에 와야 하고, NP는 보충어 자리에 와야 하며, 중간범주인 P'가 있어야 한다.

12 정답 ②
보충어 of arts는 부가어 from America보다 핵어에 가까이 위치해야 한다.

13 정답 ③
부정사구의 목적어가 주절의 주어로 이동하는 것이 비주어 상승이다.
①은 주어-주어 상승, ②는 주어-목적어 상승, ④는 여격 이동이다.

14 정답 ①
내포절의 주어가 상위절인 주절의 주어 자리로 이동하는 주어-주어 상승이다.

15 정답 ④
주어 위치로 they가 이동해야 한다.

16 정답 ④
선택제약은 술어가 논항에게 부과하는 의미적인 제약이다.

17 정답 ③
논항 위치는 서술어가 의미를 성립시키기 위해 구조상 필요로 하는 성분을 말하는데, 주로 주어, 동사의 목적어, 부사구로 쓰이는 전치사구 등이 있다. ③은 주어 위치이다.

18 정답 ②
②의 but 이후 문장에서, might가 영조동사로 존재하기 때문에 has stayed가 아닌 have stayed가 되었고, she's stayed로 축약도 불가능하다.

19 정답 ④
수형도상 문장은 비문이다. 두 개의 wh-의문사가 이동하고 있는데, 엄밀순환조건이 적용되어 what의 이동은 한계절점 IP_1을 하나만 넘어서 하위인접조건을 준수했으나, How는 두 개의 한계절점 IP_1, IP_2를 동시에 넘어서 하위인접조건을 위반하였다. 의문사는 CP-spec 위치로 이동하므로 비논항 위치 이동이다.

20 정답 ④
부정사구 내포절의 주어 Tom이 두 개의 한계절점을 한 번에 넘어갔으므로 하위인접조건 위반으로 비문이다.

21 정답 ②
보문소(C) 위치로 이동한 조동사가 있으므로 문장은 CP(보문절)이다.

22 정답 ④
내포절의 목적어 논항이 주절의 주어 논항으로 이동하는 비주어 상승 구문은 논항 위치 이동의 사례이다.
①·②는 CP-spec 위치로, ③은 C 위치로 이동하는 비논항 위치 이동이다.

23 정답 ③
점선 네모 안의 동일절에서 공지시되는 선행사 Tom이 대용사 himself를 결속해야 정문인데, 반대로 himself가 Tom을 성분통어하므로 비문이다.

24 정답 ④
핵어인 V가 NP를 성분통어하는 경우 결속이 아니라 '지배'(govern)한다고 표현한다.

주관식 해설

01 정답
- S → NP Aux VP
- NP → (D) (AP) N
- VP → V NP
- PP → P NP

02 정답
지배결속이론은 명사(구)의 세 종류인 대용사, 대명사, 지시 표현에 대하여 이들이 문장 안에서 선행사와 이루는 관계를 다루는 이론이다.
동일절에서 선행사는 공지시되는 대용사를 성분통어(결속)해야 하고, 동일절에서 대명사는 결속되어서는 안 되며, 지시적 표현은 어느 곳에서도 결속되면 안 된다.

03 정답
어떤 성분이 이동할 때 한 번에 두 개 이상의 한계절점(bounding nodes)을 넘어갈 수 없다는 제약으로, 한계절점은 NP와 IP이다.

04 정답
모든 영어 문장에는 반드시 주어가 있어야 한다는 원리를 확대투사원리라고 한다.

년도 전공심화과정인정시험 답안지(객관식)

컴퓨터용 사인펜만 사용

★ 수험생은 수험번호와 응시과목 코드번호를 표기(마킹)한 후 일치여부를 반드시 확인할 것.

전공분야

성 명

수험번호

(1) ③ - - - -
(2) ① ● ② ④

※ 감독관 확인란

(인)

관리번호
(연번)
(응시자수)

답안지 작성시 유의사항

1. 답안지는 반드시 컴퓨터용 사인펜을 사용하여 다음 보기와 같이 표기할 것.
   보기 잘된 표기: ● 잘못된 표기: ⊙ ⊗ ◐ ◑ ○
2. 수험번호 (1)에는 아라비아 숫자로 쓰고, (2)에는 "●"와 같이 표기할 것.
3. 과목코드는 뒷면 "과목코드번호"를 보고 해당과목의 코드번호를 찾아 표기하고, 응시과목란에는 응시과목명을 한글로 기재할 것.
4. 교시코드는 문제지 전면 의 교시를 해당란에 "●"와 같이 표기할 것.
5. 한번 표기한 답을 수정할 때에는 스티커 등 어떠한 방법으로도 고쳐서는 아니되며, 고친 문항은 "0"점 처리함.

[이 답안지는 마킹연습용 모의답안지입니다.]

과목코드					응시과목	
					1	① ② ③ ④
					2	① ② ③ ④
①	①	①	①	①	3	① ② ③ ④
②	②	②	②	②	4	① ② ③ ④
③	③	③	③	③	5	① ② ③ ④
④	④	④	④	④	6	① ② ③ ④
⑤	⑤	⑤	⑤	⑤	7	① ② ③ ④
⑥	⑥	⑥	⑥	⑥	8	① ② ③ ④
⑦	⑦	⑦	⑦	⑦	9	① ② ③ ④
⑧	⑧	⑧	⑧	⑧	10	① ② ③ ④
⑨	⑨	⑨	⑨	⑨	11	① ② ③ ④
⓪	⓪	⓪	⓪	⓪	12	① ② ③ ④
					13	① ② ③ ④

14	① ② ③ ④
15	① ② ③ ④
16	① ② ③ ④
17	① ② ③ ④
18	① ② ③ ④
19	① ② ③ ④
20	① ② ③ ④
21	① ② ③ ④
22	① ② ③ ④
23	① ② ③ ④
24	① ② ③ ④

교시코드 ① ② ③ ④

과목코드					응시과목	
					1	① ② ③ ④
					2	① ② ③ ④
①	①	①	①	①	3	① ② ③ ④
②	②	②	②	②	4	① ② ③ ④
③	③	③	③	③	5	① ② ③ ④
④	④	④	④	④	6	① ② ③ ④
⑤	⑤	⑤	⑤	⑤	7	① ② ③ ④
⑥	⑥	⑥	⑥	⑥	8	① ② ③ ④
⑦	⑦	⑦	⑦	⑦	9	① ② ③ ④
⑧	⑧	⑧	⑧	⑧	10	① ② ③ ④
⑨	⑨	⑨	⑨	⑨	11	① ② ③ ④
⓪	⓪	⓪	⓪	⓪	12	① ② ③ ④
					13	① ② ③ ④

14	① ② ③ ④
15	① ② ③ ④
16	① ② ③ ④
17	① ② ③ ④
18	① ② ③ ④
19	① ② ③ ④
20	① ② ③ ④
21	① ② ③ ④
22	① ② ③ ④
23	① ② ③ ④
24	① ② ③ ④

년도 전공심화과정 인정시험 답안지(주관식)

전공분야

성명

답안지 작성시 유의사항

1. ※란은 표기하지 말 것.
2. 수험번호 (2)란, 과목코드, 교시코드 표기는 반드시 컴퓨터용 싸인펜으로 문제지 전면의 교시를 해당란에 컴퓨터용 싸인펜으로 표기할 것.
3. 교시코드는 문제지 전면의 교시를 해당란에 컴퓨터용 싸인펜으로 표기할 것.
4. 답란은 반드시 흑·청색 볼펜 또는 만년필을 사용할 것.
   (연필 또는 적색 필기구 사용불가)
5. 답안을 수정할 때에는 두줄(=)을 긋고 수정할 것.
6. 답란이 부족하면 해당답란에 "뒷면기재"라고 쓰고 뒷면 '추가답란'에 문제번호를 기재한 후 답안을 작성할 것.
7. 기타 유의사항은 객관식 답안지의 유의사항과 동일함.

※ 감독관 확인란

[이 답안지는 마킹연습용 모의답안지입니다.]

년도 전공심화과정인정시험 답안지(객관식)

컴퓨터용 사인펜만 사용

★ 수험생은 수험번호와 응시과목 코드번호를 표기(마킹)한 후 일치여부를 반드시 확인할 것.

전공분야

성명

수험번호
(1) 3 – – – –
(2) ④ ● ② ①

※ 감독관 확인란

관리번호 (연번)
일 (응시자수)

답안지 작성시 유의사항

1. 답안지는 반드시 컴퓨터용 사인펜을 사용하여 다음 **보기**와 같이 표기할 것.
   보기 잘된 표기: ● 잘못된 표기: ⊗ ⊙ ◐ ○ ◎
2. 수험번호 (1)에는 아라비아 숫자로 쓰고, (2)에는 "●"와 같이 표기할 것.
3. 과목코드는 응시과목 코드번호를 보고 해당과목의 코드번호를 찾아 표기하고, 응시과목란에는 응시과목명을 한글로 기재할 것.
4. 교시코드는 문제지 전면 의 교시를 해당란에 "●"와 같이 표기할 것.
5. 한번 표기한 답은 긁거나 수정액 및 스티커 등 어떠한 방법으로도 고쳐서는 아니되고, 고쳐 표기한 문항은 "0"점 처리함.

과목코드

교시코드 ① ② ③ ④

응시과목

1	① ② ③ ④	14	① ② ③ ④
2	① ② ③ ④	15	① ② ③ ④
3	① ② ③ ④	16	① ② ③ ④
4	① ② ③ ④	17	① ② ③ ④
5	① ② ③ ④	18	① ② ③ ④
6	① ② ③ ④	19	① ② ③ ④
7	① ② ③ ④	20	① ② ③ ④
8	① ② ③ ④	21	① ② ③ ④
9	① ② ③ ④	22	① ② ③ ④
10	① ② ③ ④	23	① ② ③ ④
11	① ② ③ ④	24	① ② ③ ④
12	① ② ③ ④		
13	① ② ③ ④		

과목코드

응시과목

1	① ② ③ ④	14	① ② ③ ④
2	① ② ③ ④	15	① ② ③ ④
3	① ② ③ ④	16	① ② ③ ④
4	① ② ③ ④	17	① ② ③ ④
5	① ② ③ ④	18	① ② ③ ④
6	① ② ③ ④	19	① ② ③ ④
7	① ② ③ ④	20	① ② ③ ④
8	① ② ③ ④	21	① ② ③ ④
9	① ② ③ ④	22	① ② ③ ④
10	① ② ③ ④	23	① ② ③ ④
11	① ② ③ ④	24	① ② ③ ④
12	① ② ③ ④		
13	① ② ③ ④		

[이 답안지는 마킹연습용 모의답안지입니다.]

년도 전공실화과정 인정시험 답안지(주관식)

전공분야

성명

답안지 작성시 유의사항

1. ※란은 표기하지 말 것.
2. 수험번호 (2)란, 과목코드, 교시코드 표기는 반드시 컴퓨터용 싸인펜으로 표기할 것
3. 교시코드는 문제지 전면의 교시를 해당란에 컴퓨터용 싸인펜으로 표기할 것.
4. 답란은 반드시 흑·청색 볼펜 또는 만년필을 사용할 것. (연필 또는 적색 필기구 사용불가)
5. 답안을 수정할 때에는 두줄(=)을 긋고 수정할 것.
6. 답란이 부족하면 해당답란에 "뒷면기재"라고 쓰고 뒷면 '추가답란'에 문제번호를 기재한 후 답안을 작성할 것.
7. 기타 유의사항은 객관식 답안지의 유의사항과 동일함.

※ 감독관 확인란

[이 답안지는 마킹연습용 모의답안지입니다.]

년도 전공심화과정인정시험 답안지(객관식)

컴퓨터용 사인펜만 사용

★ 수험생은 수험번호와 응시과목 코드번호를 표기(마킹)한 후 일치여부를 반드시 확인할 것.

성명

전공분야

수험번호

(1) 3 — — — — —
(2) ①●③④ ①②③④⑤⑥⑦⑧⑨⓪ ...

※ 감독관 확인란

관리번호 (연번) (응시자수) ㉠

답안지 작성시 유의사항

1. 답안지는 반드시 컴퓨터용 사인펜을 사용하여 다음 **보기**와 같이 표기할 것.
   보기: 잘된 표기: ● 잘못된 표기: ⊗ ⊙ ◐ ◑
2. 수험번호 (1)에는 아라비아 숫자로 쓰고, (2)에는 "● "과 같이 표기할 것.
3. 과목코드는 뒷면 "과목코드번호"를 보고 해당과목의 코드번호를 찾아 표기하고, 응시과목란에는 응시과목명을 한글로 기재할 것.
4. 교시코드는 문제지 전면의 교시를 해당란에 "● "과 같이 표기할 것.
5. 한번 표기한 답은 긁거나 수정액 및 스티커 등 어떠한 방법으로도 고쳐서는 아니되고, 고친 문항은 "0"점 처리함.

과목코드 **교시코드** ①②③④

응시과목
1 ①②③④
2 ①②③④
3 ①②③④
4 ①②③④
5 ①②③④
6 ①②③④
7 ①②③④
8 ①②③④
9 ①②③④
10 ①②③④
11 ①②③④
12 ①②③④
13 ①②③④
14 ①②③④
15 ①②③④
16 ①②③④
17 ①②③④
18 ①②③④
19 ①②③④
20 ①②③④
21 ①②③④
22 ①②③④
23 ①②③④
24 ①②③④

과목코드

응시과목
1 ①②③④
2 ①②③④
3 ①②③④
4 ①②③④
5 ①②③④
6 ①②③④
7 ①②③④
8 ①②③④
9 ①②③④
10 ①②③④
11 ①②③④
12 ①②③④
13 ①②③④
14 ①②③④
15 ①②③④
16 ①②③④
17 ①②③④
18 ①②③④
19 ①②③④
20 ①②③④
21 ①②③④
22 ①②③④
23 ①②③④
24 ①②③④

[이 답안지는 마킹연습용 모의답안지입니다.]

년도 전공심화과정
인정시험 답안지(주관식)

전공분야

성 명

★ 수험생은 수험번호와 응시과목 코드번호를 표기(마킹)한 후 일치여부를 반드시 확인할 것.

과목코드: ① ② ③ ④ ⑤ ⑥ ⑦ ⑧ ⑨ ⓪ (×5)

교시코드: ① ② ③ ④

수험번호: 3 - _ _ _ _ _ - _ _ _ _

(1) 3
(2) ① ② ● ④

답안지 작성시 유의사항

1. ※란은 표기하지 말 것.
2. 수험번호 (2)란, 과목코드, 교시코드 표기는 반드시 컴퓨터용 싸인펜으로 표기할 것.
3. 교시코드는 문제지 전면의 교시를 해당란에 컴퓨터용 싸인펜으로 표기할 것.
4. 답란은 반드시 흑·청색 볼펜 또는 만년필을 사용할 것. (연필 또는 적색 필기구 사용불가)
5. 답안을 수정할 때에는 두줄(=)을 긋고 수정할 것.
6. 답란이 부족하면 해당답란에 "뒷면기재"라고 쓰고 뒷면 '추가답란'에 문제번호를 기재한 후 답안을 작성할 것.
7. 기타 유의사항은 재반시 답안지의 유의사항과 동일함.

※ 감독관 확인란

(인)

번호	※1차 점수	※1차 채점	응시과목	※1차확인	※2차확인	※2차 채점	※2차 점수
1	⓪①②③④⑤⑥⑦⑧⑨⑩						⓪①②③④⑤⑥⑦⑧⑨⑩
2	⓪①②③④⑤⑥⑦⑧⑨⑩						⓪①②③④⑤⑥⑦⑧⑨⑩
3	⓪①②③④⑤⑥⑦⑧⑨⑩						⓪①②③④⑤⑥⑦⑧⑨⑩
4	⓪①②③④⑤⑥⑦⑧⑨⑩						⓪①②③④⑤⑥⑦⑧⑨⑩
5	⓪①②③④⑤⑥⑦⑧⑨⑩						⓪①②③④⑤⑥⑦⑧⑨⑩

[이 답안지는 마킹연습용 모의답안지입니다.]

참고문헌

- 윤규철, 『시대에듀 독학사 영어영문학과 2·4단계 영어학개론』, 시대에듀, 2024.
- 함영용, 『영어통사론』, 총신대학교출판부, 2011.
- 홍성심·이봉형·서진희·김광섭, 『영어학 강의』, 한국문화사, 2001.
- Andrew Radford, 『Syntactic Theory and the Structure of English: A minimalist approach』, Cambridge University Press, 1997.
- Robert D. Borsley, 『Syntactic Theory: A unified approach』, Edward Arnold, 1991.
- The Ohio State University Linguistics Department, 『Language Files 13th ed.』, Columbus: Ohio State University Press, 2022.

합격의 공식 시대에듀

우리 인생의 가장 큰 영광은 결코 넘어지지 않는 데 있는 것이 아니라
넘어질 때마다 일어서는 데 있다.

– 넬슨 만델라 –

시대에듀 독학사 영어영문학과 3단계 영어통사론

초 판 발 행	2025년 06월 05일 (인쇄 2025년 03월 25일)
발 행 인	박영일
책 임 편 집	이해욱
편 저	윤규철
편 집 진 행	송영진 · 양희정
표지디자인	박종우
편집디자인	신지연 · 고현준
발 행 처	(주)시대고시기획
출 판 등 록	제10-1521호
주 소	서울시 마포구 큰우물로 75 [도화동 538 성지 B/D] 9F
전 화	1600-3600
팩 스	02-701-8823
홈 페 이 지	www.sdedu.co.kr

I S B N	979-11-383-7738-6 (13740)
정 가	23,000원

※ 이 책은 저작권법의 보호를 받는 저작물이므로 동영상 제작 및 무단전재와 배포를 금합니다.
※ 잘못된 책은 구입하신 서점에서 바꾸어 드립니다.